PROFESSION ENSEIGNANT

À l'école des Intelligences multiples

Bruno Hourst

Illustrations de Jilème

hachette
ÉDUCATION

L'auteur

Bruno Hourst est ingénieur, formateur, enseignant et chercheur en pédagogies nouvelles. Après une formation en Australie et aux États-Unis, il développe les fondements du *mieux-apprendre*, qu'il propose aussi bien dans le monde de l'éducation que dans les entreprises, en France et à l'étranger.
Il propose également des outils pédagogiques puissants en cohérence avec ce *mieux-apprendre*, comme par exemple le topogramme, les jeux-cadres, et les intelligences multiples d'Howard Gardner.

Du même auteur

Au bon plaisir d'apprendre, InterÉditions
Modèles de jeux de formation – Les jeux-cadres de Thiagi (avec S. Thiagarajan), Éditions d'Organisation
Former sans ennuyer, Éditions d'Organisation

Réalisation intérieur : Domino
Réalisation couverture : Pascal Plottier

www.hachette-education.com
ISBN : 2.01.17.0898.2

Sommaire

Introduction

Ce livre, pour quoi ?

La théorie des intelligences multiples a fait son apparition dans le monde anglo-saxon en 1983, avec la publication du premier livre d'Howard Gardner, *Frames of mind*. Dès le départ, cette nouvelle approche de l'intelligence a suscité un grand intérêt, en particulier pour ses applications dans les domaines de l'enseignement et de l'éducation.

Dans le monde francophone, il a fallu attendre 1996 pour que cette théorie soit mieux connue, avec la traduction en français de ce premier livre sous le titre : *Les intelligences multiples*.

Depuis son apparition, la théorie des intelligences multiples s'est enrichie d'un immense foisonnement d'ouvrages pratiques en langue anglaise, écrits essentiellement par des chercheurs et des enseignants. Mais cette richesse éditoriale, complémentaire des ouvrages écrits par Howard Gardner, restait peu accessible à un public francophone, bien que certains de ces ouvrages aient été traduits et publiés par un éditeur québécois[1].

Ce livre veut donc jouer, modestement, le rôle d'intermédiaire entre les livres d'Howard Gardner publiés en français et cette richesse éditoriale anglo-saxonne, en proposant aux enseignants et aux formateurs un ouvrage pratique leur permettant d'intégrer progressivement les « intelligences multiples » dans leur savoir-faire.

Ce livre, pour qui ?

Ce livre pourra être utile... :

– à ceux qui ont vaguement entendu parler des intelligences multiples, qui sont intéressés et voudraient en savoir un peu plus ;

– à ceux qui ont entendu parler des intelligences multiples, se sont

1 Voir bibliographie en fin d'ouvrage.

dit « Bon sang mais c'est bien sûr, c'est cela qu'il me faut absolument faire entrer dans ma classe » – et qui en sont restés là ;

– à ceux qui ont lu les ouvrages d'Howard Gardner avec intérêt, mais ne voient pas comment utiliser tout cela d'une manière pratique ;

– à ceux qui pensent qu'ils n'ont pas le temps, que ça coûtera trop cher, que c'est trop compliqué, qu'on va se moquer d'eux, que c'est pour les autres...

D'une manière plus générale, ce livre s'adresse donc essentiellement aux enseignants, de la maternelle jusqu'à l'université, ainsi qu'aux responsables administratifs du système scolaire.

Mais il pourra également être utile aux enseignants d'adultes et aux formateurs, en adaptant des éléments de ce livre à leur pratique.

Toute personne intéressée par le développement harmonieux de son « intelligence » (ou celle de ses enfants) pourra également trouver profit à ouvrir ce livre : cette approche permet en particulier de clarifier son propre rapport (passé ou présent) avec le système scolaire, en faisant découvrir que les difficultés (et les échecs) scolaires ne sont pas forcément la preuve d'incompétences, mais sont souvent engendrés par la non-reconnaissance de certaines intelligences par l'école.

Ce livre, comment ?

Introduire les « intelligences multiples » dans un enseignement, quel qu'il soit, n'est en aucun cas l'application d'une « méthode » à suivre à la lettre. C'est plutôt un changement de regard sur sa manière de considérer les apprenants (qu'ils soient élèves, étudiants ou stagiaires), et également un changement de regard sur son propre métier d'enseignant ou de formateur.

La découverte de la théorie des intelligences multiples suscite souvent beaucoup d'enthousiasme, et à juste titre. Cependant, pour de nombreuses raisons qui seront expliquées plus loin, il est souhaitable que cette introduction des « intelligences multiples » dans un enseignement se fasse d'une manière progressive : il ne s'agit pas de faire table rase du passé, mais d'enrichir le présent et de mieux préparer l'avenir.

Cela ne nécessite pas forcément plus d'argent ou de matériel, et demande un investissement en temps raisonnable. Quant à savoir où cela peut vous mener, personne ne peut rien en dire... Mais il y a peu de chances que vous (et vos élèves) regrettiez plus tard votre investissement dans les intelligences multiples.

Ce livre souhaite donc :

– donner quelques bases théoriques simples pour bien entrer dans la théorie de Gardner ;

– aider l'enseignant à mieux comprendre comment apprennent ses élèves, et à utiliser ces connaissances pour enrichir son enseignement et mieux les toucher ;

– proposer de nombreuses idées pratiques d'application, faciles à adapter à son contexte d'enseignement, avec peu de travail supplémentaire et un faible coût ;

– tout en restant dans le cadre d'un programme imposé à suivre,

– et en tenant compte des contraintes matérielles spécifiques à son école ou à sa classe.

Récemment, je déjeunais avec une fée de mes amies dans un petit restaurant de la rue du Paradis.

Après avoir échangé quelques nouvelles – dont certains propos désabusés sur la part belle que l'on donne à notre époque à certains jeunes sorciers d'outre-Manche, au détriment des bonnes fées bien de chez nous –, voilà que mon amie se met à me raconter la dernière Assemblée générale des fées, qui venait de se tenir dans une clairière de la forêt de Brocéliande. « Une AG particulièrement houleuse », me dit-elle. Et une colère de la Reine des fées qui restera mémorable.

« Nous étions tranquillement en train de papoter entre nous, en attendant le début de l'AG, et puis voilà qu'arrive dans la clairière la Reine des fées, avec son air des mauvais jours.

À peine assise dans son fauteuil, elle commence.

– « Mesdames », qu'elle nous dit. « Vous savez que de nombreuses missions nous sont confiées au royaume des humains. Même si beaucoup, en grandissant, ne croient plus en notre existence, vous savez le rôle essentiel que nous jouons auprès de tous les petits enfants. Comment grandiraient-ils sans nos histoires avant de s'endormir ? Qui les défendrait de tous les monstres qui envahissent régulièrement leur chambre dès que leurs parents ont quitté la pièce ou ont le dos tourné, sinon nous ?

Et il reste aussi l'une de nos missions essentielles (curieusement peu connue des humains) qui est, comme vous le savez bien, le « don du bouquet » à chaque naissance d'un petit d'homme.

(*Très professionnelle, d'un claquement de doigts, elle allume un crapaud vidéo projecteur dernier cri. Aussitôt, un nuage vertical se développe en forme d'écran, et une image apparaît*).

Voici, prise en caméra cachée, une photo de cette toujours émouvante cérémonie, lors de laquelle l'une d'entre vous – appelée pour l'occasion fée-marraine – donne au nouveau-né son petit « bouquet d'intelligences ». Et cela quels que soient le sexe, la couleur de la peau ou l'endroit où il vit, bien entendu.

Vous savez que ce bouquet comporte huit petites fleurs, c'est-à-dire huit intelligences appelées à grandir, à se développer et à s'épanouir.

Vous remarquez aussi sur la photo que l'enfant tend les bras vers son bouquet, ce qui est bien normal : manquant cruellement d'instincts, ce bouquet d'intelligences est un élément essentiel au développement de sa personnalité.

Après, ça sera le rôle des parents, des adultes qui entourent l'enfant et ensuite des enseignants de faire grandir ces 8 fleurs, tout en gardant l'harmonie de l'ensemble du bouquet. Voici (*claquement de doigts, seconde photo*) une scène courante de la vie de l'enfant, où son bouquet reçoit, selon les cas, sa ration naturelle de sons, de langage, de logique et de nombres, d'images et de mouvement, d'émotions et de nature.

Le processus semble parfait et personne, à ma connaissance, n'a remis en cause cette admirable tâche qui nous est dévolue, à nous les fées.

Mais récemment, j'ai voulu faire ma petite enquête, voir un peu comment ce cadeau était reçu et utilisé. Car, Mesdames, je ne vous cacherai pas que la situation devient difficile pour nous. Nous devons faire face au désintérêt de bons nombres d'humains pour notre existence, et également à la concurrence de sorciers d'opérette. L'époque n'est plus aux dépenses somptuaires pour le seul plaisir de donner, comme nous le faisions auparavant. Maintenant, nous aussi avons des comptes à rendre, nous devons surveiller notre cash-flow et vérifier le retour sur investissement de nos dépenses.

Et donc je mène ma petite enquête. Les premiers bouquets que j'observe m'étonnent : je pense à une ou deux aberrations de la nature, à des cas statistiquement hors normes. Je continue, dans différents lieux, différents pays. Et, atterrée, je dois finalement me rendre à l'évidence : dans la grande majorité des cas, enfants comme adultes, le résultat est pitoyable : dans chacun des bouquets, ou presque, on trouve des fleurs desséchées, pâlottes, mal développées.

Regardez ça ! (*claquement de doigts, troisième photo*). Voici un exemple banal de bouquet que l'on trouve chez un adulte. Et vous constaterez que l'adulte ne fait même pas la grimace, n'est pas étonné ou furieux : non, il accepte cela avec le sourire, comme si c'était normal ! Vous vous rendez compte, Mesdames ? Et j'ai même trouvé des personnes qui étaient fières de leur bouquet minable, et qui osaient se justifier, en montrant certaines fleurs minuscules de leur bouquet, de ne pas aimer la physique quantique ou la musique indienne ! (*Air effaré des fées.*)

Si c'est comme ça, je vais supprimer ce cadeau ! Plus de bouquet d'intelligences, qu'ils se débrouillent, qu'ils aillent au diable ! »

Mon amie, qui racontait la scène en partageant la fureur et l'indignation de la Reine des fées, se calma un peu avec l'arrivée d'une tarte au potiron dont le patron avait la spécialité. Puis elle continua à raconter.
– Nous avons eu bien du mal à calmer notre Reine bien-aimée et, ensemble, nous avons essayé de déterminer les causes de cette triste réalité.

Une fée commença en évoquant le milieu familial, le lieu et l'époque de la naissance. Si Mozart n'était pas né dans un milieu propice à la musique, avec un père musicien et pédagogue exceptionnel, aurait-il pu écrire *La flûte enchantée* ? (« Sans oublier que je l'ai pas mal aidé question magie », murmura une fée dans un coin.)

Une autre posa plusieurs questions-clés : « Peut-on aider au développement harmonieux du bouquet de ses enfants lorsque son propre bouquet est mal développé ? Est-ce que le développement du bouquet s'arrête à la sortie de l'école ? Qui s'intéresse au bouquet des parents et des adultes ? Pourquoi ne pas continuer à le développer toute la vie ? Pourquoi certaines sociétés humaines empêchent-elles le développement de certaines fleurs ? »

Une autre encore évoqua l'école, où l'on ne développe essentiellement que *deux* fleurs parmi les huit.

La discussion dura toute la nuit. Car, progressivement, toutes les fées avaient pris conscience de la gravité du problème.

Au petit matin, tandis que la fée aux doigts de rose remontait la lourde tenture noire piquée d'étoiles de la nuit, la Reine conclut : « Bon, nous avons pris conscience d'une calamité, mais peut-être n'est-il pas trop tard. Maintenant, les filles, action. Nous avons un devoir de service après don, il va falloir nous y mettre, et rapidement. Voilà ce que je vous propose (*claquement de doigts, un tableau récapitulatif des décisions s'afficha*).

• S'assurer que le bouquet d'intelligences de tout enfant se développe harmonieusement dès la naissance, et soit régulièrement arrosé avec les huit types d'engrais qui lui sont nécessaires.
• Refuser chez les adultes l'acceptation molle d'un bouquet dysharmonieux, avec des justifications insupportables comme « C'est normal, j'étais nul à l'école » ou « Je suis nul en musique parce que ma mère était nulle en musique ».
• Faire en sorte que les parents, les enseignants et, d'une manière générale tous les adultes, ne laissent plus endormies certaines de leurs intelligences et puissent les développer, toutes, tout au long de leur vie.
• Utiliser les périodes de rêves des responsables éducatifs et des enseignants pour leur donner l'envie d'enseigner autrement, en utilisant, en développant et en favorisant l'utilisation de toutes les intelligences des élèves qui leur sont confiés. »

« Et là-dessus, la Reine leva la séance », conclut mon amie fée.

– « Bigre, j'ai l'impression que vous avez du pain sur la planche, vos baguettes magiques vont chauffer sérieusement.
– L'intérêt d'être une fée, c'est que nous avons quelques pouvoirs magiques, ça aide...
– Et, si ce n'est pas indiscret, quelle est la fée chargée de s'occuper de moi ? À t'écouter, j'ai bien entendu pris conscience que mon propre bouquet d'intelligences avait sérieusement besoin que l'on s'occupe de lui.

Souriant d'un air malicieux, elle me regarda un instant et dit :
– Connaissant notre vieille amitié et pour compresser les frais généraux, la responsable de ce secteur m'a confié ton cas. Difficile il est vrai, mais pas désespéré. Laquelle de tes intelligences endormies veux-tu que nous commencions à réveiller ?
– Tu le sais bien, mon amie, tu le sais bien. Sinon tu ne serais pas une fée... »

1

De la théorie à la pratique

SOMMAIRE

Une vieille question toujours d'actualité : qu'est-ce que l'intelligence ?

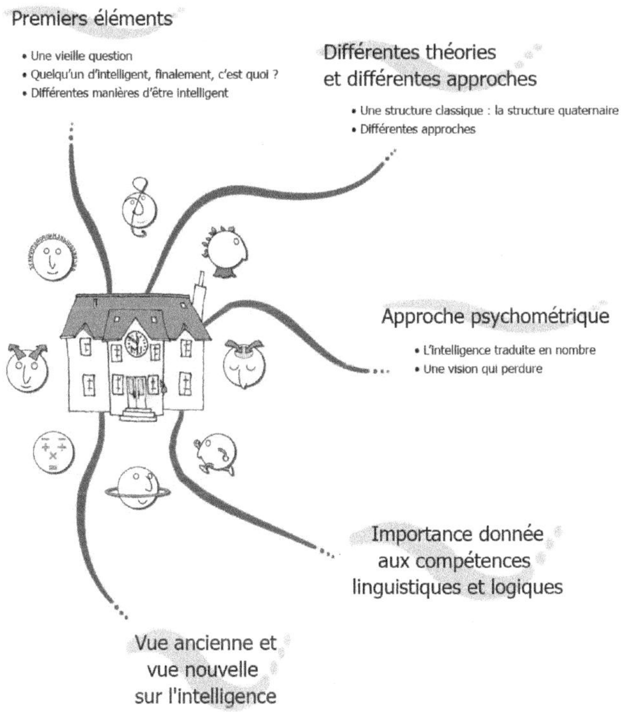

Premiers éléments

Une vieille question

Quelle intelligence avait Léonard de Vinci ? Pourquoi certaines personnes avec de forts QI nous semblent-elles de parfaits imbéciles ? L'intelligence se joue-t-elle avant 6 ans ? Y a-t-il une seule ou plusieurs formes d'intelligences ? L'intelligence est-elle innée ou, au contraire, peut-elle être éduquée ? L'intelligence est-elle indépendante de la culture ? Peut-on la mesurer ? Et si oui, que mesure-t-on exactement ?

En fait la question de l'intelligence est une question vieille comme le monde. D'Aristote à St Augustin, de Machiavel à Léonard de Vinci, tous les grands penseurs de l'humanité ont essayé de cerner cette faculté qui est – ou qui n'est pas uniquement ? – propre à l'être humain. On y voit apparaître différents concepts, comme par exemple les facultés de raisonner et de créer, de contrôler et de remodeler le monde. Certains y mêlent un soupçon de sagesse ou de capacité à méditer. Et depuis la Renaissance, tout système philosophique ou culturel s'est intéressé à cette notion.

Mais c'est vraiment au XXe siècle que le concept d'intelligence humaine a fait un bon en avant, en tirant parti du développement de la pensée scientifique et des recherches sur le cerveau. De nombreux chercheurs ont apporté des éclairages nouveaux sur la notion d'intelligence, dont le plus célèbre est sans doute le psychologue suisse Jean Piaget. Sa théorie sur la manière dont les humains construisent leurs capacités cognitives reste une référence fondamentale pour comprendre les capacités de développement et d'apprentissage de l'être humain.

Quelqu'un d'intelligent, finalement, c'est quoi ?

D'une manière intuitive et en laissant provisoirement de côté les chercheurs, comment pourrions-nous définir « l'intelligence » ? Bien souvent, nous sommes habitués à associer « quelqu'un d'intelligent » à un rat de bibliothèque, ou à une tête d'œuf (du genre professeur Tournesol) toujours dans les nuages, ou bien à un universitaire bardé de diplômes. Mais si vous tombez en panne sur une petite route de campagne, quelle est la personne la plus intelligente pour vous dépanner ? Quelqu'un avec une maîtrise d'une grande université (si possible américaine) ou bien un mécanicien avec un CAP de mécanique auto ?

Et si l'on s'intéresse à des personnes considérées comme exceptionnellement intelligentes, quel serait le point commun entre Shakespeare et Einstein, Mozart et Picasso, Marie Curie et Gandhi, Zidane et Darwin, Le Corbusier et Mitterrand ? Pas facile de trouver un dénominateur commun à toutes ces personnes.

Il semble donc au premier abord :
– que l'intelligence dépend du contexte ;

– que l'on peut être très intelligent dans un certain domaine, et tout à fait moyen dans un autre ;

– qu'il y a différentes manières de montrer de « l'intelligence ».

Allant un peu plus loin, l'intelligence pourrait être un ensemble de *capacités*

– à accomplir correctement une tâche ;

– à répondre de manière bien adaptée aux situations diverses que nous propose la vie ;

– à tirer parti de l'expérience ;

– à inventer ou à utiliser la stratégie la mieux adaptée pour s'adapter au monde.

Mais, même en accumulant les « capacités à », nous sentons bien que nous tournons encore autour du sujet, sans en atteindre le cœur.

Et puis, lorsque l'on est enseignant, se pose sans doute la seule vraie question qui importe : que faire avec l'abondance de théories et de définitions sur l'intelligence ? Comment intégrer la notion d'intelligence dans son enseignement de tous les jours, d'une manière pratique ?

Une chose se dessine malgré tout : l'intelligence ne semble pas pouvoir être fixée définitivement par un test, par un nombre, ou par l'acquisition d'un diplôme de réputation prestigieuse – même si c'est encore souvent le cas.

Différentes manières d'être intelligent

Pour en revenir aux personnes considérées comme exceptionnellement intelligentes (Mozart, Einstein ou Léonard de Vinci) : plutôt que d'essayer (bien difficilement) de leur trouver un point commun, et si nous considérions les différentes manières d'être intelligent, celles de l'athlète, de l'artiste, du musicien, du patron, du théologien, du conseiller politique, du vendeur, de l'instituteur, du mécanicien, de l'architecte, et de bien d'autres ? Et si, à l'échelle du globe, nous examinions aussi les intelligences utilisées dans de nombreuses cultures ? Par exemple, les capacités exceptionnelles de navigation des Polynésiens, les talents fabuleux de conteur des griots africains, la perspicacité des patrons japonais ou les capacités de transmission de pensée des aborigènes australiens ?

Si nous en restons à la notion de Quotient Intellectuel (QI) – cette vision de l'intelligence qui s'appuie à la fois sur des compétences particulières (le langage et la logique) et sur un environnement culturel – il est bien difficile de faire rentrer ces différentes manifestations de « l'intelligence » dans notre vision.

Mais si nous changeons notre regard, en découvrant et en reconnaissant la diversité des manières par lesquelles différentes personnes et différentes cultures montrent des comportements intelligents, nous quittons la vision restreinte du « blanc européen » sur l'intelligence, et un arc-en-ciel d'intelligences s'offre alors à nous : nous voilà avec le concept d'intelligences *multiples*, et nous allons rencontrer celui qui a déblayé et éclairci ce chemin, Howard Gardner.

Différentes théories et différentes approches

Une structure classique : la structure quaternaire

La théorie des intelligences multiples n'est pas le premier modèle qui suggère qu'il y a différentes manières d'être intelligent. Il existe d'innombrables théories, allant de une à... de très nombreuses sortes d'intelligences.

Un grand nombre de ces théories se présentent sous forme quaternaire, souvent sur le modèle Concret / Abstrait / Actif / Réflexif, avec toutes les combinaisons qui en découlent. En voici par exemple quelques-unes (successivement : selon Kolb, Jung, Keissey & Bates, Hunt, McCarthy) :

	Concret		
Actif Expérimentation	• Intuitif • *Intuition* • **Dyonisos** • Enrichit la réalité • Voit les possibilités cachées	• Imaginatif • *Sentiments* • **Apollon** • Absorbe la réalité • Recherche un sens personnel	Réflexif Observation
	• Pratique • *Corps* • **Épiméthée** • Corrige la réalité • Recherche des solutions aux problèmes	• Théorique • *Intellect* • **Prométhée** • Forme la réalité • Recherche une compréhension intellectuelle	
	Abstrait Conceptualisation		

On considère en général que l'école valide essentiellement le quadrant bas droit.

Issues pour certaines de la philosophie, pour d'autres de la psychologie, toutes ces théories ont leur pertinence et éclairent, plus ou moins bien, la « réalité » de l'intelligence.

Mais nous allons voir que ce qui rend le modèle de Howard Gardner particulièrement puissant et intéressant, c'est qu'il s'appuie sur des recherches venant d'un très large champ de connaissances actuelles, et non uniquement sur une approche philosophique ou psychologique. Et que cette théorie est simple à comprendre, facile à assimiler (car parlant bien au bon sens) et, en particulier, d'une grande utilité pratique dans le champ de l'enseignement.

Différentes approches

Il existe également de nombreuses manières d'approcher le concept d'intelligence. En voici quelques-unes.

✓ L'approche développementale

C'est une vision évolutionniste du développement de l'intelligence, dont les plus célèbres représentants sont Piaget, Vygotsky et Feuerstein.

Piaget propose une vision de l'intelligence qui se développe progressivement en passant par différentes phases de développement, ces phases correspondant à des âges spécifiques.

Vygotsky suggère que le développement de toutes les capacités intellectuelles est étroitement lié aux interactions sociales, dans l'écart entre les problèmes que l'on peut résoudre seul et ceux où l'on a besoin d'une aide extérieure.

Feuerstein, de son côté, propose également l'idée que le développement cognitif de l'enfant est largement influencé par le type et la qualité des interactions avec les adultes qui l'entourent – ce qu'il appelle la « médiation ».

✓ L'approche différentielle

Selon cette approche, l'intelligence humaine est divisée en capacités spécifiques (ou aptitudes, ou fonctions élémentaires) telles que l'aptitude numérique, la fluidité verbale, la compréhension verbale, l'aptitude spatiale, etc. Cette approche a été développée en particulier par Spearman puis par Wechsler (qui a également conçu une batterie de tests).

✓ L'approche universaliste

Ce type d'approche cherche à identifier le mode de traitement cognitif utilisé par une personne lorsqu'elle effectue une tâche particulière. À travers ces approches ont été développés des modèles sur le traitement du langage, l'analyse des raisonnements inductif et déductif, la prise de décision, etc.

✓ L'approche comparative

Elle consiste à comparer chez divers groupes d'individus (par exemple par âges, ou par cultures) les moyens cognitifs utilisés dans la réalisation d'une tâche.

✓ L'approche psychobiologique

C'est une approche de l'intelligence à travers l'étude du cerveau. Les différentes approches psychobiologiques conduisent à une vision de l'intelligence formée de nombreuses facettes, et mettent en évidence des interactions permanentes entre les centres cognitifs et les centres émotionnels du cerveau.

✓ L'approche cognitive

La psychologie cognitive étudie les grandes fonctions psychologiques de l'être humain que sont la mémoire, le langage, l'intelligence, la perception ou l'attention.

La psychologie cognitive part du principe que l'on peut étudier et comprendre des processus mentaux à partir de l'étude du comportement et de différentes expérimentations.

Parmi toutes ces approches, l'une mérite d'être un peu plus développée, car elle est à l'origine (mais par réaction) des travaux d'Howard Gardner : l'approche psychométrique.

Approche psychométrique

L'intelligence traduite en nombre

L'approche psychométrique s'appuie sur l'idée d'une intelligence que l'on peut quantifier. C'est la mesure de l'intelligence à l'aide de tests qui se veulent objectifs, c'est la transcription de l'intelligence en un nombre. Alfred Binet est le plus célèbre représentant de cette approche : « *L'intelligence, c'est ce que mesurent mes tests* ».

Une fois passée une batterie de tests, on utilise les concepts d'*âge mental* et d'*âge chrono-*

logique : il suffit ensuite de faire le rapport mathématique des deux (et de multiplier le résultat par 100) pour obtenir le célèbre « Quotient Intellectuel », le QI, élément fondateur de cette approche.

Ces tests ont évolué au fil du temps – des chercheurs continuent toujours à les faire évoluer – et ils imprègnent encore et toujours notre conception de l'intelligence.

Pour comprendre l'approche psychométrique, il faut remettre les travaux de Binet dans leur contexte historique, au début du XXe siècle. Il s'agissait alors de mettre au point une méthode permettant de déterminer les élèves des écoles primaires présentant des risques d'échec scolaire. À l'époque d'Alfred Binet, les sciences cognitives (l'étude de l'esprit) et les neurosciences (l'étude du cerveau) n'existaient pas. Mais, depuis, ces sciences ont considérablement modifié notre vision de l'intelligence et, d'une manière presque naturelle, les limites de l'approche psychométrique pure sont devenues évidentes.

Les contre-exemples à la notion de QI sont nombreux, autour de nous ou à travers de nombreuses recherches. Il semblerait que, chez des personnes ayant particulièrement bien réussi dans leur vie professionnelle, plus d'un tiers ait eu de mauvais résultats aux tests de QI. On pourrait en déduire que ces tests mesurent plus « la capacité à réussir à l'école » qu'autre chose, et ne permettent en rien de vraiment définir « l'intelligence » d'une personne, ni de prévoir son développement.

Une vision qui perdure

D'une manière paradoxale, on note actuellement une expansion de l'usage des tests d'intelligence, alors qu'ils sont de plus en plus remis en question.

De nombreux systèmes éducatifs de par le monde s'appuient encore fortement sur cette approche, sans doute parce que, dans sa manière extrême de simplifier la vision finale de l'intelligence de chaque individu, elle est *pratique*.

Peut-être peut-on d'ailleurs y voir l'origine de l'utilisation précoce et permanente de notes dans la plupart des systèmes scolaires, permettant ainsi facilement de comparer un élève à un autre, une école à une autre école. En utilisant la « moyenne » d'un élève comme outil de jugement, d'appréciation et de sélection, on continue à appliquer un principe équivalent à celui du QI, c'est-à-dire que l'on transforme finalement « l'intelligence » d'un élève en un nombre.

Importance donnée aux compétences linguistiques et logiques

À l'école, l'enseignement se concentre essentiellement sur deux manières d'apprendre : la forme verbale (ou linguistique), et la forme logique. Ces deux manières d'apprendre sont faciles à mesurer, à quantifier, et se prêtent bien à des évaluations standardisées.

Si un enfant a de fortes capacités linguistiques et logiques, ses résultats aux différents contrôles et évaluations vont refléter ces capacités. Il sera déclaré intelligent – et il aura de bonnes chances de traverser son cursus scolaire sans trop de difficultés. Mais pour un enfant qui n'est pas dans ce cas-là, le chemin risque d'être difficile.

Certes, on ne peut nier qu'avoir de bonnes compétences linguistiques et logiques, outre le fait de réussir plus facilement à l'école, est un paramètre de succès important dans la vie adulte.

Mais il faut prendre conscience qu'enseigner et évaluer uniquement à travers ces deux vecteurs peut créer des difficultés parfois insurmontables pour de nombreux enfants, tout simplement parce qu'ils n'ont pas développé ces compétences linguistiques et logiques au niveau exigé par le système scolaire.

Pourtant, ces enfants ont des capacités, des talents, de « l'intelligence », mais... ailleurs. Tous les enseignants, un jour ou l'autre, ont rencontré certains de ces élèves talentueux, dont le désir d'apprendre était étouffé parce qu'il ne correspondait pas au profil que l'on attend d'eux à l'école. Ces élèves deviennent alors bien souvent de « mauvais élèves », des élèves « paresseux », leurs bulletins scolaires se remplissent d'expressions qui expriment plus le mal-être de l'enseignant qu'une vision objective de l'élève : « élève démotivé », « doit mieux faire », etc. Tout cela parce que ces enfants apprennent différemment, et ont des talents et des forces non reconnus à l'école.

Nous allons voir que l'approche des intelligences multiples, parmi les nombreux aspects positifs qu'elle génère, peut être un facteur important de réussite pour des élèves qui seraient, sans cela, mal adaptés au système scolaire traditionnel. Elle fournit des stratégies d'enseignement et d'évaluation qui conviennent mieux à un plus grand nombre d'élèves, sinon à tous.

Vue ancienne et vue nouvelle sur l'intelligence

Avant d'entrer plus en détail dans la théorie des intelligences multiples, nous pouvons faire de premières comparaisons, entre une vision traditionnelle de l'intelligence et une vision plus nouvelle :

Vision traditionnelle	**Vision nouvelle**
• L'intelligence est fixée.	• L'intelligence, sous différentes formes, peut être développée toute la vie.
• L'intelligence peut être mesurée par un nombre.	• L'intelligence n'est pas numériquement quantifiable.
• L'intelligence a une forme unique.	• L'intelligence peut s'exprimer de multiples manières.
• On mesure l'intelligence dans un contexte déconnecté de toute réalité.	• L'intelligence est appréciée dans des situations contextuelles variées ou dans la vie de tous les jours.
• Dans le système scolaire, l'intelligence est utilisée pour trier les élèves et prévoir leur réussite.	• Dans le système scolaire, toutes les facettes de l'intelligence sont utilisées, de manières multiples et variées.

La théorie des intelligences multiples

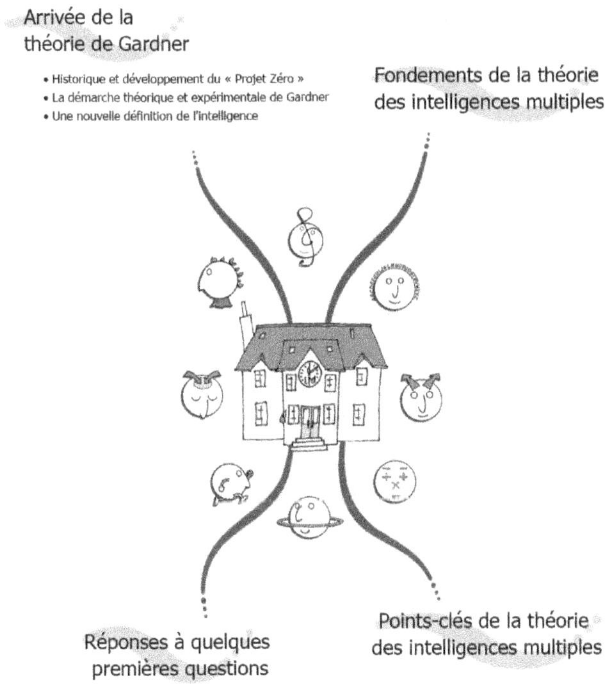

Arrivée de la théorie de Gardner

Howard Gardner, avec sa théorie des intelligences multiples, apporte un nouveau point de vue riche et revitalisant sur cette notion complexe d'intelligence.

Comme toute théorie, elle ne prétend pas donner une réponse absolue et définitive, mais aide à mieux saisir la réalité et permet de mieux agir sur elle. Ses applications pratiques, comme nous le verrons, sont extrêmement riches et nombreuses.

Historique et développement du « Projet Zéro »

Psychologue cognitiviste et professeur de neurologie à la faculté de médecine de Boston, Howard Gardner est professeur en éducation à l'université d'Harvard. Il fait depuis de nombreuses années des recherches sur le développement des capacités cognitives de l'être humain.

En 1979, alors qu'il était chercheur à Harvard, une fondation hollandaise à but philanthropique (*Bernard Van Leer Foundation*) lui demanda de faire des recherches sur le potentiel humain. Cela a conduit à la création du *Harvard Project Zero*, qui a servi de structure institutionnelle au développement de la théorie des intelligences multiples.

La publication en 1984 du livre *Frames of mind* marque la naissance officielle de cette théorie[2].

Depuis lors, et à la grande surprise d'Howard Gardner lui-même, cette théorie a été accueillie avec un très grand intérêt à travers le monde, et cet intérêt ne cesse de grandir. Conçue au départ comme un modèle pour écoles d'enfants favorisés, cette théorie s'est largement développée dans les années 1990 pour toucher des centaines d'écoles et des milliers d'enseignants, aux États-Unis et dans le monde, et a abordé également le champ de la formation pour adultes. De nombreux chercheurs et praticiens ont expérimenté et enrichi sa théorie, et ces recherches se sont traduites par de nombreuses applications pédagogiques, de la maternelle à l'université.

La démarche théorique et expérimentale de Gardner

Pour Howard Gardner, il s'agit au départ d'une remise en cause radicale des tests d'intelligence, qui s'appuient sur deux postulats : l'intelligence peut être mesurée et quantifiée, et elle est fixée pour la vie.

2 Rappelons que la traduction française de ce premier livre date de 1996 (bibliographie).

Il critique en particulier cette démarche consistant à vouloir déterminer l'intelligence d'une personne en la sortant de son environnement d'apprentissage habituel, en lui demandant de faire des tâches isolées qu'elle n'a jamais faites auparavant et qu'elle ne refera sans doute jamais après.

Ainsi, Howard Gardner a cherché à élargir les paramètres permettant de définir et de comprendre l'intelligence, afin d'intégrer l'infinie diversité des capacités humaines, et ceci dans toute culture et dans tout contexte social.

Ses recherches l'ont finalement conduit à rajouter un « s » au mot *intelligence*. En s'appuyant sur des critères précis (détaillés plus loin), il a ainsi défini 7 intelligences, puis en a rajouté une 8e – et envisage la possibilité d'une 9e.

Ces intelligences sont[3] :

– l'intelligence verbale/linguistique : la capacité à être sensible aux structures linguistiques sous toutes leurs formes ;

– l'intelligence logique/mathématique : la capacité à raisonner, à compter et à calculer, à tenir un raisonnement logique ;

– l'intelligence visuelle/spatiale : la capacité à créer des images mentales, et à percevoir le monde visible avec précision dans ses trois dimensions ;

– l'intelligence musicale/rythmique : la capacité à être sensible aux structures rythmiques et musicales ;

– l'intelligence corporelle/kinesthésique : la capacité à utiliser son corps d'une manière fine et élaborée, à s'exprimer à travers le mouvement, à être habile avec les objets ;

– l'intelligence interpersonnelle : la capacité à entrer en relation avec les autres ;

– l'intelligence intrapersonnelle : la capacité à avoir une bonne connaissance de soi-même ;

– l'intelligence (du) naturaliste : la capacité à reconnaître et à classifier des formes et des structures dans la nature.

La théorie de Gardner s'appuie sur des travaux de recherches approfondis, qui lui donnent profondeur et crédibilité. En particulier, Howard Gardner s'est basé sur des études menées dans les domaines de l'anthropologie, de la psychologie cognitive, des approches psychométriques, physiologiques et neurologiques, ainsi que sur des recherches extrêmement variées sur le cerveau. Il a réalisé de nombreux interviews, tests et recherches sur des centaines d'individus

3 Les 8 intelligences sont présentées plus en détail au chapitre suivant.

sortant de la définition « ordinaire » de l'intelligence : victimes d'accidents, prodiges, autistes, personnes ayant des handicaps d'apprentissage, « savants idiots », et des personnes de différentes cultures.

Une nouvelle définition de l'intelligence

Les recherches d'Howard Gardner enrichissent considérablement notre vision traditionnelle de l'intelligence humaine, en nous révélant une gamme riche et étendue de ses composantes. Elles ont également généré une définition pratique et rafraîchissante du concept d'intelligence.

Au lieu de voir «l'intelligence humaine» en termes de score à une batterie de tests standardisés, Gardner la définit comme ayant trois composantes :

– *un ensemble de compétences qui permettent à un individu de résoudre des problèmes rencontrés dans la vie courante.*

« Résoudre un problème » peut signifier, par exemple, savoir faire une multiplication à deux chiffres ou savoir travailler en équipe sur un projet.

– *la capacité à créer un produit réel ou offrir un service qui ait de la valeur dans une culture donnée.* « Créer un produit » ou « offrir un service » peut signifier, par exemple, le fait de savoir écrire une lettre, être capable d'écouter une personne en difficulté, ou transformer de l'argile en statue.

Et « qui a de la valeur dans une culture donnée » signifie que les autres, selon la région du monde où se situe l'individu, peuvent tirer profit de ce produit ou de ce service.

– *la capacité à se poser des problèmes et à trouver des solutions à ces problèmes, permettant en particulier à un individu d'acquérir de nouvelles connaissances.*

On remarquera ici que le fait de « se poser des problèmes » et de « chercher des solutions » donne une vision très dynamique de l'intelligence et de son développement.

Cette définition d'Howard Gardner nous propose une description beaucoup plus *diversifiée* et plus *concrète* de l'intelligence. Elle fait ressortir la nature *multiculturelle* de sa théorie. On admet ainsi que les compétences à développer peuvent être très différentes selon la culture dans laquelle grandit et agit l'individu.

Fondements de la théorie des intelligences multiples

Pour donner un fondement théorique à son approche de l'intelligence, Howard Gardner a défini un certain nombre de critères que doit remplir toute habileté, compétence ou capacité mentale pour être considérée comme une « intelligence ». Il a ainsi défini 8 critères permettant de définir une intelligence.

1. La correspondance avec une région relativement bien localisée du cerveau

Gardner propose l'existence de 8 régions relativement autonomes du cerveau, chaque région correspondant à une « intelligence ».

C'est en étudiant des personnes ayant des lésions cérébrales localisées que Gardner constata que ces lésions rendaient difficiles ou impossibles certaines formes d'intelligences, tout en laissant d'autres intactes.

Par exemple, une personne ayant une lésion au lobe frontal gauche (aire de Broca) aura des difficultés avec ce qui touche à l'intelligence verbale/linguistique (parler, lire et écrire), mais pourra cependant continuer à chanter, à faire des mathématiques, à danser, à entrer en relation avec les autres ou à avoir conscience de ses sentiments.

Cependant, même si l'on peut constater que différentes formes d'intelligence sont localisées dans différentes zones assez précises du cerveau, il ne faut pas oublier à la fois la complexité et la plasticité du cerveau. Les zones du cerveau repérées par Gardner peuvent se connecter entre elles, s'appuyer l'une sur l'autre, ou peuvent travailler indépendamment si nécessaire.

2. L'existence de savants, de prodiges et d'autres individus exceptionnels

On peut trouver des exemples de personnes – savants ou prodiges – ayant développé l'une des huit intelligences à un niveau exceptionnel, tout en ayant parfois d'importantes lacunes dans d'autres. Par exemple, un autiste pourra être capable de faire des calculs prodigieux, tout en ayant de grandes difficultés relationnelles et un langage très pauvre.

3. Chaque intelligence semble avoir un mode de développement différent, avec un pic particulier d'efficience maximum

Il semble en effet que des « fenêtres » dans le développement de telle ou telle intelligence s'ouvrent et parfois se referment à des moments relativement précis de la vie. Par exemple, l'intelligence verbale/linguistique se développe très tôt chez l'enfant, et pourra être conservée toute la vie (on peut devenir un écrivain de talent après 60 ans), tandis que le maximum d'efficience de l'intelligence logique/mathématique est constaté dans l'adolescence et chez le jeune adulte, rarement après 40 ans.

De même, l'intelligence musicale/rythmique peut commencer très tôt (Mozart a commencé à composer à l'âge de 5 ans), et cette capacité semble se conserver toute la vie, des compositeurs âgés (comme Fauré) ayant laissé de nombreux chefs-d'œuvre tardifs.

4. Chaque intelligence a participé à l'histoire de l'évolution jusqu'à l'être humain, et continue d'y participer

Gardner constate que chacune des 8 intelligences a des racines profondes dans l'évolution de l'homme et, en remontant plus loin, dans l'évolution des autres espèces animales. Concernant l'intelligence visuelle/spatiale, on notera par exemple le sens de l'orientation extraordinairement développé de certains oiseaux.

Dans le développement de l'être humain à travers le temps et l'histoire, on constate également l'évolution de ces différentes formes d'intelligence, par exemple le développement de l'intelligence visuelle/spatiale à travers les dessins préhistoriques.

Et cette évolution continue : par exemple, la capacité à classer (qui relève de l'intelligence naturaliste) a dû se développer à travers la connaissance des plantes (comestibles ou non comestibles), et se prolonge à notre époque par notre capacité à classer, selon leurs caractéristiques, des livres, des musiques ou des fromages...

Il semble également que certaines intelligences aient tenu une grande place à certaines époques anciennes (comme la naturaliste ou la corporelle/kinesthésique), alors qu'il est possible que la visuelle/spatiale devienne prépondérante à notre époque, avec le développement des médias visuels.

5. L'existence de données et de recherches psychométriques

Bien que Gardner se garde de toute mise en tests psychométriques des intelligences multiples, il a constaté l'existence de nombreuses données et recherches psychométriques existantes se basant sur une ou plusieurs des intelligences multiples. Par exemple, l'intelligence interpersonnelle – la capacité à interagir avec les autres – et l'intelligence intrapersonnelle – la capacité à se connaître – ont été mesurées dans certaines entreprises.

6. Une relative autonomie de fonctionnement de chaque intelligence, mise en évidence par la psychologique expérimentale et la recherche cognitive

La psychologie expérimentale permet de constater la relative autonomie de fonctionnement de certaines intelligences. Par exemple, on peut avoir une excellente perception des sons et des rythmes (intelligence musicale/rythmique) mais pas des sons verbaux (intelligence verbale/linguistique). Un élève qui lit bien, avec un bon niveau de compréhension, pourra avoir des difficultés à construire une maquette en utilisant des consignes écrites, parce qu'il ne peut pas faire correctement le transfert entre les intelligences verbale/linguistique et visuelle/spatiale.

7. L'existence d'opérations distinctes mises en œuvre par chaque intelligence pour traiter l'information

Gardner compare le fonctionnement de chaque intelligence à celui d'un ordinateur qui a besoin d'un ensemble d'opérations distinctes et identifiables pour pouvoir fonctionner dans telle ou telle activité.

8. L'existence d'un système symbolique propre à chaque intelligence

C'est, selon Gardner, l'un des meilleurs indicateurs pour définir une intelligence.

Seul l'être humain utilise des symboles et des systèmes symboliques, ce qui le différencie d'une manière radicale des autres espèces vivantes.

Chacune des 8 intelligences a en effet son propre système symbolique :

– verbale/linguistique : langages phonétiques (comme le français ou l'arabe) ;

– logique/mathématique : systèmes numériques (comme le système décimal, ou un langage informatique) ;

– visuelle/spatiale : langages idéographiques (comme les hiéroglyphes, le chinois, les icônes de repérage, la signalisation routière) ;

– corporelle/kinesthésique : langue des signes, Braille, danse expressive, mime ;

– musicale/rythmique : systèmes de notation musicale ;

– interpersonnelle : langage corporel (comme les gestes et les expressions faciales) ;

– intrapersonnelle : symboles personnels (comme la croix ou le drapeau national, ou la symbolique personnelle dans les rêves) ;

– naturaliste : systèmes de classification (des livres, des végétaux, etc.) et taxonomies.

Points-clés de la théorie des intelligences multiples

À ces critères, Howard Gardner ajoute les points-clés suivants, concernant le développement des intelligences chez un être humain.

✓ Tout être humain possède les 8 intelligences

La théorie de Gardner postule que tout individu normal, à sa naissance, a d'une manière potentielle un « bouquet d'intelligences », c'est-à-dire des capacités à développer dans chacune des huit intelligences.

Bien entendu, les huit intelligences vont se développer et fonctionner de manière unique chez chaque individu :

– certains développeront très largement une intelligence particulière, et en délaisseront d'autres (par exemple un sportif professionnel ou un mathématicien) ;

– d'autres sauront développer l'ensemble de leurs intelligences – ou presque – à un excellent niveau. Par exemple, Mozart savait *aussi* parler correctement plusieurs langues étrangères, Einstein savait *aussi* jouer du violon et se créer de riches images mentales, Goethe était *aussi* homme d'état, scientifique, naturaliste et philosophe ;

– d'autres enfin ne développeront leurs 8 intelligences qu'à un niveau très rudimentaire, et seront souvent considérées comme en échec profond.

Quant à la plupart d'entre nous, nous sommes quelque part au milieu, ayant largement développé quelques intelligences, modestement d'autres, et parfois sous-développé le reste.

✓ La plupart des êtres humains peuvent développer, tout au long de leur vie, chaque intelligence jusqu'à un bon niveau de compétence

Beaucoup d'entre nous considérons que nos déficiences actuelles dans telle ou telle intelligence sont définitives. Par exemple, si nous avons toujours été « nul » – ou considéré comme tel – en mathématiques ou en sport, il y a peu de chances que nous prenions la peine de développer notre intelligence logique/mathématique ou notre intelligence corporelle/kinesthésique dans le cours de notre vie d'adulte.

Pourtant, Gardner pense que nous pouvons, dans des conditions normales de vie, développer et renforcer toutes les 8 intelligences jusqu'à un bon niveau de compétence, si l'on nous donne des moyens adaptés d'enseignement pour le faire et les encouragements nécessaires.

✓ Dans la plupart des cas, les intelligences sont utilisées ensemble de manières complexes

Dans la théorie des intelligences multiples, chaque intelligence est une « fiction », aucune n'existant d'une manière indépendante, ou très rarement. Les intelligences, la plupart du temps, interagissent entre elles, et de nombreuses activités ne peuvent être correctement réalisées sans l'emploi de plusieurs intelligences à la fois. Par exemple pour faire une course d'orientation, jouer d'un instrument de musique, conduire une voiture ou réaliser une recette de cuisine, nous mettons en œuvre un grand nombre d'intelligences.

Les intelligences multiples sont présentées d'une manière séparée dans la théorie des intelligences multiples pour faciliter la découverte de leurs caractéristiques essentielles, et pour apprendre à les utiliser efficacement.

✓ Il y a de nombreuses manières d'utiliser chaque intelligence

La théorie des intelligences multiples insiste sur le fait qu'il existe de très nombreuses façons par lesquelles des individus utilisent leurs intelligences. Par exemple, une personne incapable de lire et d'écrire peut posséder un excellent niveau en intelligence verbale/linguistique, parce qu'elle a un talent exceptionnel pour raconter des histoires. Une autre, mal à l'aise sur un terrain de sport, peut montrer une intelligence corporelle/kinesthésique exceptionnelle pour fabriquer des maquettes ou régler un moteur de voiture.

Réponses à quelques premières questions

Pourquoi uniquement 8 intelligences ? N'y aurait-il pas d'autres intelligences ?

Régulièrement, Gardner note que les 8 intelligences ne représentent pas forcément la totalité des capacités humaines. En particulier, il a étudié la possibilité d'une intelligence spirituelle, d'une intelligence morale et d'une intelligence existentielle. Il a rejeté les deux premières, car elles ne répondaient pas aux critères qu'il a posés pour définir une intelligence. Concernant l'intelligence existentielle, elle s'en approche, et Gardner l'appelle en plaisantant « l'intelligence 8,5 ».

Ce concept d'« intelligence » est-il vraiment différent de ce que l'on appelle « talents », « aptitudes » ou « dispositions naturelles » ?

Beaucoup de personnes se demandent pourquoi Howard Gardner appelle « intelligence » ce que l'on considère habituellement comme un *talent* ou une *aptitude*. Par exemple, on dira : « il n'est pas très intelligent mais il a d'excellentes aptitudes pour la mécanique ».

Les critères définis par Gardner pour définir une « intelligence » permettent de distinguer un talent d'une intelligence, ou bien à quel moment ce que l'on considère habituellement comme un *talent* peut être considéré comme une *intelligence*.

On peut en effet considérer ces différentes expressions comme une gradation dans l'utilisation d'une intelligence particulière :

– une *disposition naturelle* ou un *talent naturel* serait une sensibilité particulière (peut-être d'origine biologique) à un type d'intelligence ;

– cette sensibilité conduirait à une *tendance* à utiliser en priorité cette intelligence ;

– et, dans un environnement correct et dans certaines circonstances, cette tendance se traduirait en une *aptitude* ou une *compétence* à utiliser correctement cette intelligence dans des contextes variés.

Par exemple, l'intelligence verbale/linguistique s'exprimerait d'abord par une *disposition naturelle* pour les sons, la signification des mots et les différents types de langage. Puis cette sensibilité évoluerait en *tendance* à parler, écrire ou lire. Et cette tendance se transformerait ensuite en *aptitude* ou une *compétence* à parler ou écrire d'une façon efficace et habile, quitte même à choisir ensuite un métier utilisant essentiellement cette aptitude : écrivain, journaliste, etc.

Chaque intelligence se développe-t-elle spontanément, ou y a-t-il des éléments déclencheurs qui permettent à une intelligence de s'éveiller, puis de se développer ?

Les conditions extérieures permettant à une intelligence de bien s'éveiller et de bien se développer semblent nombreuses, mais difficilement programmables.

On peut cependant trouver quelques clés :

• ***un environnement riche en toutes sortes de stimuli intellectuels et sensoriels***, et qui ne refuse pas l'accès à certaines intelligences (dans certaines sociétés, par exemple, la musique est considérée comme une occupation frivole).

Dans un tel environnement, un individu peut avoir ce que Gardner appelle une « *expérience cristallisante* », qui sert de déclencheur puissant au développement d'une intelligence spécifique. On raconte par exemple qu'Einstein, enfant, a reçu un jour en cadeau une boussole, et que ce micro-événement a marqué toute sa vie. Le violoniste Yehudi Menuhin a entendu jouer du violon pour la première fois à l'âge de 3 ans, et sa passion pour le violon ne s'est ensuite jamais tarie.

Bien que nous n'ayons pas tous ce genre d'expérience radicale, un environnement riche peut permettre à de nombreux enfants (aussi bien qu'à des adultes) de déclencher des intérêts qui les aideront toute leur vie à développer certaines intelligences.

A contrario, des « *expériences paralysantes* » sont des événements qui éteignent, parfois définitivement, une intelligence. Elles sont souvent liées à des expériences de honte, de culpabilité, de rejet ou de négation de la personnalité.

• ***une éducation et un enseignement donnant à chacune des intelligences des occasions nombreuses et variées de se développer.*** Donner la prépondérance presque absolue aux intelligences verbale/linguistique et logique/mathématique dans l'enseignement et les programmes scolaires restreint ou empêche l'utilisation et le développement d'autres intelligences.

En particulier, des élèves qui n'ont pas un niveau suffisant dans ces deux intelligences-clés se retrouveront souvent en échec scolaire. Et, n'ayant alors qu'une faible confiance dans leurs capacités, ils risquent de laisser en friche leurs vraies richesses – leurs intelligences fortes –, qui resteront inexploitées et perdues pour eux-mêmes comme pour les autres et la société.

• ***une reconnaissance et un soutien actif de personnes compétentes*** La *sensibilité* ou la *tendance* d'un individu à une intelligence particulière ne sont au début que potentielles, jusqu'à ce que des expériences particulières – ou, donc, des *expériences cristallisantes* – permettent à cette intelligence de fonctionner, de se développer, et de s'épanouir.

Dans ce processus, une reconnaissance extérieure joue un rôle crucial. Si par exemple une enfant souhaite devenir danseuse et n'est jamais reconnue dans cette démarche, elle risquera de complètement délaisser le développement de son intelligence corporelle/kinesthésique, qui est pourtant pour elle une intelligence majeure.

Comment les différentes intelligences traitent-elles l'information reçue ?

L'une des conséquences de la théorie de Gardner est que chaque individu diffère dans sa capacité et dans sa manière de traiter l'information.

Par exemple, ceux ayant une bonne intelligence musicale/rythmique réussiront mieux si on leur propose des activités utilisant des rythmes et des éléments musicaux. Et ceux qui possèdent une forte intelligence logique/mathématique recevront plus facilement l'information si elle est présentée d'une manière ordonnée, logique, et séquentielle.

Comment les différentes intelligences se combinent-elles ?

On constate (dans la vie de tous les jours ou dans son métier) que l'on doit souvent utiliser certaines combinaisons d'intelligences pour traiter des informations diverses et réaliser certaines tâches. Par exemple, conduire une voiture nécessite une combinaison des intelligences corporelle/kinesthésique, visuelle/spatiale et intrapersonnelle, et parfois également les intelligences logique/mathématique et interpersonnelle.

On mesure ainsi les implications immenses des intelligences multiples dans le champ de l'enseignement, de la formation et de l'éducation. Et en particulier qu'il est important de développer *toutes* les intelligences, celles qui sont dominantes aussi bien que celles qui ne le sont pas, à cause de cette nécessité de les utiliser ensemble, dans différentes combinaisons, pour accomplir correctement des activités de tous les jours.

La théorie des intelligences multiples ne serait-elle pas une nouvelle manière d'étiqueter les individus ?

Il est essentiel de garder à l'esprit que les intelligences définies par Howard Gardner ne sont pas des catégories fixées et mesurables, ce qui conduirait aux mêmes dérives que les tests de QI.

De plus, il faut être prudent dans la détermination des intelligences fortes d'un élève. Par exemple, des compétences fortes en intelligence verbale/linguistique ne signifient pas que l'élève réussira à un degré remarquable dans *toutes* les compétences linguistiques : certains élèves pourront lire facilement et bien orthographier, mais n'écriront ni très bien ni avec facilité.

Quels rapports y a-t-il entre les « intelligences multiples » et les « styles d'apprentissage » ?

Il est important de distinguer les deux approches.

✓ Les « styles d'apprentissage » :

– désignent essentiellement la manière *générale* qu'a un individu d'entrer dans un processus d'apprentissage ;

– s'appliquent, plus ou moins, à n'importe quel contenu d'apprentissage ;

– s'intéressent à l'acquisition des informations selon des préférences sensorielles (selon le modèle classique : *auditif*, *visuel*, *kinesthésique*).

✓ La théorie des intelligences multiples :

– est un modèle cognitif qui cherche à décrire comment les individus utilisent leurs intelligences pour résoudre des problèmes et fabriquer des produits ;

– s'intéresse à la capacité à répondre à un *contenu spécifique*, avec un *processus adapté* ;

– ne relie pas spécifiquement les intelligences aux sens : il est possible d'être aveugle et d'avoir une intelligence visuelle/spatiale développée, ou d'être sourd et d'avoir une intelligence musicale/rythmique développée.

Avec ces distinctions, on pourra en tirer les conséquences importantes suivantes :

– une personne qui a une intelligence très développée (par exemple visuelle/spatiale) utilisera cette intelligence de manière différente selon les circonstances qui se présentent, elle ne fera pas *tout* (réfléchir, communiquer, apprendre, rêver, faire la cuisine...) en utilisant systématiquement cette intelligence ;

– reconnaître un élève comme un apprenant visuel, auditif ou kinesthésique est différent du fait de permettre à cet élève d'utiliser et de développer ses intelligences visuelle/spatiale, verbale/linguistique ou corporelle/kinesthésique de manière riche.

Cela étant, la théorie des intelligences multiples et celle des styles d'apprentissage ne s'excluent pas mutuellement.

Quelle place la théorie de Gardner peut-elle tenir dans l'approche du « mieux-apprendre » ?

L'approche du « mieux-apprendre » est issue du courant pédagogique communément appelé l'*Accelerative Learning*. Cette approche, adaptée et enrichie, est proposée par l'auteur dans le monde francophone[4].

L'approche du « mieux-apprendre » se base sur un cœur d'idées essentielles, et propose des *outils d'apprentissage* en cohérence avec ces idées. L'un de ces outils, parmi d'autres, est la théorie des intelligences multiples d'Howard Gardner.

Les idées essentielles de l'approche du « mieux-apprendre » peuvent être résumées ainsi :

– apprendre met en œuvre l'ensemble de la personne ;

– l'environnement d'apprentissage (physique, émotionnel, social, mental) joue un rôle important dans un apprentissage ;

– chaque personne a un mode préférentiel d'apprentissage ;

– chaque personne a un faisceau d'intelligences variées ;

– on apprend mieux lorsque le corps et l'esprit sont bien détendus ;

– le mouvement est un vecteur d'apprentissage important ;

---

4 Voir *Au bon plaisir d'apprendre*, du même auteur (bibliographie).

– le travail en coopération facilite et enrichit tout apprentissage ;

– une meilleure connaissance du cerveau permet d'améliorer la qualité d'un apprentissage ;

– les émotions jouent un rôle essentiel dans tout apprentissage ;

– les arts, et en particulier la musique, sont des vecteurs d'apprentissage riches et importants ;

– on apprend mieux lorsque l'on a plaisir à apprendre ;

– notre capacité à apprendre est bien supérieure à ce que nous considérons comme « normal ».

Même si l'approche du mieux-apprendre se veut plus large, on constatera la cohérence de ses idées-clés avec la théorie d'Howard Gardner, et l'intérêt d'enrichir cette approche avec les intelligences multiples.

Présentation générale des 8 intelligences

Dans le cours de ce chapitre, chaque intelligence sera présentée selon le modèle suivant :

– découverte des caractéristiques générales de l'intelligence ;
– premières pistes d'utilisation dans un apprentissage[5] ;
– quelques réflexions sur cette intelligence et son emploi.

1. L'intelligence verbale/linguistique

Découverte

• *C'est la capacité à* utiliser des mots et le langage sous différentes formes.

• *Elle est particulièrement développée* chez les écrivains, les poètes, les orateurs, les enseignants, les hommes politiques, les publicitaires, les journalistes, etc.

• *On reconnaît particulièrement cette intelligence* chez celui ou celle qui...

– aime lire et écrire ;
– parle facilement, discute volontiers et s'exprime avec facilité ;
– aime raconter des histoires et aime en entendre ;
– aime les jeux avec des mots (mots croisés, Scrabble, etc.), les jeux de mots, les calembours.

Une personne qui a bien développé cette intelligence est souvent considérée comme « intelligente », simplement parce que les outils d'évaluation habituels s'appuient essentiellement sur cette intelligence.

• *Si cette intelligence n'est pas suffisamment développée*, on est facilement en échec scolaire et l'on rencontre des difficultés dans la vie de tous les jours. Des manques dans cette capacité à mettre sa pensée en mots peuvent également créer le sentiment d'être incompris (en parti-

5 On trouvera des propositions d'activités et de stratégies plus détaillées dans la deuxième partie.

culier face à ceux qui maîtrisent mieux cette intelligence) et engendrer des réactions de violence.

Premières pistes d'utilisation dans un apprentissage

✓ Comment reconnaître un élève ayant particulièrement développé cette intelligence :

– prend plaisir à lire et/ou à écrire ;
– aime mettre par écrit ;
– a une bonne mémoire des noms, des dates, des endroits ;
– possède un vocabulaire bien développé, précis et étendu ;
– utilise facilement un logiciel de traitement de texte ;
– parle et s'exprime avec fluidité ;
– apprécie les subtilités de grammaire et de compréhension ;
– orthographie facilement ;
– aime faire des jeux à base de mots ;
– comprend et apprécie les jeux de mots, les calembours, les devinettes ;
– a développé des outils d'écoute ;
– peut utiliser facilement le langage descriptif ;
– raconte bien des histoires ;
– explique bien ;
– apprécie les sons et les rythmes du langage ;
– est sensible à l'impact des mots et au style de langage d'autres personnes ;
– apprend bien à partir de livres, de cassettes, de conférences, et de l'écoute de ce que disent les autres.

✓ Pistes générales pour favoriser l'utilisation de cette intelligence en situation d'apprentissage

– faire des présentations orales sur le sujet à apprendre ;
– participer à des activités dans lesquelles il faut débattre, argumenter, persuader, dialoguer, communiquer ;
– participer à des jeux de rôle ;
– produire des écrits de formes variées (rédaction, compte-rendu, résumé, etc.) ;
– faire des topogrammes[6] ;

6 Le topogramme (ou *MindMapping*, ou *Carte heuristique*) est une façon globale de structurer sa pensée et ses idées. En utilisant une structure, des mots, des couleurs et des dessins, elle favorise les intelligences verbale/linguistique, logique/mathématique, visuelle/spatiale, intrapersonnelle et naturaliste (sous son aspect classification). Cette technique est décrite en détail dans *Au bon plaisir d'apprendre*, du même auteur (bibliographie).

– écouter des enregistrements ;
– lire, particulièrement des livres avec des dialogues ;
– donner de l'importance aux mots, rechercher leur étymologie et leurs différents sens, emplois, nuances ;
– développer et utiliser un vocabulaire riche ;
– découvrir des mots nouveaux, étranges, amusants ;
– raconter et écouter des histoires ;
– tenir un journal de bord d'apprentissage ;
– pratiquer l'humour basé sur les mots (jeux de mots, calembours, mnémoniques) ;
– et, d'une manière générale, tous les exercices qui encouragent la lecture, l'écriture, l'orthographe, l'expression orale.

L'intelligence verbale/linguistique se prête bien aux utilisations combinées avec d'autres intelligences. Lorsque cela est pertinent, on peut par exemple chanter des chansons, écrire des légendes sur un dessin, jouer une pièce, décrire des phénomènes naturels, etc.

Quelques réflexions sur l'intelligence verbale/linguistique

• L'intelligence verbale/linguistique est probablement la plus universelle des intelligences multiples, parce que l'emploi d'un langage est une capacité que l'on retrouve partout et à toutes les époques : tout le monde apprend à parler dès ses premières années, et la plupart des individus apprennent à lire et à écrire. Et cette intelligence est utilisée en permanence dans la vie de tous les jours : parler, s'exprimer, communiquer, lire, écrire, etc.

• L'intelligence verbale/linguistique est particulièrement cultivée à l'école, depuis toujours, à travers un grand nombre de stratégies linguistiques orales et écrites d'enseignement et d'évaluation. Les enseignants en font un large – et souvent abusif – usage, au détriment de nombreuses autres stratégies pédagogiques. Cela ne signifie pas qu'il ne faut jamais utiliser des manuels et des cours magistraux, car ce sont d'excellents canaux pour communiquer efficacement certaines formes d'information. Mais ils ne constituent qu'*une petite partie* d'un vaste répertoire de stratégies pédagogiques – et pas nécessairement les plus importantes.

• Ce large emploi (avec l'intelligence logique/mathématique) de l'intelligence verbale/linguistique dans le système éducatif occidental semble favoriser certaines classes sociales, dans lesquelles les enfants sont sensibilisés presque dès la naissance aux mots et aux livres.

• De nombreuses activités et stratégies d'apprentissage peuvent s'adresser à l'intelligence verbale/linguistique de tous les élèves, mais sous des formes plus variées qu'uniquement la lecture, l'utilisation de manuels ou des devoirs écrits à faire. Nous le verrons plus en détail dans la deuxième partie.

• L'intelligence verbale/linguistique, au niveau cérébral, semble plus reliée au langage oral et à un mode auditif de fonctionner qu'à une activité visuelle : si l'aire cérébrale reliée au visuel est abîmée, une personne peut continuer à lire, mais si l'aire cérébrale reliée au langage est abîmée, la capacité de lecture en est affectée.

Ce lien étroit avec le mode auditif montre l'importance de proposer fréquemment des occasions de *parler* dans la classe. Il est important d'établir un équilibre raisonnable entre le temps pendant lequel l'enseignant parle, et le temps où les élèves parlent. Pour cela, des outils d'écoute mutuelle peuvent être enseignés avec profit aux élèves.

• L'acquisition et le développement de l'intelligence verbale/linguistique ne semblent pas relever d'un processus général (comme le propose Piaget), mais nécessitent des interactions complexes mettant en œuvre d'autres intelligences.

2. L'intelligence musicale/rythmique

Découverte

• *C'est la capacité à* être sensible aux sons, aux structures rythmiques et musicales, aux timbres sonores, aux tonalités, aux mélodies.

• *Elle est particulièrement développée* chez les musiciens (compositeurs, exécutants, chefs d'orchestre), et chez tous les « techniciens du son » (ingénieurs du son, fabricants d'instruments de musique, accordeurs). Elle se trouve également chez les poètes, et dans les cultures à forte tradition orale.

• *On reconnaît particulièrement cette intelligence* chez celui ou celle qui...

– fredonne souvent en travaillant ou en marchant, bat du pied, tape du crayon ou des doigts en travaillant ;

– se met à danser sur le moindre rythme ;
– aime inventer des airs et des mélodies ;
– se souvient facilement de chansons et de rythmes ;
– est souvent capable de chanter juste, de garder un tempo ;
– est sensible au pouvoir émotionnel de la musique, au son des voix et à leur rythme ;
– est sensible à tous les types de sons non verbaux et aux bruits de la vie de tous les jours, à l'environnement en tant que source de sons variés ;
– apprécie, comprend et peut avoir des opinions sur la musique ;
– saisit facilement les accents d'une langue étrangère ;
– a un sens des éléments sonores dans des situations inusuelles ou non musicales.

• *Si cette intelligence n'est pas suffisamment développée*, on perd une partie des richesses transmises par les sons, en particulier à travers les « sons organisés » que sont toutes les sortes de musiques, ainsi que tous les éléments sonores de la vie de tous les jours, en particulier dans les infinies variations du langage.

À l'école, si l'intelligence musicale/rythmique n'est pas reconnue, elle est souvent considérée comme un problème de comportement à sanctionner.

Premières pistes d'utilisation dans un apprentissage

✓ Comment reconnaître un élève ayant particulièrement développé cette intelligence :

– aime toutes sortes de musiques ;
– chantonne souvent ;
– est attiré par le rythme, le mouvement, la composition et le chant ;
– est sensible aux sons, au ton et au timbre des voix, à l'environnement sonore ;
– bouge au moindre rythme ;
– chante juste et peut se souvenir et reproduire vocalement des mélodies ;
– peut battre un rythme en suivant une musique ;
– peut imaginer et créer des rythmes et des chansons.

✓ Pistes générales pour favoriser l'utilisation de cette intelligence en situation d'apprentissage

– traduire des connaissances sous des formes musicales et/ou rythmées ;

– écrire des chansons ou des pièces musicales sur le sujet;
– travailler avec un fond sonore adapté à l'apprentissage;
– apprendre, réciter et composer de la poésie, des mots en rimes, des haïkus;
– rechercher des morceaux de musique ou des rythmes musicaux pour identifier certaines transitions dans la vie de classe : travail personnel, travail en groupe, exposé, etc.;
– faire des analogies musicales.

En Primaire, par exemple, des chansons ou des comptines sur les lettres de l'alphabet peuvent faire découvrir aux élèves chaque son et chaque lettre. Les tables de multiplication en chansons et en musique sont particulièrement efficaces.

On peut aussi utiliser la musique avec des élèves plus grands pour enseigner des concepts scientifiques ou retenir des informations factuelles : les élèves peuvent créer des rythmes sur des mots, un résumé ou une formule, en utilisant des instruments de percussion, leurs mains ou avec une baguette; ils peuvent écrire des chansons ou des raps pour décrire ce qu'ils sont en train d'apprendre; etc.

Une présentation multimédia avec des mots mis en musique et/ou en rythme aura un impact plus fort que les simples mots parlés.

Au-delà des stratégies particulières reliant musique et apprentissage, qui seront décrites dans la deuxième partie, une musique de fond bien choisie peut être utilisée pour relaxer ou stimuler les élèves pendant qu'ils travaillent.

On peut par exemple utiliser la musique pour calmer les élèves qui reviennent de la cour de récréation, et ainsi les connecter avec l'apprentissage à venir; ou bien mettre une musique appropriée pour diminuer la tension nerveuse avant un contrôle ou une présentation.

La musique baroque a un effet de relaxation et de concentration, car elle a un tempo similaire à celui du cœur au repos. La musique de Mozart, par son aspect à la fois très structuré et très mélodieux, semble avoir des effets étonnants pour libérer la créativité et les capacités intellectuelles, et fait l'objet de nombreuses recherches. En particulier, des élèves qui écoutent régulièrement du Mozart semblent augmenter leur capacité en mathématiques.

Attention : apprendre en utilisant la musique sera, au début, probablement complètement étranger à beaucoup d'élèves. Lorsque l'on utilise des stratégies à base de musique ou de rythme, il faut prévenir les élèves, et leur expliquer le pourquoi et le comment. Il est souhaitable qu'ils soient déjà un peu familiers avec les intelligences multiples et le concept d'intelligence musicale/rythmique.

Quelques réflexions sur l'intelligence musicale/rythmique

• L'intelligence musicale/rythmique est sans doute l'intelligence la moins utilisée dans l'enseignement classique. La musique, comme les arts plastiques, est en général considérée comme un enrichissement superfétatoire, uniquement enseignée par un spécialiste une heure par semaine et peu valorisante sur le plan des résultats scolaires.

Il arrive que certains enseignants introduisent un peu de musique ou quelques chansons dans leur enseignement, lorsque la matière enseignée semble s'y prêter (comme l'enseignement des langues étrangères), mais l'exposition régulière à la musique est rare.

• Gardner insiste sur la relation forte entre l'intelligence musicale/rythmique et les intelligences interpersonnelle et intrapersonnelle, observant que la musique est intimement liée à des facteurs émotionnels, qui peuvent se traduire en motivation. Pour lui, le fait de ne pas prendre la musique au sérieux « affaiblit une partie essentielle de la condition humaine ». En particulier, la musique a cette capacité importante de changer notre état intérieur (nous nous « accordons » avec la musique que nous écoutons).

• Faire entrer la musique dans la classe d'une manière régulière semble avoir de grandes retombées positives. Les élèves adorent écouter toutes sortes de musique. La musique peut calmer, éveiller, réveiller, motiver. On a également constaté que l'introduction importante et régulière de musique et d'arts plastiques dans le cursus scolaire améliorait notablement les résultats dans les matières « académiques », en particulier en français et en mathématiques. Et certains élèves qui réussissent rarement avec les autres approches d'enseignement peuvent véritablement ressusciter lorsqu'on leur propose une approche musicale.

• Il semble y avoir un lien étroit entre l'affectif, l'intelligence musicale/rythmique et l'intelligence logique/mathématique.

• La musique dans un processus d'apprentissage excite simultanément la partie rationnelle et la partie émotionnelle du cerveau, ce qui semble aider les élèves à mieux comprendre, mieux retenir et mieux appliquer l'information.

• En introduisant des stratégies musicales/rythmiques dans sa classe, il faut que l'enseignant accepte de « jouer le jeu » jusqu'au bout, même s'il n'est pas très à l'aise avec ce type de stratégies d'enseignement. Les élèves doivent se sentir reconnus pour le travail qu'ils font dans le champ de la création ou de l'expression musicale. Par exemple, il faut que les élèves puissent chanter les chansons qu'ils ont créées, et non pas les laisser uniquement sur papier ou sous forme d'enregistrement.

3. L'intelligence corporelle/kinesthésique

Découverte

• *C'est la capacité à* utiliser son corps d'une manière fine et élaborée, à s'exprimer à travers le mouvement, à être habile avec les objets.

• *Elle est particulièrement développée* chez les danseurs, les acteurs, les sportifs de haut niveau, les mimes, les chirurgiens, les artisans, les travailleurs manuels, les mécaniciens, les bricoleurs.

• *On reconnaît particulièrement cette intelligence* chez celui ou celle qui...

– contrôle bien les mouvements de son corps, a une bonne coordination de ses mouvements à la fois à travers les muscles larges et les muscles fins ;

– aime toucher, a un sens tactile bien développé ;

– est habile en travaux manuels ;

– aime les activités physiques et les sports de toutes sortes ;

– préfère communiquer de l'information en montrant ou en construisant un modèle ;

– a des mouvements élégants, bien coordonnés ;

– aime jouer la comédie ;

– apprend mieux en bougeant, en expérimentant par soi-même ;

– peut exprimer des émotions et des humeurs à travers des mouvements corporels.

• *Si cette intelligence n'est pas suffisamment développée*, l'enfant comme l'adulte risque de ressentir son corps comme une gêne dans de nombreuses circonstances de la vie courante.

Premières pistes d'utilisation dans un apprentissage

✓ Comment reconnaître un élève ayant particulièrement développé cette intelligence :

– a des difficultés à rester calme et à rester assis longtemps, se trémousse s'il n'a pas suffisamment d'occasions de bouger ;

– demande souvent l'autorisation de sortir, ou se lève inopinément en classe sous n'importe quel prétexte ;

– apprécie les activités physiques et les expériences manuelles, et toutes les occasions de bouger, de faire, de représenter quelque chose par le mouvement ;

– utilise des gestes et des mouvements physiques pour s'exprimer ;

– préfère le concret et la dimension pratique du processus d'apprentissage ;

– est souvent bon en sport, aime toutes sortes de sports ;

– aime bricoler et inventer des choses, est habile pour démonter et remonter les choses ;

– aime bien montrer aux autres comment faire ;

– prend plaisir à toucher les choses ;

– préfère participer qu'être spectateur.

✓ Pistes générales pour favoriser l'utilisation de cette intelligence en situation d'apprentissage

– faire des activités manuelles, faire manipuler des objets ;

– proposer des jeux, des simulations, des jeux de rôles, du théâtre ;

– réaliser des expérimentations, des expériences de laboratoire ;

– mettre en scène l'information étudiée ;

– fabriquer des décors, construire des maquettes ;

– faire régulièrement des mouvements variés d'étirements ;

– pratiquer des activités à l'extérieur : visites, repérages, enquêtes.

En Primaire, on peut par exemple facilement faire découvrir et apprendre des notions mathématiques (comme la circonférence, le diamètre, ou le rayon d'un cercle) en utilisant une approche corporelle/kinesthésique, en mettant en scène les concepts : à travers une participation active, les élèves qui ont cette intelligence préférentielle comprendront plus facilement de quoi il s'agit, alors qu'ils auront des difficultés si ces notions ne sont présentées que sous forme verbale et abstraite (sous forme de définition).

En apprentissage de la lecture et de l'écriture, les élèves peuvent épeler des mots et des phrases en représentant la forme des lettres de l'alphabet avec leur corps, ou en « écrivant en l'air » les lettres.

Au collège ou au lycée, on peut par exemple représenter avec le corps des symboles de chimie ou des structures chimiques, ou mettre en scène de l'histoire, de la littérature, des arts, de la musique, des mathématiques, des formules.

Attention :

• Apprendre avec le corps et avec du mouvement apparaîtra sans doute, au début, complètement étranger à beaucoup d'élèves. Expliquez-leur le pourquoi et le comment, et l'intérêt du mouvement pour apprendre.

• Si possible, ne forcez pas les élèves réticents à s'engager dans une activité corporelle/kinesthésique. Pour ne pas les mettre à part, proposez-leur d'être des observateurs attentifs, de prendre des notes, et faites appel à ce qu'ils auront observé pour enrichir l'apprentissage.

Quelques réflexions sur l'intelligence corporelle/kinesthésique

• On attend toujours la recherche sérieuse et définitive qui justifiera le fait de rester en permanence assis lorsque l'on apprend – sauf dans le cas d'apprentissages très particuliers (conduire une voiture, ou jouer du violoncelle).

Beaucoup d'adultes sont d'ailleurs incapables de rester assis pendant une longue période. Certains ont un besoin presque vital de bouger pour pouvoir travailler d'une manière approfondie et efficace, comme si leur cerveau disjonctait à rester assis trop longtemps. Tous les prétextes sont alors bons pour bouger, ce qui enrichit en particulier les fabricants de machines à café. Et s'il en est ainsi pour les adultes, que dire des enfants et des adolescents, qui ont en général une énergie physique débordante ?

• La *« mémoire du corps »* : tout le monde connaît l'adage : « Quand on a appris à faire du vélo, on n'oublie plus ». C'est vrai, et justement de nombreux élèves (en primaire comme en secondaire) ont une intelligence corporelle/kinesthésique très développée et souffrent de ne pas pouvoir se lever de leur chaise et d'apprendre en faisant.

L'apprentissage par le corps en faisant un jeu, en apprenant une technique manuelle ou en jouant quelque chose, permet à la *mémoire du corps* d'aider le cerveau à apprendre et à se souvenir. Et en plus, cela peut être plaisant et enrichissant.

• Si nous avons une bonne idée de ce que peut être l'intelligence corporelle (bien se servir de son corps), il est intéressant de préciser le concept de « kinesthésique ». Gardner parle du kinesthésique comme de notre « sixième sens » : c'est la sensibilité interne aux mouvements des parties du corps.

Lorsque nous marchons dans une pièce ou lorsque nous parlons avec quelqu'un d'autre et que nous avons une bonne conscience de ce que nous faisons, notre intelligence kinesthésique est au travail. Quand nous prenons un morceau d'argile ou un pinceau et que nous laissons nos mains parler pour nous, cette manière de faire est kinesthésique. Souvent nous ne sommes pas conscients de ce que nous pensons ou ressentons, jusqu'à que nous ayons l'occasion de l'externaliser d'une manière ou d'une autre : là encore, notre intelligence kinesthésique est à l'œuvre.

• Introduire des activités corporelles/kinesthésiques en classe pourra avoir de nombreux avantages :

– elles ressemblent souvent à des activités que les élèves pourraient faire par eux-mêmes s'ils n'étaient pas l'école, ce qui suscite leur intérêt ;

– elles offrent plus d'entrées d'information reliées au sens, ce qui accroche l'attention des élèves ;

– elles engagent souvent d'autres intelligences, en particulier l'intelligence interpersonnelle, la composante rythmique de l'intelligence musicale/rythmique, et la composante spatiale de l'intelligence visuelle/spatiale ; de telles activités soutiennent ainsi l'intégration et le renforcement d'intelligences variées, et peuvent améliorer tous les domaines de la perception sensitive ;

– elles facilitent une mémorisation à long terme plutôt qu'une mémorisation à court terme : on se souvient plus longtemps de ce que l'on a fait que de ce que l'on a uniquement appris assis sur une chaise.

• On pourrait élargir la définition de l'intelligence corporelle/kinesthésique en y rajoutant la capacité à accorder le corps et l'esprit, à créer une harmonie entre les deux. Bien trop souvent, nous sommes tellement déconnectés de notre corps que nous ne sommes pas conscients des messages qu'il nous envoie, ou bien nous les ignorons. Bien utiliser toutes les capacités de notre corps (comme pourra le faire un sportif de haut niveau ou un pianiste) nécessitera de développer des qualités comme l'endurance, l'adaptation, l'équilibre, la dextérité, la coordination et bien d'autres, qui vont au-delà de notre capacité à contrôler notre corps avec finesse et de manipuler des objets d'une manière précise. Cela demande un très bon accord du corps et de l'esprit.

• Bouger dans la classe ne signifie pas forcément maelström et mouvement brownien… Il est important d'expliquer, et de fixer ensemble des règles de comportement.

• Le fait de bouger n'est pas contradictoire avec la concentration, et c'est même souvent le contraire. Einstein, raconte-t-on, aimait à réfléchir dans un grand parc, où des bornes téléphoniques avaient été installées pour qu'on vienne le chercher, car il se perdait souvent – signe d'une concentration intense.

• Dans la mesure des possibilités matérielles, une zone corporelle/kinesthésique devrait être créée dans chaque classe, quel que soit le niveau. Cette zone est un endroit de la classe où les élèves peuvent aller, lorsqu'ils ont des difficultés à rester assis tranquilles. On peut y installer un tapis, des coussins.

Des formateurs d'enseignants, qui avaient proposé une telle zone pendant des formations, ont observé avec intérêt l'attirance de bons nombres d'enseignants pour cette zone...

• L'intelligence corporelle/kinesthésique est particulièrement intéressante par sa complémentarité avec d'autres intelligences. Elle invite à rendre concrètes les pensées, c'est-à-dire à les rendre susceptibles d'être manipulées, questionnées, représentées et réorganisées.

• Le lien entre le cerveau et le mouvement corporel est très étroit.

Les parties importantes du cerveau mises en œuvre par l'intelligence corporelle/kinesthésique sont :

– la ganglia à la base de chaque hémisphère, qui coordonne les systèmes sensoriel et moteur ;

– l'amygdale, dans le système limbique, qui fournit les réactions émotionnelles par le mouvement ;

– le cortex moteur, qui code les mouvements et les positions ;

– et le cerebellum, qui coordonne les mouvements automatiques.

L'introduction du mouvement dans un apprentissage semble donc exciter plusieurs parties importantes du cerveau, favorisant la compréhension et la mémorisation à long terme de l'information. Le manque de mouvement, a contrario, ferait disjoncter le cerveau, ou du moins ne lui permettrait pas de réaliser son plein potentiel.

4. L'intelligence visuelle/spatiale

Découverte

• *C'est la capacité à* créer des images mentales, à visualiser et à représenter mentalement des idées, à percevoir et observer le monde visible avec précision dans ses trois dimensions.

• *Elle est particulièrement développée* chez les architectes, les paysagistes, les designers, les peintres, les sculpteurs, les explorateurs, les géographes, les cosmologistes, les bricoleurs, les metteurs en scène, les artistes, les photographes, les ingénieurs, etc.

• *On reconnaît particulièrement cette intelligence* chez celui ou celle qui...

– raisonne de façon spatiale, pense en trois dimensions ;

– explique volontiers en faisant un croquis, un graphique ou en dessinant une image ;

– a besoin d'un dessin pour comprendre ;

– a un bon sens des couleurs, est sensible aux couleurs et aux formes ;

– a tendance à penser en images, se crée facilement des images mentales ;

– s'exprime volontiers à travers la rêverie éveillée, l'imagination, le « faire comme si » ;

– est capable de convertir des mots, des idées ou des impressions en images mentales ;

– a un bon sens de l'orientation ;

– lit facilement les cartes, les diagrammes, les graphiques ;

– est capable de reconnaître un objet vu sous différents angles ;

– perçoit d'une manière très précise les plus petits détails visuels ;

– aime arranger l'espace ;

– peut imaginer des mouvements avant de les réaliser ;

– aime l'art visuel sous toutes ses formes : dessiner, peindre, sculpter, modeler ;

– représente volontiers ses humeurs ou ses sentiments à travers l'art ;

– aime les puzzles.

Pour beaucoup de scientifiques célèbres (comme Einstein, Kekulé ou Tesla), leurs découvertes les plus fondamentales sont venues de modèles spatiaux imaginaires, et non de raisonnements mathématiques.

• *Si cette intelligence n'est pas suffisamment développée*, on se coupe de la puissance de penser en images ; on peut avoir des difficultés dans les processus de mémorisation et de résolution de problèmes.

Premières pistes d'utilisation dans un apprentissage

✓ Comment reconnaître un élève ayant particulièrement développé cette intelligence :

– apprécie lorsque l'enseignant utilise des tableaux, des schémas, des diagrammes ou des images, des films, des vidéos ;

– apprend plus facilement à travers des manipulations et avec des aides visuelles ;

– a besoin d'images pour comprendre ;
– est particulièrement sensible à l'usage des couleurs ;
– aime concevoir, dessiner et lire des graphiques ou des posters ;
– représente facilement les choses par le dessin ;
– réalise volontiers des plans sur papier ;
– a une puissante imagination ;
– crée facilement des images mentales ;
– aime faire « comme si » ;
– est capable de visualiser de manière claire des objets ou des actions à faire ;
– est capable de se créer un modèle mental et d'agir en suivant ce modèle ;
– griffonne fréquemment en écoutant quelque chose ;
– prend des notes en classe en faisant des dessins pour retenir le contenu ;
– aime peindre, dessiner, modeler ;
– prend plaisir aux activités artistiques ;
– a un bon sens de l'orientation, lit correctement les cartes géographiques ;
– aime organiser l'espace, disposer les objets, modifier les surfaces ;
– a souvent besoin de voir des images avant de pouvoir appréhender le sens des mots ;
– apprécie les voyages, les déplacements, les nouveaux paysages.

✓ Pistes générales pour favoriser l'utilisation de cette intelligence en situation d'apprentissage

– utiliser régulièrement des arts appliqués ou visuels : dessin, peinture, sculpture, etc. ;
– apprendre et utiliser la géométrie, en particulier la géométrie dans l'espace ;
– faire créer des décors, des maquettes, des posters, des « périphériques[7] », des décorations ;
– utiliser et faire réaliser des schémas, des graphiques, des topogrammes, des cartes ;
– faire rechercher des illustrations riches pour traduire en images des mots et des idées (en particulier dans la réalisation de topogrammes) ;
– utiliser et faire réaliser des photos, des vidéos et des films ;

7 Les périphériques sont des images ou des posters que l'on met aux murs de la classe pour favoriser l'apprentissage inconscient. Voir *Au bon plaisir d'apprendre*, du même auteur (bibliographie).

– aiguiser la capacité d'observation des choses qui nous entourent;
– développer la capacité à se créer des images mentales, utiliser la visualisation;
– faire des hypothèses sous forme visuelle, en imaginant le résultat de l'hypothèse;
– proposer des mises en scène, du théâtre, de la danse.

En Primaire, les élèves peuvent par exemple apprendre l'orthographe d'un mot en suivant le processus suivant :
– l'enseignant explique le mot (par exemple : libellule);
– l'élève fait un dessin du mot qu'il doit apprendre;
– l'enseignant écrit le mot au tableau;
– l'élève écrit plusieurs fois le mot dans son dessin, avec l'orthographe correcte (vérifiée par l'enseignant).

Ensuite, chaque fois que l'élève entendra ce mot, il verra le dessin représentant le mot, avec, à l'intérieur, son orthographe correcte. Cette image mémorisée l'aidera à écrire correctement le mot.

Quelques réflexions sur l'intelligence visuelle/spatiale

• Nous utilisons presque en permanence notre intelligence visuelle/spatiale dans le cours d'une journée, la plupart du temps sans nous en rendre compte : déplacement dans un espace connu ou inconnu (routes, magasins, ville, marché, etc.), organisation d'un lieu, rangement d'une pièce, lecture d'une carte ou d'un graphique, recherche de quelque chose dont nous avons oublié l'emplacement, etc.

Lorsque nous utilisons notre imagination pour nous projeter dans l'espace et dans le temps (par exemple préparation d'un rendez-vous, ou planification de vacances, ou plan de carrière), nous faisons également appel à cette intelligence. Et il reste vrai que, pour beaucoup d'entre nous, un dessin vaut mieux qu'un long discours.

• La pensée, la réflexion et la résolution de problèmes sont considérablement enrichies par l'utilisation d'images mentales. Il y a divers exemples célèbres, comme la découverte par Einstein de la théorie de la relativité (en s'imaginant chevaucher un rayon lumineux), la découverte de la structure du benzène par Kékulé (un serpent se mordant la queue) ou les étonnantes machines de Tesla, créées, imaginées et testées pendant des semaines en imagination avant d'être construites – et qui fonctionnaient ensuite parfaitement. Peu d'entre nous utilisons cette capacité à nous créer des images mentales d'une manière aussi géniale et efficace, mais c'est une capacité qui mérite d'être développée et entretenue.

Il semble cependant que les enfants d'aujourd'hui aient de plus en plus de mal à se créer des images mentales, recevant des flots d'images extérieures (télévision, cinéma, jeux vidéo) au détriment d'images mentales personnelles (comme celles créées par la lecture).

• Sous un autre aspect, la mémorisation est également grandement facilitée par l'utilisation d'images mentales. Cicéron, raconte-t-on, en faisait grand usage pour mémoriser ses discours. Se créer des images mentales sur des événements ou des informations crée un « souvenir » comme si l'événement nous était réellement arrivé. De nombreuses techniques de mémorisation sont basées sur l'usage d'images mentales[8].

• On peut créer des images mentales dès la fin de l'étape sensori-motrice, ce qui suggère l'intérêt d'introduire des activités d'imagination (avec la création volontaire d'images mentales) dès la maternelle, et de continuer ensuite à développer cette capacité d'imagination : d'abord comme une clé essentielle dans tout processus d'enseignement, et ensuite comme une capacité à développer tout au long de notre vie.

• De telles activités d'imagination peuvent très facilement inclure les huit intelligences. On peut par exemple s'imaginer à bord de la *Santa Maria* de Christophe Colomb en route pour l'Amérique, et imaginer ce que l'on voit, ce que l'on ressent, les relations avec les autres personnes à bord, l'état de la mer, les calculs de navigation à faire, le journal de bord à tenir, etc.

• Un élément essentiel pour créer des images mentales de qualité est le développement de compétences fines d'observation. On pourra en particulier développer ces compétences en lien avec l'intelligence naturaliste, en observant d'une manière précise et fine des éléments de la nature.

• Écrire au tableau sollicite le mode visuel d'acquisition de l'information, mais c'est une pratique essentiellement verbale/linguistique.

• Pour développer des capacités d'abstraction et réfléchir sur des concepts (par exemple la liberté, le mal, la justice, le respect), la « mise en image » permet de mieux cerner et de mieux intégrer ces concepts.

• Un autre aspect de l'intelligence visuelle/spatiale est ce à quoi nous la relions traditionnellement : les arts visuels. Enseigner des choses

8 Certaines de ces techniques sont présentées dans *Au bon plaisir d'apprendre*, du même auteur, chapitre 9 (bibliographie).

telles que le dessin de contours, l'utilisation d'une ligne, d'une forme, d'une couleur, d'une structure, d'une ombre, de l'espace ou de l'absence d'espace, enrichit l'intelligence visuelle/spatiale de tous les élèves, et non uniquement celle des élèves qui ont un talent artistique.

• Dans notre cerveau, les zones en rapport avec les cinq sens de la perception sont localisées à différents endroits. Lors de la création d'images mentales, lorsque l'on s'imagine « voir », « entendre », « toucher », « sentir » ou « goûter », on fait appel aux *sens intérieurs* qui sont localisés dans le cerveau à des endroits différents des zones sensorielles.

Donc, lorsque l'on utilise conjointement les sens intérieurs et les sens extérieurs dans un processus d'apprentissage, on met en jeu des zones plus variées de son cerveau.

Les sportifs de haut niveau utilisent couramment cette technique, qui est parfois également proposée comme traitement complémentaire pour soigner des maladies graves.

• Le cerveau a cette curieuse propriété de confondre image et réalité. Par exemple, regarder un film d'horreur ou très stressant déclenche toute la panoplie des réactions de survie (adrénaline, cortisone, tensions des mollets, etc.) alors qu'il n'y a aucun danger réel.

De la même manière, le cerveau pourra répondre à une image mentale comme si ce qui est imaginé était réel. Il y a de nombreuses applications de cette propriété, par exemple « se tourner le film » d'un test ou d'un examen que l'on passe avec succès.

5. L'intelligence logique/mathématique

Découverte

• *C'est la capacité à* bien raisonner, bien calculer, compter, quantifier, utiliser facilement les nombres, tenir un raisonnement logique, résoudre les problèmes de manière logique, émettre des hypothèses, manipuler les symboles, induire et déduire, organiser l'information.

• *Elle est particulièrement développée* chez les mathématiciens et les scientifiques, les statisticiens, les ingénieurs, les comptables, les économistes, les enquêteurs, les juristes, etc.

• *On reconnaît particulièrement cette intelligence* chez celui ou celle qui…

– aime résoudre des problèmes à forte composante logique ;

– met les problèmes sous forme mathématique pour les résoudre ;

– aime faire du calcul mental ;

– aime les structures logiques, et aime expérimenter d'une manière logique ;

– est attiré par les sciences pures (comme les mathématiques) ou appliquées (comme la physique, la biologie ou l'astronomie) ;

– veut des raisons à tout, recherche les relations de cause à effet ;

– parle volontiers en termes de concepts et de questionnement ;

– cherche spontanément à dégager les règles et les principes de fonctionnement des idées qui lui sont présentées ;

– découvre des idées potentiellement prometteuses, et en dégage des implications et des applications ;

– fait des prévisions, pose des hypothèses et les teste ;

– préfère la prise de note linéaire ;

– aime qu'on lui présente un sujet sous forme analytique ;

– aime travailler sur des choses comportant des données ;

– utilise volontiers des organisateurs graphiques et des diagrammes logiques, à la fois pour se faire plaisir et pour présenter des informations aux autres ;

– travaille de façon contrôlée, ordonnée et rigoureuse ;

– établit des emplois du temps précis, est capable de séquencer un processus ou une tâche ;

– sait mener des expérimentations contrôlées ;

– conçoit des programmes, des systèmes, des processus, des procédures pas-à-pas ;

– explique par analogies ;

– sélectionne et utilise la technologie la mieux appropriée ;

– aime jouer à des jeux de stratégie.

• *Si cette intelligence n'est pas suffisamment développée*, on a du mal à vivre les activités courantes de la vie qui sont basées sur la logique ; à organiser des tâches complexes, à donner un ordre de priorité à une succession d'actes ; à comprendre le sens d'une démarche scientifique, à comprendre la signification d'un phénomène ; à utiliser le raisonnement déductif ; à se servir d'appareils fonctionnant avec une grande logique (comme un ordinateur).

Premières pistes d'utilisation dans un apprentissage

✓ Comment reconnaître un élève ayant particulièrement développé cette intelligence :

– calcule bien, utilise d'une manière pertinente les nombres ;
– est à l'aise dans des activités scientifiques ;
– aime les problèmes de mathématiques ;
– retient facilement les formules et les stratégies logiques ;
– privilégie l'utilisation de l'analyse et du raisonnement ;
– apprécie les occasions de résoudre des problèmes et de raisonner d'une manière logique, claire, et scientifique ;
– aime les explications logiques ;
– est capable de suivre un raisonnement complexe et un processus de pensée ;
– est précis et méthodique ;
– sait effectuer des liens de cause à effet, aime explorer les relations et faire des connexions ;
– aime explorer les formes, les structures, les relations entre les choses ;
– émet volontiers des hypothèses ;
– apprécie de mener des expérimentations pour tester des choses qu'il ne comprend pas ;
– pose des questions, recherche le pourquoi et le comment des choses, veut savoir « ce qui arrivera ensuite » ;
– traite l'information en utilisant un raisonnement déductif ;
– fait des actions méthodiques, séquentielles ;
– réalise volontiers des plans, des schémas ;
– sait élaborer un budget, concevoir le calendrier d'un projet et son rétro-planning ;
– est à l'aise avec la logique informatique et l'emploi d'un ordinateur ;
– est capable d'abstraction et de conceptualisation ;
– aime résoudre des puzzles, des énigmes, des « jeux de l'esprit ».

✓ Pistes générales pour favoriser l'utilisation de cette intelligence en situation d'apprentissage

– présenter l'information de manière ordonnée, logique, analytique et systématique ;
– faire des plans, des graphiques, des diagrammes, des tableaux, des listes, des représentations structurées, des topogrammes ;

– donner des occasions de mesurer, raisonner, résoudre, calculer, prévoir et prédire, questionner, analyser des connexions et des relations ;
– utiliser des symboles abstraits et des formules ;
– travailler avec un ordinateur ;
– visiter des musées scientifiques ;
– proposer des problèmes logiques, des énigmes ;
– faire des exercices de calcul mental ;
– donner des occasions de faire des prédictions et des hypothèses ;
– proposer de nouvelles manières de réfléchir (comme l'utilisation de la pensée décalée) ;
– étudier des syllogismes ;
– toutes activités de type puzzle.

Pour mieux développer cette intelligence, il est intéressant d'introduire des activités logiques/mathématiques faisant appel à d'autres intelligences, comme des éléments de géométrie dans l'espace (intelligence visuelle/spatiale), des manipulations (intelligence corporelle/ kinesthésique), la recherche de classements (intelligence naturaliste), etc.

Quelques réflexions sur l'intelligence logique/mathématique

• Comme l'intelligence verbale/linguistique, l'intelligence logique/mathématique joue un rôle majeur dans l'éducation classique. C'est l'intelligence qui a été décrite avec beaucoup de soin et de détails par Piaget en tant que « l'intelligence ».

Cette intelligence est extrêmement appréciée dans notre société technologique.

• Arriver à un degré élevé de sophistication dans la pensée logique/mathématique est un processus de maturation mentale. Jean Piaget décrit quatre étapes du développement cognitif, qui peuvent être utiles à l'enseignant pour réfléchir aux moyens de développer l'intelligence logique/mathématique de ses élèves, même si ce modèle est discutable en bien des points (en particulier en ce qui concerne le moment d'acquisition de ces compétences, qui peut être très variable). Il faut également garder à l'esprit que les enfants ne sont pas des purs esprits, et que le développement de leur intelligence logique/mathématique devra être soutenue par des activités utilisant également leurs intelligences visuelle/spatiale et corporelle/kinesthésique.

• La capacité à reconnaître un problème signifiant et à le résoudre est au cœur de l'intelligence logique/mathématique. En plus de compétences et de connaissances spécifiques en mathématique et en sciences, cela nécessite un ensemble de capacités que l'on regroupe sous l'expression de *raisonnement scientifique* : observation, recueil de données, réflexion, hypothèse, expérimentation, vérification, généralisation.

• La logique et les mathématiques n'ont pas l'exclusivité des cours de mathématiques ou de sciences, on peut les trouver pratiquement partout, dans toutes les matières et dans tous les sujets d'apprentissage.

De même, il est intéressant de trouver des idées scientifiques dans des domaines autres que la science.

Ainsi, on peut étudier l'influence que certaines idées scientifiques importantes ont eue sur l'histoire (par exemple comment la bombe atomique a influé sur le résultat de la seconde Guerre mondiale puis sur la Guerre froide). Aborder des problèmes de portée mondiale (tels que le sida, la surpopulation ou l'effet de serre) présuppose que l'on ait un minimum de connaissances scientifiques. Dans chaque discipline, la science donne un point de vue différent qui peut considérablement enrichir la réflexion des élèves.

6. L'intelligence interpersonnelle

Découverte

• *C'est la capacité à* entrer en relation avec les autres, à être sensible aux autres et à les comprendre; à percevoir et à discriminer les humeurs, les intentions, les motivations et les émotions des autres.

• *Elle est particulièrement développée* chez les enseignants et les formateurs, les consultants et les conseillers, les travailleurs sociaux, les vendeurs, les personnes chargées des relations publiques, les politiciens, etc.

• *On reconnaît particulièrement cette intelligence* chez celui ou celle qui...

– est ouvert aux autres;

– aime interagir avec autrui;

– entre bien et facilement en relation, s'intègre et s'acclimate facilement;

– a souvent une grande facilité à s'exprimer;

– prend volontiers la place de leader, sait motiver les autres pour agir;

– aime être avec d'autres personnes et a beaucoup d'amis;

– aime bien les activités de groupe;

– travaille bien avec d'autres personnes;

– communique bien (et parfois manipule);

– aime résoudre les conflits, jouer au médiateur;

– préfère les situations gagnant/gagnant;

– sait passer à l'acte en aidant et en soutenant les autres;

– perçoit les motivations et les intentions des autres;

– est très créatif pour trouver des solutions aux problèmes des autres;

– est sensible aux messages gestuels, non verbaux;

– est sensible aux variations des humeurs, des attitudes, et des désirs des autres.

Ce sont en général d'excellents équipiers et d'excellents managers. Ces personnes sont souvent amicales et extraverties.

• Si cette intelligence n'est pas suffisamment développée, il y a un risque d'enfermement de la personnalité; on se coupe du plaisir d'être avec les autres, de travailler ensemble ; on perd des richesses issues du travail en coopération; on risque de devenir aigri, misanthrope, critique envers l'humanité dans son ensemble.

Premières pistes d'utilisation dans un apprentissage

✓ Comment reconnaître un élève ayant particulièrement développé cette intelligence :

– aime avoir des amis et des activités sociales de toutes sortes, se fait des amis facilement;

– crée et maintient des relations à long terme;

– a un besoin irrésistible de discuter de pratiquement tout avec les autres;

– n'aime pas être seul;

– aime travailler et étudier en groupe, aime discuter avec les autres de ce qu'il a appris;

– organise volontiers des tâches à faire à plusieurs;

– sert souvent de médiateur en cas de dispute, à l'école ou à la maison;

– a une bonne capacité d'écoute et communique bien;

– aime donner des conseils;

– aime parler et influencer;

– est habile pour négocier, sait être persuasif;
– est souvent leader d'un groupe;
– comprend les préoccupations, les motivations et les intentions des autres;
– est sensible aux émotions et aux humeurs des autres, manifeste de l'empathie;
– est un bon joueur lors de jeux en équipes.

✓ Pistes générales pour favoriser l'utilisation de cette intelligence en situation d'apprentissage

– faire travailler en équipe, en petits groupes;
– proposer des projets à mener à plusieurs, faire résoudre des problèmes à plusieurs;
– toutes formes d'apprentissage en coopération;
– organiser des discussions structurées, sur un thème d'apprentissage ou pour réfléchir sur des règles, des comportements, etc.;
– toute activité nécessitant la participation et l'interaction entre les élèves, et entre les élèves et l'enseignant;
– proposer la direction de projets ou la direction d'une équipe;
– développer la qualité du langage, la capacité d'expression verbale, l'argumentation;
– proposer des exercices d'écoute.

Quelques réflexions sur l'intelligence interpersonnelle

• Favoriser les interactions dans une classe permet de développer le langage, la capacité d'expression, l'écoute, la participation – toutes choses extrêmement utiles pour la vie.

• Il est particulièrement important de développer ensemble les intelligences intrapersonnelle et interpersonnelle : il s'agit de développer chez les élèves la capacité à bien entrer en relation avec les autres, à travailler en collaboration et en coopération, tout en étant capables de réfléchir indépendamment et de travailler seuls.

• Quels que soient les problèmes posés, les avancées technologiques actuelles et futures rendront toujours plus facile la découverte des solutions. Mais la capacité à travailler ensemble dans la recherche de ces solutions distinguera sans doute ceux qui réussissent de ceux qui ne réussissent pas.

• Une personnalité équilibrée et une vie réussie dépendent pour une grande part de la qualité de nos relations avec les autres (conjoint, enfants, autres membres de la famille, amis, camarades, collègues, voisins, supérieurs ou subordonnés, etc.). Et quel est le meilleur moment pour développer ces qualités, sinon pendant les années d'école, dans un environnement sûr, avec le soutien de la communauté scolaire ? Au moment où nous entrons dans l'adolescence (et sûrement à l'âge adulte), le travail de fond est déjà réalisé, notre tolérance, notre empathie, notre compréhension des autres sont en place. Et la probabilité de changements significatifs dans la qualité des interactions, de la coopération et de la socialisation diminue grandement ensuite.

• Les outils essentiels de l'intelligence interpersonnelle comprennent en particulier des *outils de communication*, qu'il est important de développer chez les élèves : l'écoute, le respect de l'opinion de l'autre, la verbalisation claire, l'argumentation, etc.

• Il est intéressant d'y ajouter des stratégies pour apprendre en coopération et pour *vivre ensemble*. Des écoles ont ainsi intégré dans leur programme de nombreuses activités visant à développer la qualité des interactions entre les personnes, la résolution de conflits, ainsi que l'attitude positive dans le travail en groupe.

• *L'intelligence émotionnelle*, popularisée par Goleman, a une forte corrélation avec les intelligences intrapersonnelle et interpersonnelle.

Les compétences décrites dans l'intelligence émotionnelle sont les suivantes :

– la conscience de soi, de ses sentiments et de ses émotions ;

– l'empathie envers les autres, c'est-à-dire la perception des émotions d'autrui ;

– la capacité à gérer ses propres émotions et celles des autres ;

– et une vue optimiste de la vie.

Goleman a en particulier mis en évidence la forte interaction entre la pensée et les émotions au niveau du cerveau.

Comme Gardner et Goleman le précisent, lorsque l'on se focalise uniquement sur les aspects langagiers et numériques à l'école, on perd – ou l'on ne développe pas – cette relation essentielle entre capacités intellectuelles et émotions, on ne permet pas cette relation entre les centres émotionnels et les centres cognitifs du cerveau.

En aidant les élèves à développer en même temps leurs intelligences intrapersonnelle et interpersonnelle, on les prépare à gérer leurs émotions et à trouver un bon équilibre entre émotions et raison.

• L'intelligence interpersonnelle nous aide également à découvrir que différentes cultures ne donnent pas la même valeur aux mêmes choses, ou expriment leurs valeurs de manière différente. Cette prise de conscience est vitale pour travailler ensemble dans un environnement de travail multi-ethnique et dans une société multi-nationale. Beaucoup de classes sont déjà des versions miniatures d'une société multi-ethnique ; et si les élèves peuvent apprendre à bien vivre ensemble dans une salle de classe, il y a de bonnes chances pour qu'ils soient capables de transférer cette capacité dans d'autres circonstances, lorsqu'ils seront adultes.

• La compétition dans l'apprentissage est encore extrêmement fréquente, et souvent encouragée. Pourtant des études faites sur l'intérêt de stimuler la rivalité entre des apprenants ont montré que la compétition ne donnait jamais de meilleurs résultats que le travail en coopération. Les résultats sont soit inférieurs, soit égaux. De plus, apprendre à travailler ensemble est sûrement l'un des « outils pour la vie » les plus utiles et les plus enrichissants que l'on puisse acquérir.

7. L'intelligence intrapersonnelle

Découverte

• *C'est la capacité à* avoir une bonne connaissance de soi-même, de ses forces et de ses faiblesses ; à tirer parti de l'expérience et d'agir en conséquence.

• *Elle est particulièrement développée* chez les écrivains, les « sages », les philosophes, les psychanalystes, les mystiques.

• *On reconnaît particulièrement cette intelligence* chez celui ou celle qui…

– a une bonne connaissance de ses forces et de ses faiblesses, de ses talents et de ses capacités ;

– est conscient de ses états et de ses sentiments internes, et de leurs variations ;

– est capable de se fixer des buts réalistes ;

– sait poursuivre un objectif personnel, est capable de mener à bien une tâche qu'il s'est fixé ;

– sait se motiver personnellement, est capable d'autodiscipline ;

– réfléchit à ses actions sans céder à l'impulsivité ;

– sait tirer profit d'une expérience vécue, positive ou négative, grâce à la réflexion portée sur l'événement ;

– apprécie la solitude, privilégie la réflexion, l'introspection et la méditation;
– préfère travailler seul, en utilisant et en faisant confiance à son « soi » pour le guider;
– est intéressé par la réflexion philosophique;
– est difficile à influencer;
– aime les livres qui déclenchent sa réflexion;
– écrit un journal intime;
– a une forte vie intérieure;
– est capable de conseiller et d'aider d'autres personnes;
– partage avec les autres ses valeurs personnelles;
– a souvent des opinions fortes sur des sujets controversés.

• *Si cette intelligence n'est pas suffisamment développée*, on a du mal à tirer parti des expériences; à réfléchir sur ce qui a bien marché et sur la façon d'améliorer ce qui a moins bien marché; on cherche (et on trouve) un responsable extérieur à ses échecs; on a des difficultés à prendre le contrôle de sa vie ou de son apprentissage, à se donner des buts.

Premières pistes d'utilisation dans un apprentissage

✓ Comment reconnaître un élève ayant particulièrement développé cette intelligence :

– a souvent une profonde confiance en soi, de l'indépendance, et une forte volonté;
– sait évaluer ses forces et ses faiblesses, et en tenir compte;
– sait se motiver pour mener à bien des projets indépendants;
– préfère son propre monde intérieur;
– aime être seul, apprécie la solitude;
– a souvent une bonne intuition;
– est calme, réfléchi et attentif;
– tient souvent un journal;
– prend conscience de ses processus de pensée, de ses émotions et de ses sentiments intérieurs;
– préfère travailler au calme, d'une manière indépendante;
– pose des questions qui apparaissent souvent comme décalées;
– est capable d'exprimer des sentiments personnels de différentes manières.

✓ Pistes générales pour favoriser l'utilisation de cette intelligence en situation d'apprentissage

– proposer des stratégies personnelles pour apprendre;

– proposer d'écrire un journal, faire tenir un journal de bord pendant un projet ;
– proposer d'alimenter un portfolio[9] en justifiant ses choix ;
– apprendre à se relaxer, à maîtriser ses émotions ;
– pratiquer des exercices de concentration ;
– prendre conscience de sa « météo intérieure » (c'est-à-dire de son état intérieur) et de son évolution ;
– proposer régulièrement des moments de réflexion personnelle (se poser des questions, penser intuitivement, faire des liens, tirer des conclusions, réfléchir sur ses sentiments et ses pensées, etc.) à travers l'écriture, le langage corporel ou le dessin ;
– proposer des moments de « métacognition », c'est-à-dire de réflexion sur la manière dont s'est passé un apprentissage ou une activité.

Quelques réflexions sur l'intelligence intrapersonnelle

• Connaître ses forces et ses faiblesses est un facteur de réussite, car nous recherchons alors des contextes (vie, travail) dans lesquels nos forces seront utilisées au mieux et les conséquences de nos faiblesses seront minimisées.

Par exemple, si nous avons conscience d'une faiblesse en orthographe (ce qui n'est pas significatif en soi sur la qualité de notre travail ou de nos idées), nous allons trouver des stratégies adaptées (faire vérifier par quelqu'un d'autre, utilisation du correcteur orthographique de l'ordinateur, etc.). Au contraire, si nous sommes mauvais en orthographe sans en avoir pris conscience, notre travail ou nos idées risquent d'être rejetées parce que le lecteur n'ira pas au-delà d'une réaction négative à cause des fautes d'orthographe. Améliorer son orthographe est important, mais il est plus important d'être conscient de ses faiblesses en orthographe et de faire le nécessaire pour que cela soit le moins possible un problème.

C'est bien entendu la même chose pour les élèves, sauf qu'ils n'ont en général pas le choix d'utiliser des stratégies alternatives adaptées. Faire vérifier son orthographe ou utiliser un correcteur orthographique (stratégies recommandées pour un adulte) sera considéré par certains comme une tricherie, et sanctionné.

• Bien que toutes les intelligences soient importantes, l'intelligence intrapersonnelle est peut-être plus importante que les autres. Lorsque

---

9 Voir chapitre « Différentes manières d'enseigner avec les intelligences multiples », page 164.

nous possédons une forte intelligence intrapersonnelle, cela nous permet de capitaliser nos forces dans nos autres intelligences fortes, et de compenser nos faiblesses dans des intelligences plus faibles.

Elle influence notre capacité à poser des buts, à travailler indépendamment, à comprendre nos motivations, à faire des choix appropriés, à être émotionnellement en bonne santé, à être capable de revenir en arrière sur une situation et de réfléchir d'une manière précise sur une situation. L'intuition est également enracinée dans cette intelligence.

• Le développement de l'intelligence intrapersonnelle nécessite de pouvoir régulièrement arrêter le flot de stimuli qui nous bombardent en permanence.

En ce qui concerne les élèves dans leur environnement scolaire, ils sont presque en permanence sollicités par des informations et des stimuli, que cela soit dans leur classe ou dans la foule des autres élèves de la communauté scolaire.

De plus, dans beaucoup de familles, on utilise la télévision comme fond sonore : c'est la première chose que l'on met en marche le matin et la dernière chose que l'on éteint le soir. Et elle est souvent accompagnée par des flots de musiques souvent agressives.

Il est alors bien difficile de trouver l'occasion et l'environnement propice pour une réflexion intérieure et une attention à soi-même. Cela est pourtant essentiel au développement équilibré de la personnalité. Fournir en classe de tels moments, et apprendre aux élèves à se concentrer et à se recentrer, est une nécessité à intégrer dans le déroulement des cours.

• Le fait de bien se connaître soi-même (comme le fait de savoir travailler avec d'autres) est rarement reconnu par les enseignants comme une *compétence*, et encore moins comme une *intelligence*. C'est au mieux une injonction philosophique étudiée en Terminale (Le « Connais-toi toi-même » de Socrate). La théorie de Gardner (re)donne toute son importance à cette double capacité.

• L'intelligence intrapersonnelle est essentielle pour le plein développement de sa complémentaire, l'intelligence interpersonnelle : nous ne pouvons prendre conscience et répondre d'une manière appropriée aux états, aux sentiments et aux intentions des autres que dans la mesure où nous sommes capables de les reconnaître, d'abord, à l'intérieur de nous-mêmes.

• Des élèves ayant une forte intelligence intrapersonnelle ne font pas facilement confiance aux adultes, et établir une relation de confiance avec eux prend du temps. Il est essentiel de créer en classe un environnement de confiance, en particulier pour que ces élèves-là se sentent à l'aise et ne s'enferment pas.

• « Les cerveaux humains non seulement sont capables d'acquérir de la connaissance, mais ont également une capacité de sagesse. Mais la sagesse a son propre programme : dialogue intérieur, pensée, imagination, empathie, réflexion. Des jeunes auxquels il manque ces bases, qui sont incapables de réfléchir sur ce qu'ils ont fait ou appris, auront du mal à devenir les entrepreneurs des entreprises humaines de demain. »[10]

8. L'intelligence naturaliste

Découverte

• *C'est la capacité à* être sensible à la nature, à explorer la nature sous toutes ses formes ;

c'est également la capacité à reconnaître, corréler, catégoriser et classifier les formes et les structures du monde de la nature, en particulier sous ses formes minérale, végétale ou animale, et à utiliser ces connaissances d'une manière productive, dans des activités telles que l'agriculture, l'élevage ou les sciences de la vie.

Par extension, c'est la capacité à comprendre les interactions entre la nature et la civilisation, et à classifier des objets issus de la civilisation : bibliothèques, collections, musées, etc.

• *Elle est particulièrement développée* chez le biologiste, le botaniste, l'anatomiste, l'agriculteur, le naturaliste, le documentaliste, le physicien, le sociologue, l'astronome.

• *On reconnaît particulièrement cette intelligence* chez celui ou celle qui…

– est sensible au monde des plantes et des animaux, ainsi qu'à toutes les autres formes de la nature : géographie, objets naturels, nuages, étoiles, etc. ;

– est sensible à son environnement naturel, cherche à l'améliorer et à le défendre ;

10 Jane Healy dans *Endangered Minds* (Simon et Schuster, New York).

– aime être dehors ;

– aime se retrouver dans la nature lorsqu'il souhaite se détendre ou se ressourcer ;

– est fasciné par les animaux et leurs comportements ;

– aime interagir avec des créatures vivantes (animaux de compagnie, nichoirs, élevage, etc.) ;

– sait tirer partie de la nature (jardinage, apiculture, etc.) ;

– se passionne pour le fonctionnement du corps humain ;

– a une bonne conscience des comportements humains, des facteurs sociaux et psychologiques chez les humains ;

– sait reconnaître et classifier les plantes, les animaux, les minéraux ;

– sait reconnaître les structures, les caractéristiques et les anomalies que l'on trouve dans la nature (et dans la civilisation), et utilise ces structures et ces caractéristiques pour classifier et catégoriser ;

– d'une manière plus générale : sait observer, organiser des données, sélectionner, regrouper, classifier, catégoriser.

• *Si cette intelligence n'est pas suffisamment développée*, on se coupe de nos racines profondes liées à la nature. On vit alors de plus en plus dans un monde artificiel, en s'appuyant entièrement sur la technologie.

Premières pistes d'utilisation dans un apprentissage

✓ Comment reconnaître un élève ayant particulièrement développé cette intelligence :

– est sensible à la nature, aux animaux, aux insectes et aux phénomènes naturels ;

– pratique des activités en lien avec la nature ;

– aime bien être dehors, dans la nature, en plein air ;

– consacre une bonne partie de son temps libre à des activités liées à la flore, à la faune, aux différents milieux naturels ;

– recueille, observe, trie, classe, collectionne d'une manière pertinente des cailloux, des insectes, des coquillages ou des représentations de dinosaures ;

– catégorise dans son environnement les différentes sortes de voitures ou de chaussures de sport, fait des collections de cartes publicitaires, etc.

✓ Pistes générales pour favoriser l'utilisation de cette intelligence en situation d'apprentissage

– relier aussi souvent que possible le sujet étudié avec des éléments de la nature ;

– sortir dans la nature, faire des activités en plein air, jardiner, élever des animaux ;

– apprendre à observer, à classifier, à catégoriser des éléments de la nature ;

– faire rechercher des structures, permettant d'établir des systèmes de classification ;

– élaborer et faire des enquêtes ;

– faire des recherches d'idées, et regrouper ensuite les idées d'une manière pertinente (par exemple sous forme de topogrammes).

Quelques réflexions sur l'intelligence naturaliste

• Au départ, dans sa description des intelligences multiples, Gardner n'incluait pas l'intelligence naturaliste. L'observation de la nature sous toutes ses formes était comprise dans l'intelligence visuelle/spatiale, et la capacité à catégoriser et à classifier faisait partie de l'intelligence logique/mathématique.

Mais il a noté que de nombreuses personnes, fortes dans ces deux intelligences, ne savent pas forcément adapter leurs capacités à la nature. Il a ainsi reconnu l'intelligence naturaliste comme une intelligence à part entière.

• L'effet de la nature sur l'être humain est considérable, et selon différents points de vue.

Avoir chez soi des plantes ou des fleurs est sans doute une manière de reproduire, en réduction, le monde de la nature dans un lieu qui serait sans cela totalement stérile.

La nature, également, influe sur notre humeur, par exemple les phénomènes naturels (comme la pluie, la neige ou les orages), les variations de la météo, le passage des saisons, les paysages que nous côtoyons ou que nous traversons.

• Il semble que la coupure avec la nature soit l'une des causes du développement de stress et de comportements violents.

• Selon Howard Gardner, l'intelligence naturaliste a évolué au fil du développement de l'être humain, et s'applique maintenant aux objets réalisés par l'homme. Nous pouvons par exemple classer les voitures et les reconnaître parce que nos ancêtres devaient être capables de reconnaître les plantes comestibles, les serpents venimeux ou les meilleurs champignons.

• La théorie des intelligences multiples développée par Howard Gardner est elle-même une forme de catégorisation, c'est-à-dire une utilisation de l'intelligence naturaliste. Mais catégoriser les êtres humains nécessite de grandes précautions. En particulier à l'école, il faut éviter d'étiqueter un enfant comme, par exemple, étant « visuel/spatial mais pas verbal/linguistique ». Les intelligences multiples permettent de prendre conscience de différences cognitives chez les êtres humains, mais ne doivent en aucun cas servir à les enfermer dans des boîtes.

• L'une des démarches essentielles de l'intelligence naturaliste est la recherche de structures. Si la recherche de structures est en effet essentielle dans toutes les sciences de la vie, elle n'est cependant pas limitée à la nature sous sa forme écologique. On trouve des structures partout : dans les nombres et les mathématiques, dans la musique, dans la littérature ou la linguistique, sans doute en histoire (« L'histoire est une éternelle répétition ») et même dans sa propre manière d'agir et de penser.

• Quand les élèves recherchent des structures dans le monde autour d'eux, ils développent leurs capacités d'abstraction, en recherchant des caractéristiques communes pertinentes entre des éléments très variés.

Et ils découvrent également, autour d'eux, de l'ordre et non du chaos. Cette compréhension peut les aider à établir une meilleure relation avec le monde qui les entoure.

• S'intéresser aux structures et aux classifications permet également de faire des connexions avec d'autres intelligences, en particulier la logique/mathématique, la visuelle/spatiale, la musicale/rythmique, la corporelle/kinesthésique et l'intrapersonnelle.

Ainsi, l'intelligence naturaliste a non seulement sa propre identité, mais elle enrichit également toutes les autres intelligences.

8,5. L'intelligence existentielle

Gardner a passé au crible de ses critères certaines autres intelligences éventuelles. D'autres chercheurs en ont proposées, comme l'intelligence spirituelle, l'humour, l'intuition, la créativité, la capacité culinaire, la perception olfactive, ou la capacité à synthétiser toutes les autres intelligences.

Gardner n'envisage comme 9e intelligence que l'intelligence existentielle, qui semble bien répondre aux critères qu'il a définis pour toute intelligence.

Découverte

L'intelligence existentielle serait la *capacité* à réfléchir sur la nature de l'existence, sur les problèmes et les réalités ultimes de la vie : qui sommes-nous, pourquoi mourons-nous, pourquoi sommes-nous là...

• *On pourrait trouver cette intelligence* bien développée

– chez des religieux et des personnes dévouées à une vie spirituelle (théologiens, pasteurs, rabbins, chamans, prêtres, lamas, imams, yogis) ;

– chez des non religieux ou non spirituels : philosophes, mais aussi écrivains, artistes, scientifiques et d'autres personnes qui posent ces questions fondamentales dans le cadre de leur travail.

• *On reconnaîtrait particulièrement cette intelligence* chez celui ou celle qui...

– peut faire des analyses profondes sur le fonctionnement de l'être humain et l'évolution de l'humanité ;

– réfléchit aux choses que nous ne pouvons appréhender avec nos sens, comme par exemple l'infiniment grand et l'infiniment petit ;

– s'intéresse aux questions qui n'ont pas de réponse claire, comme « Pourquoi le mal et la souffrance existent-ils ? » ;

– s'interroge sur le sens de la vie et le sens de la mort, sur l'ultime destinée du monde.

Quelques réflexions sur l'éventuelle intelligence existentielle

• L'intelligence existentielle peut tout à fait avoir sa place dans un enseignement (avec certaines précautions), mais ne pourrait être utilisée comme les autres intelligences. Il serait par exemple absurde de vouloir enseigner la multiplication ou la grammaire au travers de l'intelligence existentielle, et on voit mal comment évaluer des connaissances à travers cette intelligence, sauf à tomber dans une démarche religieuse ou morale, ce qui serait à la fois pernicieux et interdit.

Cela nous rappelle que le modèle de Gardner n'est pas conçu comme un modèle éducatif, mais que c'est avant tout une théorie de l'intelligence.

• La façon la plus appropriée d'intégrer l'intelligence existentielle dans la classe consisterait sans doute à introduire, dans le programme scolaire, des éléments pour aider les élèves à réfléchir sur les dimensions existentielles de ce qu'ils étudient, quel que soit le sujet.

Certaines disciplines se prêtent particulièrement à l'évocation de questions existentielles :

✓ la philosophie

C'est bien entendu le domaine privilégié pour se poser des questions existentielles, et découvrir comment les grands penseurs y ont répondu.

La démarche philosophique n'est pas forcément réservée à la classe de Terminale. Elle peut être proposée dès les classes de primaire.

✓ les sciences

Beaucoup de controverses scientifiques actuelles (du clonage d'êtres humains à la recherche nucléaire) peuvent donner des occasions de réfléchir en profondeur sur la nature et la destinée de l'humanité.

✓ les mathématiques

On pourra évoquer des questions existentielles à propos de certains concepts mathématiques comme le zéro, l'infini, les nombres extrêmement grands ou petits, les nombres négatifs, les nombres irrationnels, les nombres imaginaires ou les probabilités.

✓ l'histoire

Il est certainement impossible de parler de façon « intelligente » de l'histoire humaine sans mentionner des facteurs associés à des questions existentielles, et en particulier la religion. Parler des religions en classe ne doit pas être confondu avec un quelconque prosélytisme.

✓ la littérature

La littérature, bien entendu, est un lieu privilégié de l'expression de questions existentielles, sous de très nombreuses formes : poésie, roman, essais, épopées, etc.

✓ les arts

À considérer l'histoire de la musique, de la sculpture, de la peinture, de la danse ou du théâtre, on s'aperçoit que les œuvres d'art touchent très fréquemment à des questions existentielles : sens de la vie, mort, souffrance, etc.

• Même si cette « intelligence » n'est pas officiellement reconnue par Howard Gardner, on peut admettre que vouloir exclure des programmes d'éducation toute référence aux questions existentielles de l'être humain priverait les élèves d'une dimension essentielle de la connaissance et de la culture humaine.

D'une autre côté, si elle est un jour officialisée par Gardner, cette « intelligence » aura toujours une place à part dans la théorie des intelligences multiples, à la périphérie des applications ordinaires de ce modèle.

La prise de conscience d'une nécessité pédagogique

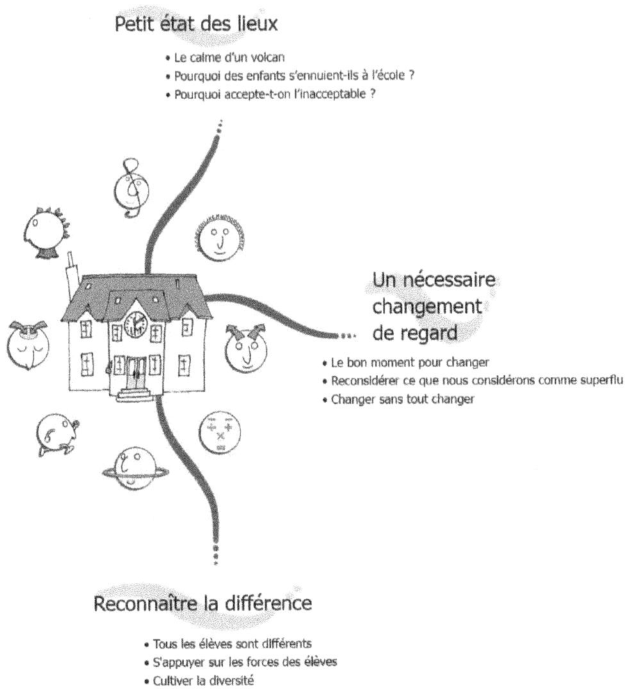

Petit état des lieux

Le calme d'un volcan

Le monde de l'éducation fait parfois penser à un volcan, où le calme n'est qu'apparent et les explosions soudaines et violentes, avec une ébullition sous-jacente permanente. Et cela, semble-t-il, depuis des lustres.

Cela se traduit par certains comportements qui semblent récurrents :

– la communauté éducative réclame des changements et, surtout, plus de moyens matériels ;

– les enseignants se plaignent d'être face à des classes de plus en plus hétérogènes, rendant leur enseignement de plus en plus difficile à adapter à leurs élèves ;

– les gros titres des journaux amplifient les crises et, à l'occasion, suggèrent des solutions ;

– des politiciens trouvent des responsables aux difficultés, donnent des conseils péremptoires ; des ministres imposent leur point de vue après avoir consulté leur chargé de communication ;

– des parents ont leurs idées sur ce qu'il faudrait faire, mais sont rarement écoutés ;

– on constate une augmentation remarquable de l'aide scolaire privée, pour ceux qui en ont les moyens ;

– les enseignants se sentent frustrés et incompris, et vivent mal leur métier ;

– les responsables administratifs semblent incapables de résoudre les problèmes, ou débordés ;

– etc.

Et au milieu de tout cela, il y a les élèves, qui sont malgré tout la justification du système éducatif – et l'avenir de l'humanité.

Les solutions, à l'évidence, ne sont pas simples.

Mais si la difficulté à trouver des solutions venait essentiellement de notre difficulté à sortir de notre cadre habituel de penser ? Pourquoi les enseignants, lorsqu'ils descendent dans la rue, demandent-ils « plus de moyens », mais jamais « d'autres manières d'enseigner », comme s'ils possédaient par essence, de par leur fonction d'enseignant, la manière idéale d'enseigner aux enfants qu'on leur confie ?

Et pourquoi de nouvelles manières d'enseigner et de nouvelles approches pour apprendre, développées par de nombreuses personnes créatives et reconnues, ont-elles tant de mal à arriver dans les salles de classe ?

Pourquoi des enfants s'ennuient-ils à l'école ?

Voici un symptôme intéressant : pourquoi de si nombreux enfants s'ennuient-ils à l'école ? La boutade grinçante de Françoise Dolto (« Lorsqu'un enfant s'ennuie à l'école, c'est qu'il est intelligent ») pourrait peut-être prendre un sens très positif sous l'éclairage des intelligences multiples.

L'école peut être une expérience désespérante pour tout enfant dont la ou les intelligences fortes ne sont pas les intelligences verbale/linguistique et logique/mathématique. Et ainsi naît et perdure l'ennui.

Par exemple, les élèves ayant une intelligence visuelle/spatiale forte seront souvent laissés de côté, on ne remarquera (au mieux) que leur côté « artiste ». Pourtant, pour beaucoup d'enfants, l'intelligence visuelle/spatiale peut débloquer la lecture, les mathématiques ou les sciences. L'ignorer chez un élève, c'est comme lui demander de naviguer dans un chenal semé d'écueils – le parcours scolaire – les yeux bandés.

De même, un enfant avec une intelligence interpersonnelle très développée pourra être considéré comme un papillon social, alors qu'il devrait être encouragé, par exemple, à prendre des responsabilités au conseil des élèves.

L'intelligence intrapersonnelle est encore moins reconnue et appréciée. L'enfant tranquille, avec une riche vie intérieure, deviendra souvent invisible aux yeux de l'enseignant, ou sera considéré d'une manière négative : « timide », « trop renfermé », « ne participe pas ».

Pourquoi accepte-t-on l'inacceptable ?

En classe, les élèves doivent répondre aux sollicitations de l'enseignant, que cela leur plaise ou non, que cela leur convienne ou non. S'ils n'y répondent pas, ou mal, on en trouve facilement la cause dans quelques déficiences, chez l'enfant, chez les parents, ou les deux : « il n'essaye pas, il ne fait pas d'efforts » ou « il n'arrive pas à se concentrer », ou bien : « personne ne peut l'aider à la maison » ou « il doit avoir un problème psychologique ».

Imaginez, juste un instant, un adulte dans une situation analogue :

– rester assis sans bouger, sans parler, huit heures par jour, cinq jours par semaine, dans des lieux impersonnels, souvent tristes et gris ;

– devoir être attentif d'une façon à la fois soutenue et passive ;

– être en permanence dans l'inconnu – forcément déstabilisant – propre à tout apprentissage ;

– se voir imposer tous ses actes ;

– être jugé et contrôlé de manière systématique ;

– être la plupart du temps mis en situation d'irresponsabilité, sauf la « responsabilité » d'obéir aux consignes et aux ordres de l'enseignant ;

– etc.

Peu d'adultes accepteraient longtemps de supporter cela. Alors, pourquoi l'imposer aux enfants ? Parce qu'on a « toujours fait comme ça » ? Ou bien, tout simplement, parce qu'on n'imagine pas comment faire autrement ?

Bien des enseignants, en fait, souhaiteraient « faire autrement », mais ne savent pas comment. Les intelligences multiples peuvent être une réponse, riche et intéressante, à cette demande.

Pour l'enseignant, adopter la théorie des intelligences multiples ne nécessite pas de rejeter ses manières de faire et d'enseigner précédentes : il s'agit simplement pour lui d'*enrichir* les bonnes choses qu'il fait déjà, pour son propre bénéfice et pour le bénéfice de *tous* ses élèves.

Un nécessaire changement de regard

Le bon moment pour changer

Régulièrement, de grandes enquêtes sont faites au niveau international pour comparer les différents systèmes scolaires. On étudie les résultats des élèves en mathématiques ou en sciences, ou bien le contenu des programmes, la qualité des manuels ou les pratiques des enseignants.

Dans la présentation des résultats de ces enquêtes, chaque pays tente d'abord d'y trouver la justification de ses propres manières de faire, ou la nécessité urgente de revenir « au bon vieux temps », aux pratiques « qui ont fait leurs preuves » (c'est-à-dire, bien souvent, celles utilisées à l'époque où les responsables d'aujourd'hui étaient sur les bancs de l'école).

Parfois, cependant, l'analyste de ces enquêtes relève des besoins bien d'aujourd'hui, qui impliquent la nécessité de reconsidérer le passé et de rechercher des alternatives pour construire le futur. C'est-à-dire : de changer.

Mais changer quoi, et comment ?

Sans doute, d'abord et avant tout, nous changer nous-mêmes, changer notre manière d'appréhender les choses, changer notre regard sur l'éducation et sur notre époque. Albert Einstein est souvent cité : « Le monde que nous avons créé est un produit de notre pensée. Il ne peut pas être changé sans que nous changions notre propre pensée ».

Il nous faut éviter de nous laisser entraîner vers la facilité de la répétition, de refaire à l'identique ce que nous-mêmes avons vécu au nom de : « Nous n'en sommes pas morts, après tout ».

Si, finalement, c'est pour nous le bon moment de changer notre manière de considérer notre système éducatif, pour mieux prendre en compte comment les élèves apprennent et pour réévaluer ce qu'il est souhaitable qu'ils apprennent, nous ne sommes pas les mains vides :

– nous avons aujourd'hui à notre disposition des outils d'enseignement et d'apprentissage reconnus et de grande qualité, comme la théorie des intelligences multiples – parmi d'autres ;

– nous avons des connaissances extraordinairement neuves sur le fonctionnement du cerveau, et sur ses manières de traiter l'information.

Ce changement possible est à la fois radical et en douceur : on peut y entrer à petits pas, sans tout remettre en cause ni tout casser. On change *un tout petit quelque chose*, et tout change.

Reconsidérer ce que nous considérons comme superflu

À l'heure actuelle, dans la plupart des écoles, on a tendance à considérer comme superflues (ou du moins secondaires) les matières s'appuyant directement sur les intelligences :

– musicale/rythmique,
– corporelle/kinesthésique,
– visuelle/spatiale,
– naturaliste,
– interpersonnelle et intrapersonnelle.

Dans une école, un collège ou un lycée, il est évident que l'on ne donnera *jamais* la priorité à l'enseignement de la musique ou des arts plastiques sur l'enseignement des mathématiques – en ignorant au passage des études montrant que pratiquer activement la musique ou des activités artistiques aide les enfants à s'améliorer dans *toutes* les matières, et en particulier en mathématiques et en français.

Si l'enseignant incorpore dans ses cours, progressivement, des activités touchant ces intelligences délaissées, il va sans doute constater rapidement que ce micro-changement a des effets bénéfiques sur ses élèves – et également sur lui-même.

Changer sans tout changer

Bien que la théorie des intelligences multiples ait de nombreuses et riches applications dans le monde de l'éducation, ce n'est pas une prescription éducative ou un modèle à suivre à la lettre, ce n'est pas une *méthode*. C'est un regard nouveau sur :

– comment les enfants peuvent apprendre ;
– comment les enseignants peuvent enseigner ;
– et comment les écoles peuvent fonctionner.

Il n'y a pas qu'une seule manière d'utiliser les intelligences multiples dans la classe, et de nombreux enseignants les utilisent de manières très variées et avec beaucoup de succès. Les intelligences multiples peuvent être adaptées à chaque école et à chaque classe selon les besoins. C'est peut-être d'ailleurs l'un des aspects les plus intéressants de la théorie des intelligences multiples : sa mise en œuvre respecte l'identité et l'intégrité des enseignants et des écoles qui l'utilisent.

Reconnaître la différence

Tous les élèves sont différents

Quel parent met en doute le fait que son petit enfant marchera, un jour ou l'autre ? C'est pourtant un apprentissage très complexe, avec 100 % de réussite. Et que cela arrive à 9 mois ou à 1 an et demi, quelle importance ? Il réussira, sans l'ombre d'un doute.

De même, on peut présupposer que tous les élèves peuvent apprendre et réussir, mais pas de la même manière, et pas le même jour. Qu'est-ce que cela signifie pour notre manière d'enseigner ?

Cela signifie qu'il nous faut reconnaître que tous les enfants apprennent de manière différente. C'est une évidence pour la plupart des psychologues, mais moins pour les enseignants. Il leur faut admettre que chaque enfant a un « bouquet d'intelligences » unique, et qu'il est unique dans ses capacités à apprendre, à comprendre, à raisonner, à s'adapter de manière efficace aux situations de son environnement, à tirer parti de l'expérience.

Plutôt que d'ignorer ou de refuser ces différences, en partant du principe que tous les élèves ont (ou devraient avoir) des cerveaux identiques, l'éducation devrait pouvoir fournir à tous les élèves des occasions d'apprentissage qui utilisent au mieux leur combinaison unique d'intelligences.

La tâche peut sembler impossible lorsque l'on est face à 35 élèves, dans une salle de classe trop petite et avec un programme surchargé à transmettre. Pourtant, l'utilisation des intelligences multiples peut la rendre progressivement possible : lorsque l'on intègre plus « d'intelligences » dans sa manière d'enseigner, on permet une meilleure compréhension, et donc une meilleure qualité d'apprentissage chez tous les élèves.

Par exemple, imaginons un élève qui est faible dans les intelligences verbale/linguistique ou logique/mathématique – en général les intelligences les plus couramment utilisées par l'enseignant. Si cet élève découvre un sujet à travers l'une de ses intelligences fortes, non seulement il pourra apprendre plus vite et mieux retenir, mais il se sentira également reconnu dans sa manière d'apprendre. Il acceptera alors plus facilement des présentations basées sur des intelligences où il est moins à l'aise, et développera progressivement ses intelligences faibles.

De son côté, un élève qui est à l'aise avec les intelligences verbale/linguistique et/ou logique/mathématique bénéficiera également de cette manière de faire, parce que son cerveau n'est pas limité à utiliser uniquement ces deux intelligences, et qu'il s'enrichira à développer l'ensemble de ses intelligences.

Thomas Armstrong, l'un des spécialistes reconnus des intelligences multiples, dit : « J'ai été attiré dès le début par la théorie des intelligences multiples lorsque je me suis rendu compte qu'elle permettait de parler des talents cachés des enfants, en particulier de ceux étiquetés comme "en échec scolaire" ».

Howard Gardner, de son côté, précise : « L'essence de la théorie des intelligences multiples est le respect des nombreuses différences parmi les individus, les innombrables variations dans leurs manières d'apprendre, les différents modes par lesquels ils peuvent être évalués, et les manières presque infinies par lesquelles ils peuvent laisser leur trace dans le monde ».

S'appuyer sur les forces des élèves

L'une des démarches pédagogiques les plus intéressantes est ainsi de s'appuyer sur les intelligences fortes de chaque élève[11].

Il s'agit dans un premier temps d'identifier, pour chaque élève, ses intelligences fortes (et, par déduction, ses intelligences faibles). Nous verrons comment au chapitre « Les élèves et les intelligences multiples » (page 99). Ensuite l'enseignant, dans sa recherche d'activités, pourra :

11 Démarche qui a été expérimentée en particulier dans le projet « Spectrum ». Voir chapitre « Vers des écoles intelligences multiples » (page 183).

– soit mettre l'accent sur l'épanouissement des intelligences dominantes,

– soit aider les élèves à développer leurs intelligences faibles.

Ou bien, il considérera que toutes les intelligences doivent être cultivées chez chaque élève, sans tenir compte de ses forces et de ses faiblesses naturelles, et variera son enseignement en mettant en œuvre régulièrement toutes les intelligences.

Progressivement, cette démarche sera également intégrée par les élèves : lorsqu'un enfant découvre ses propres intelligences, sa relation a lui-même change et évolue. Par exemple, s'il est bon en sport, il comprendra que son intelligence corporelle/kinesthésique est sans doute forte. Sachant cela sur lui-même, il pourra utiliser des activités reliées au mouvement pour l'aider à se motiver dans son travail dans d'autres domaines, tels que le français ou les mathématiques.

Cultiver la diversité

Comprendre et apprécier les intelligences individuelles est également un outil pour cultiver la diversité, apprendre la tolérance, s'enrichir du multi-culturalisme, combattre les stéréotypes.

Les filles pourront être reconnues pour elles-mêmes, non seulement dans les domaines du langage où elles sont traditionnellement fortes, mais aussi peut-être pour leur intelligence corporelle/kinesthésique ou visuelle/spatiale. De même les garçons pourront être reconnus pour leur talent en sport, mais aussi en tant qu'écrivains ou artistes.

Un élève handicapé ou en grave difficulté scolaire ne sera pas étiqueté ou classé en fonction de ses difficultés ou de son handicap (paradigme de déficit), mais sera considéré comme une personne intacte ayant des besoins particuliers (paradigme de croissance).

Lorsque ses camarades remarqueront ses intelligences fortes et ses capacités particulières, un élève pourra devenir « visible » (positivement) à ses yeux et aux yeux des autres. Par exemple, dans une classe basée sur les intelligences multiples, le « pitre de la classe » va maintenant être considéré comme quelqu'un qui a des talents dans les intelligences verbale/linguistique, interpersonnelle et corporelle/ kinesthésique, plutôt que quelqu'un qui est simplement incapable de se conformer aux règles de la classe. Lorsque, dans ce genre de classe, on peut inclure la mise en scène d'une histoire où l'écriture d'une pièce de théâtre, il sera maintenant reconnu comme talentueux, à la fois par ses camarades, par l'enseignant et par lui-même. Cela ne signifie pas que son comportement de pitre devient tout à coup acceptable, ou qu'il n'a plus besoin de faire des efforts pour se conformer aux règles et aux normes de la classe. Mais cela signifie que, comme tous les autres élèves, il a besoin d'être compris et apprécié pour les talents qu'il possède.

Les enfants qui sont dans des écoles accueillant un grand nombre de nationalités différentes auront également l'occasion de découvrir des richesses insoupçonnées chez des élèves qu'ils auraient vus au premier abord comme différents d'eux-mêmes. La théorie des intelligences multiples permet de consolider une communauté humaine, en se concentrant sur les richesses et les forces de chacun.

Le but de l'école n'est pas d'apprendre beaucoup de choses nouvelles en mathématiques, en histoire, en tout ce qu'on veut ; bien sûr, c'est utile, mais c'est secondaire. Le but de l'école, c'est d'apprendre à chaque enfant à rencontrer l'autre.

Albert Jacquart

Ainsi, le modèle des intelligences multiples, lorsqu'il est couramment utilisé dans une classe ou dans une école, apprend aux enfants (et à leurs familles) le respect de la différence. Il leur permet de découvrir le large spectre de talents et d'intelligences possédé par les autres enfants. Les différences ethniques, socio-économiques, de sexe ou les handicaps s'estompent, parce que les enfants ont appris à connaître et à apprécier les forces des autres élèves. Et ils seront à même d'apprécier les richesses qui naissent autant des similarités que des différences.

L'enseignant à la découverte des intelligences multiples

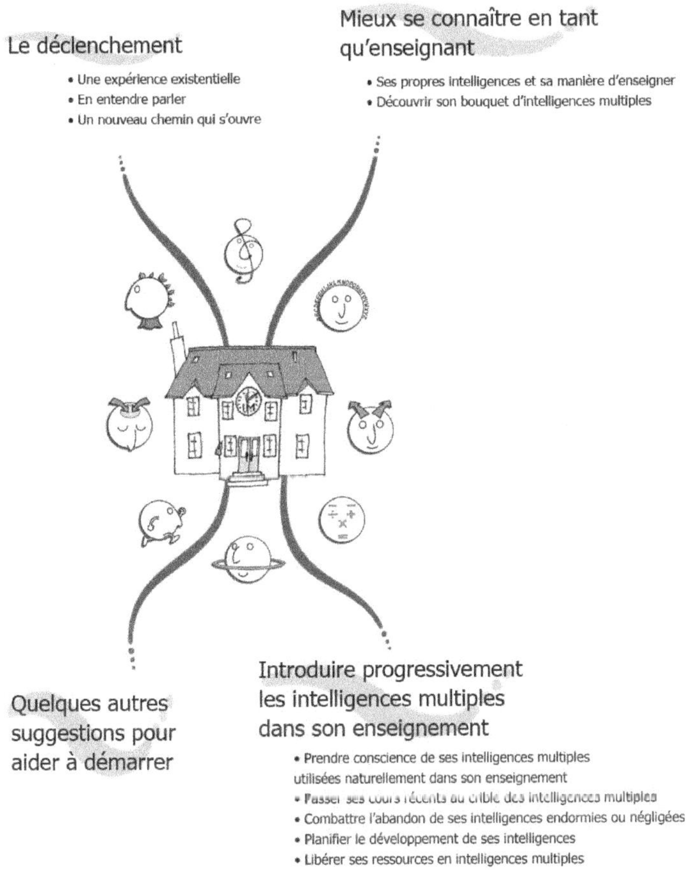

Le déclenchement

Une expérience existentielle

Imaginons. Au fil du temps, vous avez appris à gérer votre classe de 30 enfants encore dans les jupes de leur mère, ou prépubaires, ou presque adultes ; vous avez mis au point des stratégies de survie qui vous permettent, bon an mal an, de passer d'un bout de l'année à l'autre sans aller trop souvent rendre visite à votre psychiatre.

Et ce jour-là vos élèves, comme tous les jours, sont avachis sur leur chaise, l'air boudeur, difficiles à motiver. Beaucoup de ces élèves, vous le savez, manquent de confiance en eux et subissent régulièrement de nouveaux échecs scolaires qui s'ajoutent à la longue liste de ceux accumulés dans les classes précédentes. Malgré vos efforts et votre énergie, leurs résultats sont souvent désespérants. Vos tentatives pour les raisonner, vos incitations plus ou moins forcées pour leur faire avaler ce fichu programme du Bulletin officiel, tout cela vous demande beaucoup de travail, d'efforts et d'énergie pour un résultat finalement décevant.

Et puis donc ce jour-là, un jour le plus banal qui soit, cela vous tombe dessus sans crier gare.

En un instant vous prenez conscience de quelque chose qui vous crevait les yeux. Par exemple, que l'un de vos élèves en échec, en fait, a plein de talents – dont vous n'avez jamais tenu compte; qu'il peut se passionner pour certaines choses et avoir une énergie débordante – en dehors de la classe.

À ce moment-là, ou quand ce moment-là arrive, vous savez, d'une manière radicale, qu'il vous faut changer votre façon d'enseigner, d'une manière ou d'une autre. Son échec devient *votre* échec. Et vous vous mettez en marche.

En entendre parler

Cela peut aussi se faire autrement. C'est un collègue qui vous en parle avec enthousiasme, dans un coin de la salle des professeurs. Et c'est comme si quelqu'un vous expliquait ce que vous saviez depuis toujours sur vous-même et sur vos élèves.

L'idée vous fascine, vous avez tout à coup l'espoir d'une piste riche et nouvelle à explorer, et vous vous mettez à creuser, à lire d'autres livres, à aller flâner sur Internet, à vous renseigner auprès d'autres personnes. Vous prenez contact avec des personnes qui semblent qualifiées sur le sujet.

Et vous commencez à regarder vos élèves avec un œil différent. Vous *saviez*, de manière instinctive, que certains de vos élèves en échec étaient cependant intelligents et brillants. Vous *saviez* également que ces élèves savaient réussir certaines choses, mais à leur façon. Et vous découvrez que vous pouvez les faire réussir, à l'école et dans la vie.

Ou bien encore vous tombez par hasard sur un livre, et il y a un avant et un après. Par exemple, vous ouvrez un livre sur les intelligences multiples. La parfaite clarté du livre, divisé en chapitres bien nets et en fiches d'activités passionnantes, vous fait imaginer votre avenir d'enseignant comme rayonnant. Et vous vous précipitez dans une librairie ou sur Internet pour découvrir tous les livres sur le sujet des intelligences multiples.

Un nouveau chemin qui s'ouvre

Bref, cela peut se déclencher de manières diverses. Mais, soyons honnête, si enseigner était aussi simple et aussi clair que cela... Si les élèves pouvaient tout à coup vous apparaître avec leurs belles intelligences fortes marquées sur leur front pour vous éclairer le chemin. Si vos collègues ou votre proviseur pouvaient partager en un instant votre nouvel enthousiasme...

La réalité, bien entendu, est plus floue. Déjà, en reconnaissant que chacun de vos élèves est unique, que ses richesses sont nombreuses et complexes, vous découvrez un nouveau point de vue pour enseigner, mais le chemin reste à faire. Et puis, est-ce que tout cela n'est pas qu'illusion ? Vous vous poserez, un jour ou l'autre, la question.

Ce chemin sera rarement un chemin clair et concis. Cela sera peut-être au début un processus d'errance sur un chemin peu balisé. Cela va vous demander de vous changer vous-même, de quitter progressivement votre routine et vos stratégies de survie avec lesquelles vous pensiez tenir jusqu'à la retraite. Cela sera une expérience unique, qui va engager votre personnalité et vos compétences. Mais ce chemin sera porteur d'enthousiasme et de vie. Et il y a peu de chances que vous le regrettiez.

Mieux se connaître en tant qu'enseignant

Ses propres intelligences et sa manière d'enseigner

Vu à travers la théorie des intelligences multiples, vous utilisez forcément, d'une manière consciente ou inconsciente, votre « bouquet d'intelligences » pour enseigner. Par exemple, peut-être vous sentez-vous mal à l'aise pour dessiner au tableau, ou pour utiliser des graphiques dans vos présentations – ce que nous pouvons traduire, dans la théorie des intelligences multiples, par : « c'est parce que votre intelligence visuelle/spatiale n'est pas très développée ». Ou bien vous utilisez couramment des stratégies de travail en coopération ou des activités liées à la nature parce que ce sont des domaines d'activités où vous-même êtes très impliqué.

La manière d'enseigner que vous considérez comme bonne – la vôtre – dépend donc de votre manière d'intégrer vos intelligences fortes et vos intelligences faibles dans votre enseignement. Car il est normal d'utiliser et de prendre plaisir à travailler avec les intelligences qui stimulent notre esprit. Cependant, il va être important de prendre conscience de ces intelligences fortes et faibles que vous utilisez le plus fréquemment dans votre enseignement et de porter une attention particulière aux formes d'enseignement que vous négligez à cause de vos propres intelligences faibles.

Découvrir son bouquet d'intelligences multiples

Donc, avant de faire entrer les intelligences multiples dans votre classe, la première étape, d'une manière naturelle, sera de vous poser des questions sur vos *propres* intelligences multiples : celles qui sont fortes, et celles qui le sont moins, voire celles que vous avez complètement laissées en jachère. Attention, cela ne correspondra pas forcément aux intelligences que vous utilisez beaucoup, dans votre vie personnelle et dans votre vie professionnelle, et à celles que vous utilisez très peu. Vous pouvez avoir des intelligences fortes que vous n'utilisez presque jamais, pour une raison ou pour une autre.

De plus, le concept d'intelligences multiples est évolutif : tout au long de notre vie, nous vivons des expériences et nous apprenons de nouvelles choses, qui font évoluer chacune de nos intelligences.

Cette démarche est essentielle. Car en découvrant vos propres facilités – ou difficultés – dans chacune des 8 intelligences, vous découvrirez comment cela affecte vos compétences (ou vos manques de compétences) dans votre rôle d'enseignant. Et, du coup, vous comprendrez mieux vos élèves, et vous serez plus à même de réfléchir et d'agir en « intelligences multiples » avec eux.

✓ Un histogramme pour débroussailler le terrain

Pour commencer à découvrir vos intelligences, en vous aidant du descriptif des 8 intelligences (chapitre « Présentation générale des 8 intelligences » page 39), vous pouvez remplir l'histogramme suivant (l'usage de différentes couleurs est encouragé) :

5. Exceptionnelle • utilisée avec une très grande facilité • la qualité d'utilisation dépasse largement la moyenne • les erreurs sont rares								
4. Forte • utilisée sans effort • donne une impression de compétence • me permet en général d'atteindre ce que je veux								
3. Moyenne • demande un effort lorsqu'elle est utilisée • me permet d'atteindre un but avec un effort volontaire								
2. Très moyenne • faible compétence lorsqu'elle est employée • nécessite un effort important • me donne souvent un sentiment de frustration								
1. Faible • pose constamment des difficultés lorsqu'elle est employée • grande frustration • j'évite au maximum son utilisation								
	verbale / linguistique	logique / mathématique	visuelle / spatiale	musicale / rythmique	corporelle / kinesthésique	interpersonnelle	intrapersonnelle	naturaliste

Cette première approche est peu précise, bien entendu, mais permet une première prise de conscience du développement actuel de votre « bouquet d'intelligences » personnel.

Peut-être vous direz-vous souvent, en remplissant cet histogramme : « ça dépend ! ». En effet, on peut par exemple utiliser son intelligence corporelle/kinesthésique d'une manière exceptionnelle pour fabriquer des maquettes, tout en étant tout à fait médiocre en sport. Dans ce cas, divisez chaque colonne en plusieurs parties, en précisant dans quels types d'activités vous êtes « exceptionnel » ou « faible ».

Pour continuer à réfléchir sur vos multiples intelligences et sur la manière dont vous les utilisez dans votre enseignement, vous pouvez creuser d'autres pistes.

✓ Rapport avec sa propre enfance et sa propre scolarité

Votre propre enfance joue sans doute un rôle dans votre manière d'enseigner.

Petit retour dans son enfance

– quand j'étais enfant, mes activités favorites en dehors de l'école étaient :
– ma ou mes matière(s) favorite(s) à l'école étaient :
– le(s) professeur(s) que j'ai particulièrement appréciés étaient..., parce que... :
– enfant, j'ai toujours pensé que j'étais intelligent pour :
– enfant, je ne me sentais pas intelligent dans les domaines suivants :
– l'école se serait mieux passée pour moi si :
– j'ai décidé d'enseigner pour les raisons suivantes :

✓ Avoir un regard extérieur

Avoir un regard extérieur peut aider à prendre conscience de ses différentes intelligences et de la manière dont nous les employons. Discutez de vos intelligences avec un ami, votre conjoint ou l'un ou l'autre de vos collègues. Demandez-leur quelles sont, à leur avis, vos intelligences fortes et celles que vous négligez. Vous aurez peut-être des surprises !

Introduire progressivement les intelligences multiples dans son enseignement

Enseigner avec les intelligences multiples est un état d'esprit et un changement de regard, ce n'est pas une *méthode* à suivre absolument. Cet état d'esprit va modifier progressivement votre manière d'enseigner, jusqu'à la transformer en une manière d'enseigner que vous n'auriez sans doute jamais imaginée auparavant.

En premier lieu, il est donc important de *prendre conscience* des intelligences que vous utilisez naturellement dans votre manière d'enseigner.

Voici quelques pistes pour avancer dans cette voie.

Prendre conscience des intelligences multiples utilisées naturellement dans son enseignement

Voici quelques questions générales qui pourront vous permettre de réfléchir à la manière dont vous utilisez vos intelligences dans votre métier d'enseignant :

– les intelligences les plus utilisées dans mon enseignement sont :
– les intelligences que je laisse généralement de côté dans mon enseignement sont :
– méthodes et techniques que j'utilise couramment ou massivement parce qu'elles correspondent à mes intelligences très développées :
– méthodes et outils pédagogiques que j'évite d'utiliser parce qu'ils nécessiteraient l'emploi de mes intelligences sous-développées :
– les intelligences que j'apprécie le plus chez mes élèves sont :
– les intelligences que j'apprécie le moins chez mes élèves sont :
– lesquels de mes élèves semblent s'adapter facilement à mon style d'enseignement ?
– lesquels de mes élèves semblent s'adapter difficilement à mon style d'enseignement ?
– lorsque je fais preuve d'originalité pour enseigner tel ou tel sujet particulier, j'inclus dans mon cours les intelligences suivantes :
– il me serait plus facile d'enseigner à travers des intelligences que je néglige si :
– les ressources à ma disposition pour améliorer mon enseignement en l'appuyant sur ces intelligences négligées seraient :

Passer ses cours récents au crible des intelligences multiples

Vous pouvez également prêter une attention nouvelle à vos cours déjà existants, pour voir ce que vous faites déjà naturellement dans le sens des intelligences multiples. Vous êtes peut-être déjà, sans le savoir, expert en enseignement « intelligences multiples », ou bien non. Bien entendu, cela dépendra du niveau auquel vous enseignez : on utilise en général plus d'intelligences différentes lorsque l'on enseigne en maternelle que lorsque l'on enseigne en Terminale.

Par exemple :

– si vous demandez régulièrement à vos élèves de réfléchir sur le sujet qu'ils viennent d'étudier et la manière dont ils l'ont vécu, vous comprendrez que vous utilisez et développez ainsi leur intelligence intrapersonnelle ;

– lorsque l'un de vos élèves fait un exposé devant la classe, il utilise son intelligence intrapersonnelle pour le préparer, et également son intelligence interpersonnelle pour le réaliser, car il doit être attentif aux réactions des autres élèves, et bien comprendre et répondre correctement à leurs questions ;

– si vous proposez à l'occasion des manipulations à faire, des collages à réaliser, des montages photo ou vidéo, ce sont les intelligences corporelle/kinesthésique et visuelle/spatiale qui sont ainsi sollicitées ;

– lorsque vous proposez un travail de recherche ou de réflexion en petits groupes, c'est l'intelligence interpersonnelle des élèves qui est mise en œuvre ;

– etc.

Et si vous proposez à vos élèves des projets, vous intégrez sûrement plusieurs intelligences, sinon toutes, au fil du déroulement de ces projets. Nous en reparlerons au chapitre « Différentes manières d'enseigner avec les intelligences multiples » (page 143).

Peut-être découvrirez-vous au contraire que l'essentiel de votre enseignement est fait sous forme verbale/linguistique et logique/mathématique, avec parfois un petit peu d'intelligence interpersonnelle. Cette prise de conscience est déjà un premier pas.

Combattre l'abandon de ses intelligences endormies ou négligées

Les intelligences multiples vous offrent un modèle au travers duquel vous pouvez réveiller vos intelligences négligées, et ainsi mieux équilibrer l'ensemble de vos 8 intelligences.

Par exemple :

– Vous détestez les mathématiques, vous les avez toujours détestées et n'imaginez pas ne plus les détester un jour. C'était votre pire matière à l'école, vous en faites encore des cauchemars, vous ne laissez pas un nombre s'approcher de vous à moins de 20 pas. Que l'on vous parle de nombres, et vous vous mettez dans un coin en position de fœtus. Bref, vous avez connu une « expérience paralysante », un « blocage d'intelligence » qui semble définitif, une sorte de handicap (au sens fort du terme) que vous traînerez toute votre vie.

Mais, maintenant, vous prenez conscience que certains de vos élèves apprécient les nombres, les statistiques, les moyennes, les graphiques, les courbes mathématiques, les jeux de logique. Que faire ?

Soit ne rien faire, et n'en parlons plus.

Ou bien demander à un collègue compétent de faire à votre place ce que vous vous sentez incapable de faire, mais ce n'est ni simple, ni facile. Et puis c'est vous l'enseignant, on a sa fierté, on veut assumer sa responsabilité jusqu'au bout.

Ou alors vous commencez à vous dire que, finalement, pourquoi pas, vous pourriez peut-être reconsidérer votre handicap, qui n'est peut-être pas si définitif que cela. Vous vous inscrivez à une formation

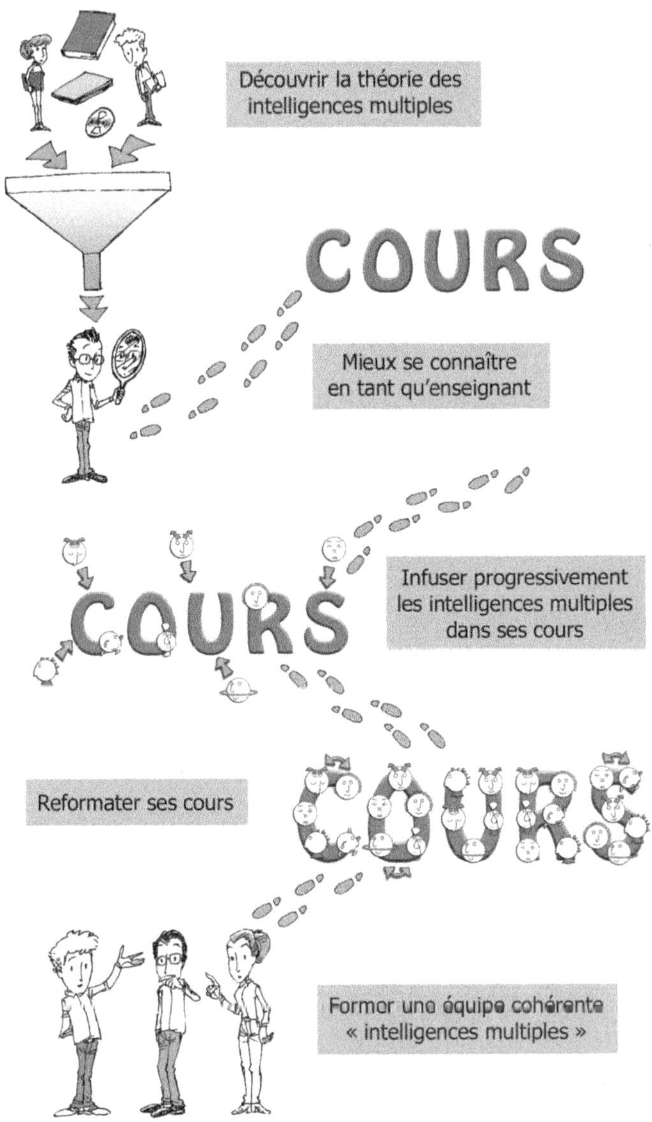

sur l'utilisation des outils mathématiques en classe ; vous apprenez des techniques simples ou des jeux pour introduire des concepts mathématiques dans votre enseignement ; vous essayez, avec précaution, certaines de ces techniques et certains de ces jeux avec vos élèves, et vous découvrez qu'ils adorent. Certes, vous ne deviendrez sans doute pas accro aux mathématiques, mais vous aurez enrichi votre enseignement et vos élèves, et vous vous serez enrichi vous-même.

Ou bien :

– D'accord, vous détestez tout ce qui est activités physiques, cela ne vous a jamais intéressé. Tout sport vous semble relever de la perversité, et tous ceux qui font du sport de la camisole de force.

Mais, maintenant, vous prenez conscience qu'un bon nombre de vos élèves ont besoin d'activités corporelles/kinesthésiques pour apprendre. Que faire ?

Là encore, la nécessité (vos élèves) peut vous conduire à réveiller cette intelligence endormie, à repenser et à redécouvrir des activités dont vous vous pensiez définitivement exclu.

Planifier le développement de ses intelligences

Une fois que vous avez clarifié vos intelligences fortes ou négligées, vous pouvez souhaiter mieux développer telle ou telle intelligence. Cela peut être une intelligence où vous avez montré des capacités prometteuses étant enfant, mais que vous n'avez jamais eu l'occasion de développer. Ou peut-être une intelligence avec laquelle vous aviez de grandes difficultés et pour laquelle vous souhaitez maintenant avoir plus d'expérience et de compétences. Ou encore une intelligence qui est déjà très développée chez vous, et pour laquelle vous souhaitez avoir un niveau encore meilleur.

Voici comment vous pourriez faire :

– prenez une grande feuille de papier ;

– créez pour chaque intelligence une ligne du temps correspondant au développement de cette intelligence, de votre petite enfance jusqu'à maintenant ;

– notez les événement significatifs, en particulier les « expériences cristallisantes » et les « expériences paralysantes », les personnes qui vous ont aidé à développer cette intelligence ou qui l'ont éteinte, l'influence de l'école, ce qu'est devenue cette intelligence dans votre vie d'adulte, etc. ;

– laissez de la place pour noter les développements futurs : vos activités liées à cette intelligence, les moyens particuliers que vous mettez en place pour la réveiller ou la développer, etc. ;

– revenez-y régulièrement ;

– notez si ce processus influence votre manière d'enseigner, en particulier lorsque vous utilisez cette forme d'intelligence en classe.

Libérer ses ressources en intelligences multiples

Bien que vous n'ayez pas besoin de maîtriser parfaitement les 8 intelligences pour bien enseigner, il est intéressant de savoir comment libérer en classe vos ressources personnelles dans des intelligences où vous êtes plutôt mal à l'aise. Voici quelques moyens de le faire.

✓ Demandez des idées à des collègues compétents

Faites un tour en salle des professeurs, et vous trouverez sans doute des collègues capables de vous fournir des idées et des conseils pour vous aider à introduire dans vos cours des activités qui touchent à vos intelligences faibles.

Par exemple, un collègue doué dans des activités artistiques (pas forcément le professeur d'arts plastiques) pourra vous fournir des conseils précieux et des suggestions pratiques sur des manières d'incorporer cette intelligence dans vos cours. Et à l'occasion, allez l'observer dans sa classe.

Ou, si vous ne savez pas comment faire entrer la musique dans votre classe parce que votre intelligence musicale/rythmique est peu développée, demandez des idées au professeur de musique ou à un collègue qui a des compétences dans ce domaine.

Si vos talents artistiques frisent le zéro absolu et que votre collègue d'en face dans le couloir a toujours une classe décorée de magnifiques projets artistiques, il pourra peut-être vous donner quelques idées simples et des conseils pour introduire des éléments artistiques dans votre enseignement.

Les richesses des personnes qui nous entourent sont souvent insoupçonnées !

✓ Demandez l'aide des élèves

Des élèves peuvent souvent proposer des stratégies et montrer d'excellentes compétences dans des domaines où vous n'êtes pas vous-même compétent, comme par exemple : dessiner au tableau, choisir une musique adaptée pour enrichir une activité, mettre en scène un jeu de rôle, inventer une danse, ou partager leurs connaissances sur tel ou tel aspect de la nature.

✓ Découvrez les bonnes idées d'autres enseignants

Cela peut être dans des livres sur les intelligences multiples ou sur Internet. Si certains livres pratiques sont en langue anglaise et que la langue de Shakespeare ne vous a jamais inspiré, voilà un nouveau défi à relever, moins difficile qu'il n'y paraît.

✓ Utilisez la technologie disponible

Peut-être pouvez-vous mieux utiliser les ressources technologiques qui sont à votre disposition, pour transmettre des informations sous des formes où vous n'êtes pas vraiment à l'aise, par exemple :

– des CD proposant des choix de musiques conçus pour soutenir des activités (si vous manquez de compétences musicales/rythmiques) ;

– des logiciels techniques (traitement de texte, tableur, gestionnaire de données, etc.) ou éducatifs ;

– des logiciels de dessins et des banques d'images pour créer des supports visuels ou des périphériques ;

– etc.

✓ Décidez-vous enfin pour l'enseignement en équipe

Dans une école ou dans une classe où l'on propose aux élèves de développer l'ensemble de leurs intelligences multiples, il est évidemment souhaitable que l'équipe pédagogique d'enseignants (prise dans son ensemble) soit un modèle de compétences dans les 8 intelligences.

Si vous ne le faites pas encore, les intelligences multiples vont donc vous pousser à travailler en commun avec des collègues (et peut-être d'autres personnes) sur un cursus « intelligences multiples » qui soit cohérent, et intégré dans toutes les matières et les activités scolaires.

✓ Utilisez les spécialistes qui sont autour de vous

Par exemple le bibliothécaire, la professeur d'informatique, le professeur de travaux manuels, l'enseignante d'arts plastiques seront souvent heureux d'offrir leurs services en tant que spécialistes reconnus, et ils pourront se passionner pour les défis nouveaux que vous leur proposerez.

✓ Invitez des personnes extérieures

Vous pouvez envoyer une lettre aux parents en leur expliquant la théorie des intelligences multiples et pour leur dire que vous recherchez des personnes ayant des compétences ou des connaissances particulières dans telle ou telle intelligence.

Vous pouvez également solliciter l'ensemble de la communauté scolaire : le comptable, la secrétaire du proviseur ou le jardinier ont peut-être des talents (cachés ou non) qu'ils seront heureux, à l'occasion, de partager dans votre classe.

Quelques autres suggestions pour aider à démarrer

✓ Introduisez progressivement des activités « intelligences multiples » dans vos cours habituels

L'essentiel – et parfois le plus difficile –, c'est de commencer. Faites-le en douceur. Commencez avec des activités faciles et familières. Introduisez discrètement, sans rien dire à personne, une ou deux activités utilisant des intelligences autres que celles verbale/linguistique ou logique/mathématique. Notez les réactions de vos élèves, faites-les parler et analysez votre propre ressenti.

✓ Expliquez aux élèves les intelligences multiples

Si cette manière d'enseigner est nouvelle pour vous, elle l'est aussi pour vos élèves. Expliquez-leur ce que vous êtes en train d'apprendre au sujet des intelligences multiples. Donnez-leur des informations précises et détaillées, du feed-back positif. Gardez un état d'esprit ouvert à la découverte et à l'expérimentation.

Il est particulièrement important de faire explicitement connaître la théorie des intelligences multiples aux élèves. C'est pour eux une manière de se connaître, et cela les rend responsables de leur apprentissage.

Cela peut se faire dès la maternelle (avec bien entendu un langage adapté). Nous verrons comment faire au chapitre suivant.

✓ Reformatez progressivement vos cours existants

Lorsque vous vous serez progressivement adapté à cette manière de faire, vous aurez sans doute envie de reformater vos cours selon une démarche « intelligences multiples ». Pour préparer un cours nouveau ou reformater un cours ancien, vous pourrez vous aider des idées et stratégies proposées dans la deuxième partie.

Là encore, allez-y progressivement. Profitez des moments de calme en cours d'année. Laissez vos nouvelles idées émerger et notez-les. Rappelez-vous que l'enseignement « intelligences multiples » est avant tout un état d'esprit. Ne changez pas tout trop vite, ni d'un seul coup.

✓ Parlez-en autour de vous

Entrer dans cette démarche vous donnera forcément envie d'en parler. Testez votre enthousiasme et votre degré de compréhension de la théorie des intelligences multiples en les passant au feu des questions de vos collègues, de vos amis et des parents d'élèves, sans oublier l'équipe administrative de votre école. Et, peut-être un jour, parlez-en à votre inspecteur…

Les élèves et les intelligences multiples

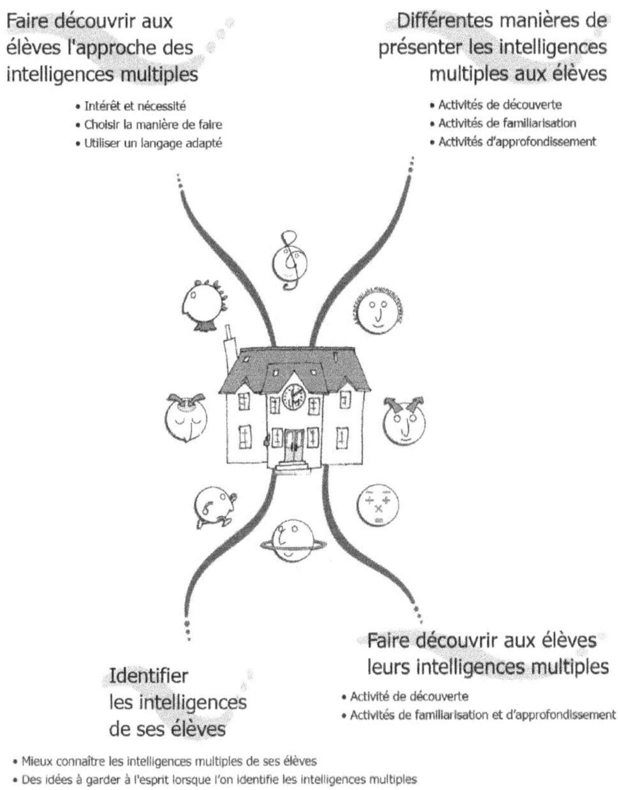

Faire découvrir aux élèves l'approche des intelligences multiples

Intérêt et nécessité

L'importance de la pensée métacognitive dans un apprentissage – c'est-à-dire réfléchir sur sa manière de penser, d'agir ou de réfléchir – est maintenant souvent soulignée par les chercheurs et les pédagogues. Ainsi toute occasion d'apprendre aux élèves à réfléchir sur leurs propres processus de pensée et d'apprentissage est extrêmement bénéfique pour l'ensemble de leur scolarité. Cela tend à stimuler leur motivation et les aide à devenir de meilleurs apprenants toute leur vie. De plus, cela les encourage à se considérer comme des partenaires dans leur propre éducation, plutôt que des consommateurs passifs, ou pire, que des victimes.

Les élèves qui comprennent et intègrent le modèle des intelligences multiples seront plus à même de comprendre leur manière d'apprendre et d'agir. Ils pourront adapter leur manière de faire, choisir les meilleures stratégies cognitives, et concevoir des buts réalistes en utilisant au mieux leurs intelligences fortes, tout en tenant compte de leurs faiblesses dans certaines intelligences.

Attention : l'enseignant, comme ses élèves, doit comprendre que les intelligences multiples ne sont que des aides et des approximations, et ne sont pas faites pour classer ou étiqueter. C'est un outil qui permet aux élèves d'être plus conscients de leurs forces et de leurs faiblesses en tant qu'apprenants, et qui les aide progressivement à se développer d'une manière plus équilibrée.

Une fois que les élèves auront découvert les intelligences multiples en général, ils voudront d'une manière naturelle découvrir *leurs* propres intelligences. Certaines activités peuvent, là encore, leur être proposées.

Dans cette démarche, il est important d'insister auprès des élèves sur le fait :

– que tous les élèves ont toutes les intelligences, et que ces intelligences travaillent ensemble pour les aider à apprendre et à réussir ;

– qu'ils n'auront pas à s'étiqueter comme « fort » ou « faible » dans l'une ou l'autre des intelligences, en particulier en fonction de leurs résultats scolaires ;

– que les intelligences multiples sont avant tout une aide pour se découvrir intelligent de différentes manières.

Choisir la manière de faire

Il y a de nombreuses manières de présenter la théorie des intelligences multiples à un groupe d'élèves, en fonction de leur âge, de leur niveau, de la taille de la classe, de la matière enseignée, etc. On trouvera ci-après quelques idées de présentation imaginées par différents enseignants. À chaque enseignant de choisir celle qui lui semble la mieux adaptée à ses besoins, ou d'en imaginer d'autres.

Dans un premier temps, surtout avec les plus jeunes, il peut être intéressant de les familiariser avec les intelligences multiples sans leur en parler explicitement. Par exemple, pendant deux à trois semaines, l'enseignant pourra intégrer dans son programme habituel des activités touchant aux différents intelligences. Ensuite, lorsqu'il leur présentera d'une manière explicite les 8 intelligences, il pourra ainsi se référer à des activités récentes où les élèves ont utilisé telle ou telle intelligence.

Utiliser un langage adapté

La plupart des théories sur l'intelligence utilisent des termes et des acronymes souvent difficiles à comprendre par des adultes, et encore plus par des enfants. La théorie des intelligences multiples, quant à elle, est reliée à des notions concrètes que les enfants comme les adultes comprennent aussitôt : les mots, les nombres, les images, le corps, la musique, les gens, soi-même, et la nature.

Ainsi l'une des caractéristiques les plus utiles de la théorie des intelligences multiples est qu'elle peut être expliquée à des enfants dès la grande section de maternelle, en quelques minutes.

Selon l'âge des élèves, on peut utiliser les mots « normaux » employés généralement pour décrire les 8 intelligences, ou bien des expressions adaptées. Par exemple :

Intelligence	**Expression simplifiée** *qui aime…*
verbale /linguistique	les mots
logique /mathématique	les nombres
visuelle /spatiale	les images
corporelle /kinesthésique	bouger, toucher, manipuler
musicale /rythmique	la musique
interpersonnelle	être avec les autres
intrapersonnelle	être seul
naturaliste	la nature

En particulier avec les tout-petits, on pourra utiliser des icônes pour représenter chacune des intelligences, par exemple pour construire un tableau d'activités qui sera colorié progressivement :

		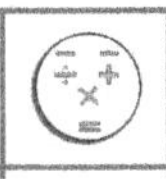						
Écouter une histoire								
Apprendre une danse								
Faire du modelage								
Etc.								

Différentes manières de présenter les intelligences multiples aux élèves

L'intégration par les élèves de l'approche des intelligences multiples peut se faire progressivement. Sont proposées ci-dessous, à adapter à son propre contexte d'enseignement :

- des activités de découverte,
- des activités de familiarisation,
- des activités d'approfondissement.

Activités de découverte

✓ Poser des questions aux élèves sur ce qu'ils aiment

Voici quelques exemples de questions pour aider les élèves à découvrir les intelligences multiples. En complétant ou en adaptant ces exemples, assurez-vous que chaque enfant ait une chance de se voir intelligent.

Découverte des intelligences multiples	
Intelligence	Questions pour découvrir : *« combien d'entre vous… »*
verbale/ linguistique	• aiment écouter des histoires ? • aiment écrire des histoires, faire des jeux de mots ? • aiment lire des livres, des revues ?
logique/ mathématique	• aiment les nombres, le calcul ? • aiment ce qui est logique ? • ont déjà fait une expérience scientifique ?
visuelle/spatiale	• peuvent voir des images dans leur tête lorsqu'ils ferment les yeux ? • aiment faire un jeu sur une console ? • aiment dessiner ?
corporelle/ kinesthésique	• aiment faire des choses avec leurs mains, comme des maquettes, des constructions en Lego, du bricolage ? • aiment faire du sport ?
musicale/ rythmique	• aiment écouter de la musique ? • savent chanter une chanson ? • jouent d'un instrument de musique ?
interpersonnelle	• ont au moins un ami ? • aiment travailler de temps en temps en groupe, ici, à l'école ?
intrapersonnelle	• ont un endroit secret ou spécial où vous allez quand vous voulez être tranquilles? • aiment parfois travailler tout seul en classe ?
naturaliste	• aiment être dans la nature ? • ont une collection de papillons, d'insectes, de feuilles d'arbres, de coquillages ou d'autres objets de la nature ? • ont à la maison des animaux, et aiment passer du temps avec des animaux ?

✓ Faire rechercher les différentes manières qu'ont les gens d'être intelligents

La notion d'intelligence est souvent floue chez les élèves. Lorsqu'on leur demande les éléments qui sont nécessaires pour être « intelligent », ce sont, pour eux, d'abord ceux que l'on trouve dans les intelligences verbale/linguistique et logique/mathématique, c'est-à-dire celles qui sont en rapport étroit avec l'école. Après avoir posé les questions ci-dessus, on pourra souligner que ces deux intelligences sont en effet importantes, mais qu'il y a d'autres manières d'être intelligent, en prenant des exemples de personnes (connues de tous les élèves) qui ont bien développé telle ou telle intelligence.

✓ Utiliser une représentation graphique

Il est intéressant d'utiliser une représentation graphique de l'ensemble des 8 intelligences, afin que les élèves aient dès le début une image globale de la théorie.

On pourra par exemple utiliser :

– *Un topogramme* (voir note page 40) *muet*, en noir et blanc, représentant les 8 intelligences sous forme imagée.

On en distribue une copie à chaque élève. Tout en coloriant chacune des images, les élèves vont (se) poser des questions sur chacune des intelligences.

– Une « roue des intelligences »

On trace un cercle, que l'on divise en 8 parties. Puis on affecte un symbole à chaque partie, au fur et à mesure que l'on décrit les 8 intelligences.

✓ Utiliser des images et des représentations artistiques des intelligences

À partir de représentations de tableaux, de photos ou d'images en rapport avec chacune des intelligences, on peut faire découvrir aux élèves les différentes intelligences, et les faire parler et réagir dessus.

On peut également mettre au mur des reproductions d'images ou de photos représentant des enfants utilisant une intelligence spécifique.

✓ Trouver des exemples de personnes, réelles ou imaginaires

Demandez aux élèves de trouver des exemples de personnes connues ayant particulièrement développé l'une ou l'autre des intelligences, par exemple :

- l'auteur d'un livre que la classe est en train de lire ou d'étudier,
- des inventeurs ou des scientifiques dont vous avez parlé en classe,
- des dessinateurs de bandes dessinées, des réalisateurs de films,
- des sportifs célèbres,
- un acteur connu,
- des musiciens et des stars de la musique,
- un animateur de télévision,
- un philosophe qui fait régulièrement parler de lui,
- des défenseurs de la nature,
- etc.

Vous pouvez également leur demander de rechercher des héros de livres, de films ou de séries télévisées qui représentent bien une intelligence spécifique.

Faites des listes au tableau de ces personnages représentatifs d'intelligences spécifiques. Mais assurez-vous d'écrire le nom de chaque personne ou personnage sur plus d'une seule liste, pour bien faire comprendre aux élèves que l'on peut être intelligent de plus d'une manière.

✓ Jouer au « Bingo des intelligences »

Si vous introduisez les intelligences multiples en début d'année, lorsque les élèves ne se connaissent pas encore, vous pouvez organiser un « Bingo des intelligences ».

– Préparez une feuille « Bingo » en vous inspirant du modèle ci-après, en adaptant les tâches à réaliser à l'âge et au niveau de vos élèves. Pour les petits, on peut remplacer chaque phrase par un dessin montrant la tâche à réaliser.

– Faites autant de copies qu'il y a d'élèves. Distribuez une feuille à chaque élève, avec de quoi écrire.

– Lorsque l'activité est lancée, chaque élève doit trouver d'autres élèves capables d'effectuer la tâche indiquée dans chaque case de la feuille.

Il y a 3 règles :

• les élèves doivent réaliser effectivement la tâche demandée, et non dire qu'ils peuvent la faire ;

• lorsqu'un élève a réalisé une tâche à la satisfaction du demandeur, il met ses initiales dans la case correspondant à la tâche ;

• on ne peut demander qu'une seule fois à quelqu'un de réaliser une tâche, c'est-à-dire que pour remplir une ligne, il doit y avoir 4 initiales différentes.

– Quand un joueur a réussi à remplir une ligne, une colonne ou une diagonale, on dit qu'il a fait « Bingo ». Il va alors faire une croix au tableau. Puis il continue à remplir sa feuille, mais sans rajouter d'autres croix au tableau s'il fait d'autres « Bingo ».

– Ne précisez pas la durée du jeu, laissez-le se dérouler jusqu'à ce qu'il y ait autant de croix au tableau que d'élèves, c'est-à-dire que chaque élève ait eu au moins une fois la possibilité de faire « Bingo ».

– À la fin du jeu, laissez les élèves s'exprimer sur ce qu'ils ont vécu. Cela vous permettra de bien relier cette activité au modèle des 8 intelligences.

Cette activité peut également être proposée sur le thème d'une chasse aux trésors, une « chasse aux intelligences ». Cette chasse est basée sur l'idée que chacun d'entre nous est une « boîte à trésors ». Ces trésors sont nos intelligences, mais souvent nous ne les connaissons pas. En les cherchant chez les autres, on les découvrira chez soi-même.

Modèle de feuille « Bingo »

Donner les prénoms d'au moins deux ami(e)s (interpersonnelle)	Calculer mentalement 12 x 15 (logique/ mathématique)	Décrire avec précision une pièce de sa maison (visuelle/spatiale)	Citer au moins 5 types d'objets dont on peut faire collection (naturaliste)
Battre un rythme à 3 ou à 4 temps (musicale/ rythmique)	Mimer un mot donné (corporelle/ kinesthésique)	Donner son état intérieur du moment, et expliquer pourquoi on est dans cet état (intrapersonnelle)	Donner trois bonnes raisons de travailler ensemble (interpersonnelle)
Dessiner un animal (visuelle/spatiale)	Donner son avis sur un sujet récent dont tout le monde parle (intrapersonnelle)	Nommer cinq types d'oiseaux ou d'arbres différents que l'on trouve dans la région (naturaliste)	Raconter un jeu de mots, un calembour ou une histoire drôle basée sur des mots (verbale/ linguistique)
Chantonner un air de Mozart (musicale/ rythmique)	Faire un pas simple de danse (corporelle/ kinesthésique)	Réciter quelques vers d'un poème, d'une poésie, d'une fable (verbale/ linguistique)	Expliquer pourquoi un crayon, lâché en hauteur, tombe par terre (logique/ mathématique)

Activités de familiarisation

✓ Créer ses propres représentations des intelligences multiples

• ***Créer des posters représentant les 8 intelligences***

Recherchez avec les élèves des idées de posters pour représenter les huit intelligences. Puis demandez à chaque élève de créer son propre jeu de posters, en écrivant sur chaque dessin l'intelligence qui est représentée.

Après avoir affiché les posters dans la classe, proposez aux élèves de les ramener chez eux et de les accrocher quelques temps aux murs de leur chambre, pour qu'ils se souviennent des nombreuses manières qu'ils ont d'être intelligents.

• ***Créer ses propres symboles des intelligences***

Pour chaque intelligence, on peut proposer aux élèves d'utiliser des symboles existants. Mais il est plus intéressant de demander aux élèves de créer leur propre système de symboles. Créer un dessin, une illustration ou un symbole sur un concept oblige à creuser ce concept et à mieux l'assimiler.

✓ Faire comprendre chacune des 8 intelligences à travers une brève activité

Après avoir expliqué chaque intelligence, l'enseignant pourra proposer aux élèves une brève activité qui démontre cette intelligence. Par exemple :

– *intelligence verbale/linguistique* : faire un travail d'écriture (par exemple : écrire un résumé ou un poème) ;

– *intelligence logique/mathématique* : faire un calcul (par exemple : calculer l'âge moyen des élèves de la classe) ;

– *intelligence visuelle/spatiale* : faire un dessin ou un plan (par exemple : faire un dessin d'un animal, ou le plan de la classe) ;

– *intelligence corporelle/kinesthésique* : faire une activité physique (par exemple : apprendre un pas de danse, ou étirer complètement son corps) ;

– *intelligence musicale/rythmique* : chanter (une chanson qu'ils connaissent) ;

– *intelligence interpersonnelle* : partager (par exemple : trouver un partenaire et lui raconter quelque chose de bien et d'inhabituel qui est arrivé récemment) ;

– *intelligence intrapersonnelle* : réfléchir seul (par exemple : fermer les yeux et se rappeler un moment très agréable – sans avoir à le raconter à qui que ce soit) ;

– *intelligence naturaliste* : observer la nature (par exemple : regarder par la fenêtre et décrire tous les éléments de la nature que l'on peut apercevoir).

Ajustez ces activités aux capacités de vos élèves, en choisissant des activités que n'importe quel élève puisse faire, et modifiez éventuellement l'activité pour ceux qui n'y arrivent pas.

Vous pouvez aussi proposer ces activités *avant* de présenter chaque intelligence, et vous y référer ensuite.

✓ Réfléchir sur des activités courantes qui nécessitent d'utiliser des intelligences spécifiques

Lorsque les élèves deviennent un peu plus familiers avec les différentes intelligences, on peut progressivement les intéresser à considérer leurs activités familières avec un autre œil.

Par exemple, ils découvriront que jouer au foot met en œuvre leur intelligence corporelle/kinesthésique et leur intelligence interpersonnelle ; qu'élever un animal ou s'occuper d'animaux va du côté de l'intelligence naturaliste ; que faire une course d'orientation utilise (presque) toutes les intelligences, etc.

✓ Faire des sorties « orientées intelligences multiples »

Emmenez vos élèves dans des endroits où chacune des intelligences est particulièrement utilisée ou mise en valeur. Cela peut être une librairie ou une bibliothèque, un laboratoire scientifique, un atelier d'artisan, une salle où repète un orchestre, le bureau d'un psychologue, un zoo. Cela permet également de montrer ces intelligences dans un contexte, ce qui donne aux élèves une vision plus précise de l'intérêt de cette théorie.

✓ Relier métiers et intelligences multiples

Faites venir régulièrement dans votre classe des personnes pratiquant des métiers utilisant d'une manière préférentielle telle ou telle intelligence : un éditeur ou un écrivain pour parler des mots, un expert-comptable ou un ingénieur pour parler des nombres, un architecte ou un metteur en scène pour parler d'images et d'espace en 3D, un danseur ou un athlète, un musicien ou un luthier, un journaliste, un philosophe ou un psychologue, un vétérinaire, un manager, etc.

Précisez souvent aux élèves que chaque métier utilise en général plusieurs intelligences, et qu'il est intéressant de déterminer le rôle de chacune et de la combinaison des différentes intelligences dans un métier.

Ces présentations permettent de montrer aux élèves que chacune des intelligences joue un rôle vital dans la réussite de nombreuses personnes.

Il sera souhaitable d'expliquer le modèle théorique des intelligences multiples à la personne que vous accueillez avant qu'elle fasse sa présentation.

✓ Créer des scénettes ou des tableaux vivants

Pour mieux assimiler les 8 intelligences, vous pouvez demander aux élèves de représenter chacune d'entre elle d'une manière « corporelle ».

• *Créer une petite mise en scène, une « scénette » :*

– divisez la classe en 8 petits groupes ;

– demandez à chaque groupe, en quelques minutes, d'imaginer une scénette mettant en évidence une intelligence particulière ;

– préparez un espace scénique dans la classe, puis faites représenter les scénettes ;

– ensuite, laissez le champ libre aux réactions des élèves ; précisez que la réalisation de ces scénettes a nécessité l'utilisation de plusieurs intelligences.

• *Sculptures vivantes*

– préparation : expliquez aux élèves le principe des « sculptures vivantes » : des sortes de mises en scène « gelées » dans lesquelles plusieurs personnes prennent la pose ou font un mouvement répétitif pour représenter quelque chose ; avant de commencer, vous pouvez également discuter un moment des techniques de mime permettant de rendre expressif un mouvement ou une pose figée ;

– divisez la classe en 8 petits groupes ;

– proposez à chaque groupe d'imaginer, en quelques minutes, une « sculpture vivante » sur la définition d'une intelligence ;

– préparez un espace scénique dans la classe ; éteignez les lumières ou demandez aux élèves de fermer les yeux pendant que le premier groupe prend la pose ;

– quand la sculpture est mise en place, rallumez les lumières ou demandez aux élèves d'ouvrir les yeux ; puis lisez la définition de l'intelligence représentée ;

– continuez ainsi avec tous les autres groupes ;

– à la fin, laissez le champ libre aux réactions des élèves ; précisez que la réalisation de ces sculptures a nécessité l'utilisation de plusieurs intelligences.

Activités d'approfondissement

✓ Faire résumer votre cours avec différentes intelligences

Voici un exercice que l'on peut proposer à des élèves à partir du collège, lorsqu'ils sont déjà familiarisés avec les intelligences multiples. Choisissez si les activités suivantes se feront individuellement ou en petites équipes :

– préparez votre cours en le découpant en différents segments relativement courts ;

– après votre présentation du premier segment, demandez aux élèves d'utiliser leur *intelligence verbale/linguistique* pour préparer un résumé écrit ;

– après avoir présenté le deuxième segment, demandez aux élèves d'utiliser leur *intelligence visuelle/spatiale* pour créer un résumé sous forme graphique ou sous forme de poster, en couleurs ;

– puis continuez ainsi de segments en segments, en demandant ensuite, par exemple, un résumé sous forme de structure logique ou d'organigramme (*intelligence logique/mathématique*), puis une conversation avec un voisin (*intelligence interpersonnelle*), puis un résumé musical ou poétique (*intelligence musicale/rythmique*), puis sous forme d'une réflexion personnelle (*intelligence intrapersonnelle*), et enfin de regrouper et de classer les idées les plus intéressantes du cours selon leurs propres critères *(intelligence naturaliste)*.

✓ Proposer un cours utilisant le maximum d'intelligences multiples

S'il est rarement possible – et pas forcément souhaitable – d'utiliser les 8 intelligences pendant un cours, on peut cependant en utiliser un petit bouquet varié, en en rendant témoins les élèves. Voici comment vous pouvez procéder :

– expliquez aux élèves que vous allez faire votre cours du jour en utilisant des intelligences différentes, et de prêter attention à *comment* chaque intelligence est utilisée ;

– faites votre cours sur le sujet prévu, en utilisant le maximum d'intelligences ;

– demandez ensuite aux élèves de décrire comment chaque intelligence a été utilisée dans le déroulement du cours ; cela leur permet de réfléchir au processus d'utilisation des intelligences multiples, et renforce leur attention sur l'aspect métacognitif de l'apprentissage ;

– vous pouvez ensuite leur demander quelle(s) autre(s) manière(s) ils imagineraient ou apprécieraient pour introduire d'autres intelligences

dans un cours ; cela leur permet de commencer à mettre au point des stratégies personnelles d'apprentissage.

✓ Faire créer des histoires, des pièces de théâtre et des chansons sur les intelligences multiples

Vous pouvez également proposer à vos élèves de créer des histoires, des chansons ou une petite pièce de théâtre sur le thème des intelligences multiples.

Ces activités, une fois mises au point, peuvent être présentées à d'autres classes, ou aux parents lors d'une fête d'école.

Donnez-leur des idées et des pistes, par exemple :

– créer un rap, ou changer les paroles d'une chanson connue, permettant de présenter les différentes intelligences.

– créer une histoire à propos de 8 enfants, chacun ayant une intelligence particulièrement forte. Ces enfants sont impliqués dans une aventure où ils doivent relever différents défis et passer différentes épreuves, chaque défi ou chaque épreuve nécessitant une intelligence unique, donc les compétences de l'un des huit enfants (par exemple, ils arrivent dans un pays où, pour être compris, on communique en chantant, et donc l'enfant « musical » leur permet de traverser le pays).

À la fin de l'histoire, ils découvrent par exemple un trésor, qu'ils n'ont pu trouver qu'en utilisant toutes leurs intelligences.

Cette histoire peut être jouée, par des élèves ou sous forme de marionnettes.

Elle peut ensuite être utilisée comme une métaphore pour la conduite de la classe : « nous avons à respecter et à trouver des moyens de mettre en valeur le bouquet unique d'intelligences de chacun ».

✓ Créer des jeux et des jeux de plateau

Vous pouvez aussi demander à vos élèves (en petits groupes) de créer des jeux ou des jeux de plateau sur les 8 intelligences.

On peut détourner des jeux bien connus comme le Monopoly, le jeu de l'oie ou le jeu des 7 familles (qui deviendront 8 !), en modifiant le contenu pour introduire le thème des intelligences multiples.

Par exemple :

– *avec le Jeu de l'Oie* : on pourra créer 8 symboles et 8 couleurs pour remplir les cases, ainsi que différentes cartes, de la couleur de l'intelligence, chacune représentant une action à faire lorsque l'on est sur une case particulière. Par exemple, sur les cases reliées à l'intelligence visuelle/spatiale : dessiner un chien en moins de 30 secondes ; trouver un objet en forme de cercle dans la classe ; dire sa couleur favorite ; fermer les yeux et décrire ce que l'on voit dans sa tête.

– *en s'inspirant de jeux vidéo* : on pourra imaginer différents lieux (au nombre de 8) où le joueur doit résoudre des énigmes ou réussir une action en mettant en œuvre l'intelligence concernée, pour enfin délivrer la belle princesse – métaphore d'une personne qui a développé au mieux tous ses talents.

Attention : pour ne pas frustrer les élèves, il vous faudra trouver ensuite le temps de jouer aux différents jeux !

✓ Introduire la technique des « centres d'activité », version 1

L'une des formes les plus complètes et les plus élaborées de l'utilisation des intelligences multiples est la création de « centres d'activité » qui seront décrits plus en détail au chapitre « Différentes manières d'enseigner avec les intelligences multiples », page 143.

Pour introduire progressivement cette manière de faire dans la tête de vos élèves autant que dans votre pédagogie, vous pouvez faire dans votre classe une exposition tournante de travaux d'élèves (liés ou non à l'école) nécessitant essentiellement l'usage d'une intelligence spécifique, par exemple :

– des rédactions ou des poèmes ;
– un programme de calculatrice ou d'ordinateur permettant de résoudre un problème spécifique ;
– des dessins, des peintures et des sculptures ;
– des chansons, ou des instruments de musique fabriqués ;
– des maquettes sur un thème étudié en classe ;
– des projets coopératifs et des projets individuels ;
– des simulations d'un phénomène naturel ou d'un milieu naturel.

Ces travaux peuvent être mis sur une étagère ou sur une table, et tourner régulièrement pour permettre à chacun de voir l'une de ses œuvres exposée.

✓ Introduire la technique des « centres d'activité », version 2

Toujours dans le but de familiariser les élèves (et vous-même) avec les centres d'activité, vous pouvez un jour transformer la salle de classe de la manière suivante :

– disposez 8 tables dans votre classe, chacune étant clairement dévolue à l'une des intelligences ;
– sur chaque table, mettez une fiche de tâche expliquant ce que l'élève doit faire : par exemple, sur l'une, il doit faire un travail écrit, sur l'autre résoudre un problème de mathématique ou faire une expérience de physique, sur une troisième faire un dessin, sur une quatrième réaliser une construction, sur une cinquième accomplir une tâche musicale, etc. ;
– demandez aux élèves d'aller à la table qui, pour eux, représente le mieux leur intelligence la plus développée (ne pas leur dire ce qu'ils auront à faire) ;
– faites-les travailler un certain temps sur la tâche, peut-être cinq minutes, puis utilisez un signal musical (clochette, etc.) pour indiquer que le moment est venu d'aller à une autre table, en tournant dans le sens des aiguilles d'une montre ;
– continuez jusqu'à ce que tous les élèves soient passés à toutes les tables ;
– puis faire un débriefing sur ce qu'ils ont vécu.

Dans les moments où ils ne sont pas impliqués directement à l'une ou l'autre des tables, les élèves peuvent avoir une tâche d'*observateur* : comment réagit tel élève en découvrant la tâche à faire, quel est son comportement, etc. Les résultats de ces observations pourront enrichir la phase de débriefing.

✓ Se référer souvent aux différentes intelligences

Comme nous le voyons, il y a de très nombreuses manières de familiariser les élèves avec le modèle des intelligences multiples, et de les aider à l'intégrer.

Sans oublier la manière la plus naturelle : mettre en évidence telle ou telle intelligence lorsqu'elle se présente naturellement. Par exemple, si des élèves veulent travailler ensemble sur un sujet, leur rappeler qu'ils mettent en œuvre leur intelligence interpersonnelle. Cela permet progressivement aux élèves d'intérioriser le modèle des intelligences multiples et de l'intégrer dans leur vie.

Faire découvrir aux élèves *leurs* intelligences multiples

Lorsqu'ils sont familiarisés avec l'approche des intelligences multiples, les élèves voudront découvrir *leurs* différentes intelligences. On trouvera ci-après quelques propositions d'activités de découverte, de familiarisation et d'approfondissement.

Activités de découverte

On peut proposer aux élèves l'activité suivante[12] :

• Tout d'abord, proposez aux élèves d'ouvrir trois listes :
– ce qu'ils aiment faire particulièrement,
– ce qu'ils savent bien faire,
– une liste de leurs héros ou héroïnes.

– ce qu'ils aiment faire particulièrement

Pour certains, ce sera difficile au début; proposez des choses simples (par exemple : « manger, nager, dormir ») mais, avec le temps, la liste pourra s'allonger et se préciser (« J'aime manger, nager, faire de la bicyclette, regarder une vieille série à la télévision, collectionner des insectes, jouer à la marelle, feuilleter des atlas, manger des caramels »).

12 D'après Jon Pearson.

– *ce qu'ils savent bien faire*

Là encore, le début de liste peut être difficile. Tel élève pensera peut-être qu'il n'est « bon à rien » parce qu'il ne réussit pas dans les matières scolaires (lecture, écriture, arithmétique). Puis, à y réfléchir, il se rendra compte qu'il est doué pour faire des sandwichs au thon, tracer des courbes logarithmiques, organiser des matchs de foot, s'occuper des chats abandonnés, jongler debout sur un ballon. Les élèves qui croient qu'ils ne sont pas bons dans les matières scolaires sont souvent très doués pour faire certaines choses très compliquées, subtiles et inhabituelles.

– *une liste de leurs héros ou héroïnes*

Pour beaucoup, il s'agira au début de chanteurs et de sportifs. Pourquoi pas ? Puis, au bout de quelques minutes, demandez-leur de tirer un trait sous le dernier nom et de continuer leur liste, mais sans plus citer ni chanteurs ni sportifs. À ce moment, ils sont bien obligés de se creuser la tête. Ils vont citer leurs parents ou d'autres membres de leur famille, des amis, Napoléon ou Pasteur, ou le voisin d'en face qui les aide à régler leur scooter. Ils peuvent même n'indiquer qu'une partie de ce qui leur plaît chez tel ou tel (« J'aime bien la façon dont mon oncle ... »).

• Ensuite, faites-leur chercher ce qui, dans leurs listes, a un rapport avec les 8 intelligences.

– Par exemple, dans la première liste, si un élève aime collectionner des insectes ou s'occuper de son hamster, il va découvrir son intelligence naturaliste. Si son passe-temps favori est de danser sur des musiques de jazz, il découvrira ses intelligences musicale/rythmique et corporelle/kinesthésique.

– Dans la deuxième liste, si un élève sait bien faire les gâteaux aux pommes, il va peut-être découvrir qu'il a besoin pour cela de ses intelligences verbale/linguistique (lire la recette), naturaliste (connaissance des différents types de pommes, choix des pommes les plus appropriées), logique/mathématique (ordre des ingrédients, mesure des quantités), visuelle/spatiale (choisir le bon moule, contrôle de la cuisson), corporelle/kinesthésique (manipulation des ingrédients et des instruments de cuisine), interpersonnelle (demander de l'aide ou des conseils, tenir compte des avis de ceux qui mangent le gâteau), intrapersonnelle (« est-ce que j'aurais pu mieux réussir ce gâteau, et comment ? »).

– Et la liste de leurs héros et héroïnes pourra également leur fournir des pistes intéressantes sur leurs intelligences préférentielles : en général, on ne développe pas les mêmes intelligences si l'on a pour héros Mozart, Zinédine Zidane, Hubert Reeves, Platon ou Shakespeare.

Activités de familiarisation et d'approfondissement

✓ Demander aux élèves de « traduire » leurs intelligences préférées à travers d'autres intelligences

Vous pouvez leur proposer d'*écrire* sur leurs intelligences préférées, de les *dessiner*, de les *mimer*, d'organiser une *discussion* de groupe, de répondre à une *interview personnelle*, etc.

✓ L'auto-évaluation

L'auto-évaluation est une manière intéressante de s'approprier l'idée des intelligences multiples, et les élèves apprécieront en général une telle activité.

Voici deux manières imagées et colorées de s'auto-évaluer :

• ***Histogramme***

En vous inspirant du modèle présenté page 89, demandez aux élèves d'évaluer chacune de leur intelligence en coloriant un histogramme (on adaptera la définition des 5 degrés au niveau de langage des élèves).

5. Exceptionnelle • utilisée avec une très grande facilité • la qualité d'utilisation dépasse largement la moyenne • les erreurs sont rares								
4. Forte • utilisée sans effort • donne une impression de compétence • me permet en général d'atteindre ce que je veux								
3. Moyenne • demande un effort lorsqu'elle est utilisée • me permet d'atteindre un but avec un effort volontaire								
2. Très moyenne • faible compétence lorsqu'elle est employée • nécessite un effort important • me donne souvent un sentiment de frustration								
1. Faible • pose constamment des difficultés lorsqu'elle est employée • grande frustration • j'évite au maximum son utilisation								
	verbale / linguistique	logique / mathématique	visuelle / spatiale	musicale / rythmique	corporelle / kinesthésique	interpersonnelle	intrapersonnelle	naturaliste

• « *Roue des intelligences* »

En vous inspirant du modèle présenté page 104, proposez aux élèves de dessiner dans chaque zone quelques images sur la manière dont ils utilisent cette intelligence.

Puis demandez-leur de donner une note à chaque zone, entre 1 et 10 : 1 représente une intelligence dans laquelle ils aimeraient être plus fort, et 10 représente une intelligence où ils se sentent à l'aise.

• *Camembert*

Demandez aux élèves de diviser (et de colorier) un cercle en 8 secteurs, la taille de chaque secteur étant proportionnelle à la « force » de chaque intelligence.

Identifier les intelligences de ses élèves

Tandis que vos élèves découvrent l'approche des intelligences multiples et leur propre bouquet d'intelligences, il est important pour vous de mieux connaître les différentes intelligences de vos élèves, en particulier celles dans lesquelles ils sont « forts ».

Dans un premier temps, c'est en effet sur ces intelligences fortes qu'il sera intéressant de vous appuyer, pour permettre à chaque élève de se créer des « mémoires de succès », et ainsi de développer sa confiance en soi et de réussir d'une manière qui lui convienne.

Dans un deuxième temps, ces intelligences fortes pourront servir d'appui pour développer les intelligences dans lesquelles l'élève est plus « faible ».

Vue du côté de l'enseignant, l'identification des intelligences des élèves peut se faire de nombreuses manières, mais nécessite des précautions pour éviter tout « étiquetage » des élèves. En effet on aura souvent la tentation d'enfermer un élève dans une intelligence (par exemple : « Julie est une *musicale/rythmique* », ou « Pierre est un *corporel/kinesthésique* »), et d'utiliser cette étiquette comme une justification de mauvais résultats scolaires ou d'un désintérêt pour telle ou telle matière.

On évitera également les tests, parfois proposés dans des livres ou sur Internet, qui ne donnent qu'une vision partielle et figée d'une réalité complexe.

Pour garder trace des informations qui seront progressivement récoltées, on peut utiliser pour chaque élève un topogramme des 8 intelligences (voir page 103).

Mieux connaître les intelligences multiples de ses élèves

Voici quelques outils pour découvrir et identifier les intelligences multiples de vos élèves.

✓ Observer les élèves

Le meilleur moyen de découvrir les intelligences multiples des élèves est sans doute la simple *observation* de la manière dont l'élève utilise chaque intelligence.

– C'est en observant la manière dont les élèves se comportent en classe (et également en dehors de la classe) que l'on se fait la meilleure idée de leurs compétences et de leurs intelligences. Par exemple, on pourra les observer dans leurs relations sociales, dans la manière dont ils résolvent des problèmes ou créent des objets dans des contextes « réels », dans leur manière de travailler en groupe ou de s'isoler pour réfléchir, dans leur rapport avec les animaux ou la nature, etc.

– Curieusement, comme le remarque Howard Gardner, un bon moyen d'identifier les intelligences les mieux développées chez des élèves est souvent l'observation de leur *mauvais comportement* en classe. L'élève qui n'arrête pas de parler a sans doute une forte intelligence verbale/linguistique ; celui qui rêve, ou dessine pendant votre cours, a peut-être une intelligence visuelle /spatiale bien développée ; de même un élève qui bouge en permanence ou se lève d'une manière incongrue pour mettre un papier à la poubelle peut indiquer une éventuelle intelligence corporelle/ kinesthésique forte.

D'une manière métaphorique, ces élèves vous disent à travers leur mauvais comportement : « voilà ce dont j'ai besoin pour apprendre ».

– Un autre bon indicateur des intelligences fortes d'un élève est la manière dont il passe son temps libre, à l'école ou en dehors de l'école, ce qu'il fait quand personne ne lui dit ce qu'il faut faire.

– Si vous enseignez régulièrement à travers les intelligences multiples, vous pouvez observer comment réagissent les élèves selon l'intelligence que vous utilisez.

Par exemple, un élève presque assoupi pendant votre présentation « logique/mathématique » se réveillera pour la présentation « corporelle/kinesthésique » ou « visuelle/spatiale », et disparaîtra à nouveau lors d'une présentation « musicale/rythmique ».

Voir s'allumer et s'éteindre ces petites ampoules tout au long de la journée est une preuve de l'existence de ces intelligences, et vous permet d'engranger de nombreuses informations sur les élèves de votre classe.

– Si vous avez introduit des « centres d'activités »[13] dans votre enseignement, la manière de se comporter des élèves dans ces ateliers vous donnera également des éléments intéressants sur le mode de fonctionnement de telle ou telle intelligence chez tel ou tel élève.

Pour engranger d'une manière ouverte toutes ces observations, vous pouvez tenir un anecdotier (voir page 180) ou un journal pour y noter vos observations. Quelques lignes sur chaque élève chaque semaine peut donner sur le long terme des indications précieuses.

Attention à toute forme de catégorisation des élèves : les informations que vous réunissez doivent être croisées avec d'autres sources d'information, pour décrire au mieux la richesse en intelligences multiples de vos élèves.

Pour vous aider dans vos observations, vous pouvez utiliser les listes d'idées proposées au chapitre « Présentation générale des 8 intelligences » (page 39) pour chaque intelligence : « *Comment reconnaître un élève ayant particulièrement développé cette intelligence* », ou créer vos propres check-lists de compétences (voir ci-après).

L'observation est également l'un des moyens les plus intéressants pour *évaluer* d'une manière formelle les élèves. Nous en reparlerons au chapitre « Évaluation et intelligences multiples » (page 169).

✓ Établir et utiliser des check-lists de compétences

Pour fabriquer des check-lists utiles, il faut faire une tâche d'analyse, et déterminer ce qui est réellement nécessaire pour atteindre un but particulier. Pour cela, on peut bien entendu se référer aux objectifs pédagogiques du programme, mais on peut aussi y rajouter des compétences « intelligences multiples » qui semblent pertinentes.

Par exemple, une check-list pour l'intelligence interpersonnelle pourra comporter les éléments suivants :

- participation active à l'activité ;
- capacité d'écoute ;
- capacité à prendre en compte les idées des autres ;
- sait demander de l'aide aux autres si nécessaire ;
- utilisation positive du langage corporel et du contact oculaire ;

13. Voir chapitre « Différentes manières d'enseigner avec les intelligences multiples », page 143.

– est capable d'aider les autres quand ils rencontrent des difficultés ;

– n'utilise ni moquerie, ni expressions négatives à l'égard des autres ;

– etc.

Une fois établie, une check-list pourra également servir comme base d'évaluation (voir chapitre « Évaluation et intelligences multiples », page 169).

✓ Parler avec les autres enseignants

Si vous enseignez une seule matière, comme le français ou les mathématiques, il vous sera peut-être difficile d'observer les élèves sur le plan « corporel/kinesthésique » ou « musical/rythmique », sauf bien entendu si vous enseignez déjà avec les intelligences multiples.

Dans un cas comme dans l'autre, vous pouvez obtenir des informations complémentaires auprès de personnes travaillant avec les élèves sur une intelligence spécifique. Ainsi, le professeur d'arts plastiques peut être la meilleure personne pour parler de l'intelligence visuelle/spatiale d'un élève, le professeur d'éducation physique sur ses capacités corporelles et interpersonnelles, et le conseiller principal d'éducation pourra vous donner des informations utiles sur son intelligence intrapersonnelle.

✓ L'observation de l'activité scolaire habituelle

Tout ce qui se passe dans le cours normal de l'activité scolaire peut également vous donner des indications supplémentaires pour évaluer les intelligences fortes et faibles de vos élèves : observations en classe, en récréation, à la cantine, contrôles, projets à réaliser, etc.

✓ Impliquer les parents

Les parents, en principe, connaissent bien les intelligences de leurs enfants, ou bien peuvent vous donner des indications précieuses que vous pourrez traduire en « intelligences » particulières.

Selon le degré d'implication souhaité par les parents, vous pouvez par exemple :

– présenter la théorie des intelligences multiples lors d'une réunion de parents, et leur proposer quelques idées pour observer et documenter les intelligences de leur enfant : rapport à la nature, comportement social dans un groupe, richesse du vocabulaire, capacités en bricolage, etc. ;

– puis leur demander de répondre à un questionnaire sur leur enfant, en donnant une perspective temporelle à leurs réponses.

Voici quelques exemples de questions pour créer ce questionnaire.

Attention : ce questionnaire doit être court, facile à comprendre, rapide à remplir, et être écrit dans un niveau de langage adapté à tous les parents.

Questionnaire « intelligences multiples pour les parents »

- À votre avis, quelle est la matière favorite de votre enfant à l'école ?
- Quelles sont les activités habituelles et les centres d'intérêt de votre enfant à l'extérieur de l'école ?
- Quels sont, à votre avis, les domaines dans lesquels votre enfant montre un grand talent, ou une grande compétence ?
- Quels sont les domaines dans lesquels vous aimeriez que votre enfant s'améliore ?
- Quels changements ou améliorations faudrait-il faire, à votre avis, pour rendre l'école plus intéressante et plus passionnante pour votre enfant ?
- Quel métier souhaiterait faire votre enfant plus tard ?

✓ Demander leur avis aux élèves

Les élèves eux-mêmes peuvent bien entendu être une importante source d'information sur leurs intelligences et comment ils les utilisent. Cela peut se faire de différentes manières :

• ***Discussion informelle***

Après leur avoir expliqué la théorie des intelligences multiples, vous pouvez à l'occasion discuter avec eux et découvrir ce qu'ils considèrent être leurs intelligences les mieux développées.

• ***Auto évaluation***

Vous pouvez utiliser les résultats de l'auto-évaluation de vos élèves, si vous leur avez proposé cette activité (voir le paragraphe « Activités de familiarisation et d'approfondissement », page 116).

Cependant, il faut prendre avec précaution les résultats de ces auto-évaluations, pour plusieurs raisons :

– tout d'abord, bien souvent les élèves s'évaluent comme « forts » dans des domaines qui les intéressent, tout en se notant « faibles » dans des intelligences où ils sont, en fait, « forts » ;

– ensuite, on constate également que les élèves ont tendance à se noter « forts » dans les intelligences corporelle/kinesthésique, visuelle/spatiale, et interpersonnelle. Mais c'est souvent parce qu'ils adorent le sport, les jeux vidéo et les copains(ines), plus que la lecture, l'écriture et l'arithmétique, le français, la biologie ou les maths ;

– enfin, on peut utiliser une même intelligence remarquablement dans certaines activités, et très mal dans d'autres. Par exemple, pour l'intelligence corporelle/kinesthésique, un enfant pourra exceller pour sa précision dans la construction de maquettes, et être très mal à l'aise dans les activités sportives.

• *Questionnaire pour élève*

De la même manière que pour leurs parents, on peut demander aux élèves de remplir un questionnaire « intelligences multiples » dans lequel ils peuvent donner des exemples et des détails concernant leur propre évaluation de leurs intelligences.

Il est intéressant de proposer ce questionnaire aux élèves en début d'année, puis à nouveau en fin d'année. La comparaison des deux pourra être particulièrement significative de l'évolution de l'élève pendant l'année.

Voici quelques exemples de questions pour créer ce questionnaire.

Questionnaire « intelligences multiples » pour les élèves

- Quelles sont tes matières favorites à l'école ?
- Quelles sont tes activités préférées en dehors de l'école ?
- Quelles sont les matières et les activités dans lesquelles tu aimerais t'améliorer ?
- Quels changements ou améliorations faudrait-il faire, à ton avis, pour rendre l'école plus intéressante et plus passionnante ?
- Quel métier voudrais-tu faire plus tard ?

Des idées à garder à l'esprit lorsque l'on identifie les intelligences multiples

Lorsque l'on identifie les intelligences multiples de ses élèves, il est bon de garder à l'esprit que :

– chaque intelligence évolue au cours du temps, elle n'est jamais statique ; elle ne se développe pas d'une manière linéaire, ni à un moment fixé, ni à une vitesse constante ;

– chaque intelligence fonctionne le plus souvent en combinaison avec d'autres intelligences ;

– les différences entre les intelligences « fortes » de l'enseignant et les intelligences « fortes » des élèves (rarement identiques) doivent être acceptées, et être utilisées positivement dans la démarche d'apprentissage ;

– l'utilisation et le développement de chaque intelligence doivent avoir lieu à l'école autant qu'en dehors de l'école, dans le cadre du programme et en dehors du cadre du programme;

– chaque intelligence doit être observée régulièrement dans des activités productives.

Grâce à l'expérience d'enseignants utilisant les intelligences multiples, on peut également souligner des erreurs à ne pas faire lors de l'identification des intelligences des élèves :

• *Éviter d'identifier les intelligences multiples des enfants trop jeunes*

À peu près jusqu'en CE1, la conscience et le sens de soi-même sont juste en train de se développer chez les enfants, et le niveau de leurs intelligences peut fluctuer d'un mois sur l'autre. Ils auront tendance à se noter « forts » dans les domaines qu'ils viennent juste de découvrir et qu'ils ont aimé.

Dans les classes primaires, on préférera donc identifier les intelligences des élèves à travers l'observation, leur travail en classe et leur comportement social, et cela sur plusieurs semaines.

• *Éviter d'étiqueter les élèves*

Il y a toujours une tendance à utiliser les intelligences multiples pour étiqueter les élèves. S'il est très important de familiariser les élèves avec l'outil « intelligences multiples », il faut éviter d'entendre des commentaires tels que « je suis une élève visuelle/spatiale ». De même, les enseignants éviteront de faire des commentaires comme « Jean n'est pas très intelligent sur le plan verbal/linguistique, mais c'est un élève vraiment intelligent en corporel/kinesthésique ». Ce type de commentaires est courant lorsque les intelligences multiples ont été présentées en tant qu'entités séparées, et non d'une manière interdépendante – ce qu'elles sont effectivement.

Préparer et planifier un cours avec les intelligences multiples

Un modèle d'enseignement,
et non une méthode à appliquer

- Les intelligences multiples : un moyen pratique et riche de préparer un cours
- Traduire le contenu d'instruction en « intelligences multiples »
- Ne pas chercher à introduire systématiquement les 8 intelligences
- La théorie des intelligences multiples et la taxonomie de Bloom

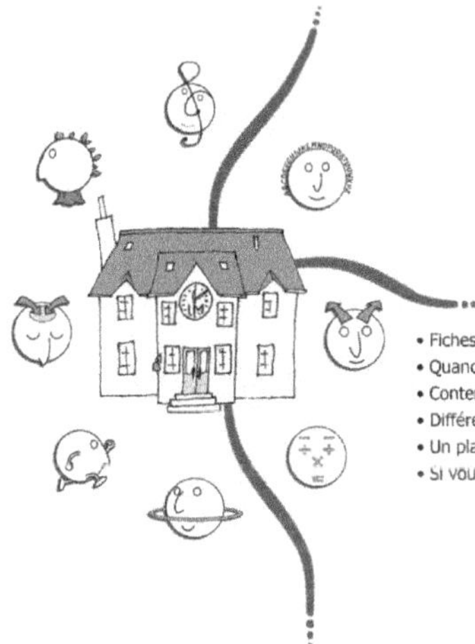

Préparation et planification

- Fiches de préparation orientées « intelligences multiples »
- Quand utiliser ces fiches de préparation ?
- Contenu général des fiches de préparation
- Différents types de fiches
- Un planning hebdomadaire de suivi « intelligences multiples »
- Si vous hésitez à vous lancer directement...

Evaluer un cours
« intelligences multiples »

Un modèle d'enseignement, et non une méthode à appliquer

L'approche des intelligences multiples représente un modèle d'enseignement qui n'a pas de règles précises d'utilisation autres que celles liées à la théorie elle-même. Les enseignants peuvent progressivement introduire des activités « intelligences multiples » de leur choix, qui correspondent bien à leur style particulier d'enseignement et aux besoins des élèves, tout en restant dans le cadre du programme officiel qu'il leur est demandé de suivre.

En fait, la théorie des intelligences multiples fournit un *contexte* dans lequel et avec lequel les enseignants peuvent s'adresser pratiquement à toutes les compétences et intelligences de leurs élèves, dans toutes les matières, quels que soient le thème et les objectifs d'instruction.

Si l'introduction et l'utilisation des intelligences multiples peuvent se faire d'une manière progressive, sans tout changer d'un coup, il est clair cependant que l'utilisation de cette approche va profondément modifier la vision de l'enseignant.

De nouveaux paramètres d'enseignement vont apparaître. Changer sa manière de concevoir ses cours va devenir pour l'enseignant une évidence et une nécessité. Des manuels scolaires particuliers seront à développer pour l'aider à avancer.

Les intelligences multiples : un moyen pratique et riche de préparer un cours

L'un des grands intérêts de la théorie des intelligences multiples est qu'elle offre un moyen pratique, facile à comprendre et à utiliser, pour construire et planifier ses cours ou ses leçons journalières, ou des séquences hebdomadaires, mensuelles ou annuelles, ou des projets transversaux.

Le premier objectif est de permettre à tous les élèves de recevoir un contenu d'enseignement à travers leurs intelligences les plus fortes (au moins de temps en temps), et de pouvoir progressivement développer leur bouquet d'intelligences d'une manière équilibrée.

Traduire le contenu d'instruction en « intelligences multiples »

Introduire et utiliser l'approche des intelligences multiples dans un programme consiste à réfléchir à la manière dont nous pouvons *traduire* le contenu qui doit être enseigné d'une intelligence dans une autre.

Par exemple, comment peut-on enseigner la division de fractions, le cycle de l'eau, une règle de grammaire anglaise ou la reproduction des batraciens en *traduisant* ce contenu d'enseignement dans le langage d'autres intelligences, c'est-à-dire avec des images, des activités corporelles, des éléments de musique, des symboles logiques ou des concepts, des interactions sociales ou des réflexions personnelles, des systèmes de classification, etc.

Ne pas chercher à introduire systématiquement les 8 intelligences

Il ne s'agit pas de faire entrer partout et de force, de manière systématique, les 8 intelligences définies par Howard Gardner. Le but est de les introduire de manière aussi équilibrée que possible, au fil des cours et des sujets traités. On peut les utiliser en priorité quand leur intégration dans ce que l'on enseigne déjà est naturelle et facile. En incluant deux ou trois intelligences dans la plupart des leçons, les élèves auront ainsi une première occasion d'apprendre de différentes manières.

Le simple fait d'être dans la *démarche consciente* de prendre en compte les différentes intelligences et de vouloir les introduire dans son enseignement est l'élément essentiel. L'intégration d'activités riches en intelligences dans ses leçons et ses cours se fera ensuite progressivement et de plus en plus naturellement.

En primaire, l'enseignant devra s'assurer qu'à un moment ou à un autre de la journée les élèves qui sont forts dans des intelligences autres que la verbale/linguistique et la logique/mathématique auront des occasions de les utiliser.

Ensuite, lorsque l'enseignement est réparti par matières (collège, lycée, université), avec des enseignants différents, il sera souhaitable :

– que chaque enseignant s'assure d'introduire plusieurs intelligences sur une courte période de temps ou sur un sujet particulier ;

– qu'une cohérence soit mise en place au niveau de l'équipe pédagogique pour que, par exemple sur une semaine, une grande partie ou toutes les intelligences aient été utilisées.

Pour s'en assurer, on pourra utiliser (voir ci-après) un calendrier « intelligences multiples », permettant de noter quelles intelligences préférentielles ont été stimulées par telles ou telles activités,

– sur une journée ou une semaine,
– sur une séance ou une séquence,
– sur un cours ou un chapitre du programme,
– ou sur un ensemble de matières.

La théorie des intelligences multiples et la taxonomie de Bloom

C'est en 1956 que Benjamin S. Bloom, professeur à l'université de Chicago, a présenté sa célèbre « taxonomie des objectifs pédagogiques », qui permet de veiller à ce que chaque enseignement stimule et développe, chez les élèves, différents niveaux de capacités cognitives.

Six niveaux de capacité cognitive

- *Connaissance* : capacité à apprendre par cœur (connaître les faits, les termes, les procédures, les systèmes de classification).
- *Compréhension* : capacité à traduire, paraphraser, interpréter ou extrapoler.
- *Application* : capacité à transférer des connaissances d'un domaine à un autre.
- *Analyse* : capacité à découvrir et distinguer les éléments constitutifs d'un tout.
- *Synthèse* : capacité à relier ensemble des parties différentes, pour constituer un tout cohérent.
- *Évaluation* : capacité à juger de la valeur ou de l'utilité d'une information ou d'une connaissance à l'aide d'une série de normes de référence.

Il est intéressant de croiser la préparation de cours « intelligences multiples » avec la taxonomie de Bloom. En effet, on peut préparer des cours tout à fait convaincants qui utilisent les intelligences multiples, tout en restant au simple niveau « connaissance » ou « compréhension ».

Mais en gardant à l'esprit la taxonomie de Bloom, on peut construire des leçons « intelligences multiples » qui s'étendent progressivement sur les six niveaux. La taxonomie de Bloom offre ainsi une sorte de mécanisme de contrôle de la qualité, qui permet d'évaluer dans quelle mesure un cours « intelligences multiples » a permis d'activer les esprits des élèves, et à quel niveau.

Voici quelques propositions[14] de verbes d'action permettant de croiser les intelligences multiples et la taxonomie de Bloom.

✓ Intelligence verbale/linguistique

– *Connaissance* : définir, mémoriser, enregistrer, faire une liste.

– *Compréhension* : clarifier, discuter, décrire, redire avec ses mots, expliquer, passer des faits en revue.

– *Application* : interviewer, mettre en scène, exprimer, montrer, publier.

– *Analyse* : interpréter, comparer, investiguer, s'informer, organiser, faire un sondage, questionner, tester.

– *Synthèse* : créer, imaginer, prédire, inventer.

– *Évaluation* : évaluer, reprendre (l'ensemble d'un travail), tirer des conclusions, déduire, prédire, corriger, rédiger.

14 D'après Kristen Nicholson-Nelson.

✓ Intelligence musicale/rythmique

– *Connaissance* : mémoriser, répéter, copier, nommer.

– *Compréhension* : reconnaître, exprimer, décrire, traduire en musique.

– *Application* : pratiquer, montrer que l'on sait faire, enseigner, adapter sous forme de musique, faire une représentation musicale.

– *Analyse* : analyser, interpréter, arranger, différencier, regrouper.

– *Synthèse* : arranger, modifier, créer, produire, composer, diriger.

– *Évaluation* : apprécier, porter un jugement de valeur, évaluer.

✓ Intelligence visuelle/spatiale

– *Connaissance* : observer, mettre des étiquettes, copier, dessiner.

– *Compréhension* : illustrer, expliquer en images, faire un croquis.

– *Application* : mettre en scène, illustrer, construire, décrire.

– *Analyse* : examiner minutieusement, traduire en diagrammes ou en graphiques, comparer, mettre en contraste.

– *Synthèse* : aménager et arranger, construire, assembler, concevoir, créer, imaginer, faire un plan, produire, confectionner, élaborer.

– *Évaluation* : choisir, juger, sélectionner, apprécier, recommander, commander.

✓ Intelligence logique/mathématique

– *Connaissance* : répéter, rassembler, étiqueter, enregistrer, énumérer, compter, mesurer.

– *Compréhension* : décrire, nommer, identifier, localiser.
– *Application* : tester, résoudre, calculer, démontrer, expérimenter.
– *Analyse* : analyser, interpréter, découvrir, rechercher, examiner, vérifier minutieusement, organiser.
– *Synthèse* : inventer, faire des hypothèses, conceptualiser, systématiser, combiner, développer.
– *Évaluation* : estimer, évaluer, sélectionner, noter, apprécier, expertiser.

✓ Intelligence corporelle/kinesthésique

– *Connaissance* : refaire, recopier, suivre des consignes, appliquer.
– *Compréhension* : localiser, situer, jouer, discuter, pratiquer, observer.
– *Application* : utiliser, simuler, montrer, mettre en scène, expérimenter.
– *Analyse* : découvrir, organiser, arranger, modifier, examiner, vérifier.
– *Synthèse* : créer, produire, mettre en œuvre, inventer, construire.
– *Évaluation* : évaluer, noter, estimer, choisir, recommander.

✓ Intelligence interpersonnelle

– *Connaissance* : répéter, définir, rappeler, nommer.
– *Compréhension* : décrire, expliquer, discuter, exprimer, présenter.
– *Application* : questionner, mettre en scène, pratiquer.
– *Analyse* : enquêter, rechercher, s'enquérir, explorer.
– *Synthèse* : mettre en œuvre, organiser, planifier, proposer.
– *Évaluation* : décider, juger, apprécier, conclure, critiquer, recommander, impliquer.

✓ Intelligence intrapersonnelle

– *Connaissance* : nommer, mémoriser, apprendre.
– *Compréhension* : comprendre, traduire.
– *Application* : discerner, visualiser, planifier.
– *Analyse* : comparer, faire des hypothèses, approfondir, sonder, rechercher.
– *Synthèse* : concevoir, créer, planifier, synthétiser, combiner.
– *Évaluation* : déduire, impliquer, évaluer, expertiser, décider, soutenir, souscrire.

✓ Intelligence naturaliste

– *Connaissance* : ramasser, étiqueter, collectionner.
– *Compréhension* : identifier, reconnaître, distinguer, examiner.

– *Application* : trier, grouper, regrouper.
– *Analyse* : interpréter, rechercher, analyser, interroger, découvrir, mettre en question.
– *Synthèse* : catégoriser, faire des hypothèses.
– *Évaluation* : sélectionner, choisir, expertiser.

Préparation et planification

C'est une habitude pour beaucoup d'enseignants de préparer leurs cours ou leurs leçons sous forme de fiches. La structure de chaque fiche peut être standardisée et imposée (par exemple au niveau de toute une école), ou adaptée par l'enseignant à ses propres manières de faire.

Fiches de préparation orientées « intelligences multiples »

Pour préparer des cours orientés « intelligences multiples », on peut utiliser des structures particulières de fiches, ou adapter la structure que l'on utilise habituellement.

On trouvera ci-après des modèles de fiches de préparation mettant l'accent sur l'aspect « intelligences multiples », ainsi qu'un calendrier de suivi hebdomadaire[15].

Il n'y a pas une seule bonne manière de préparer un cours « intelligences multiples ». Mais utiliser un plan de leçon de ce type renforce l'orientation personnelle de l'enseignant dans sa manière de faire et de concevoir ses cours. Outre son simple aspect de préparation et de planification, c'est aussi un soutien pour enseigner vers et à travers chaque intelligence. Cela permet à l'enseignant de veiller à ne pas omettre systématiquement certaines intelligences.

Quand utiliser ces fiches de préparation ?

Ces fiches de préparation et de planification peuvent être utilisées :
– soit pour une leçon, une séance ou un cours en particulier,
– soit pour un ensemble de leçons, une séquence ou l'étude complète d'un thème.

Une séance (ou un cours) correspond en général à une période de classe. Une séquence (ou un ensemble de cours sur un sujet) peut prendre deux semaines ou plus.

15 Des modèles de ces différentes fiches peuvent être chargés en version A4 sur le site Internet de l'auteur : www.mieux-apprendre.com

Lorsque l'on planifie une séance seule, il est rare que l'on puisse y introduire les huit intelligences en une seule fois – et ce n'est pas recommandé. Par contre, sur une séquence complète, il est souhaitable d'avoir au moins une activité, sinon plusieurs, pour chaque intelligence.

Contenu général des fiches de préparation

Ces fiches de préparation pourront comporter différentes parties :
– les objectifs pédagogiques,
– les activités prévues, par intelligence, pour atteindre les objectifs,
– les éléments de préparation,
– la présentation et le déroulé,
– les moyens d'évaluation.

✓ Les objectifs pédagogiques

Tous les enseignants sont familiers avec l'importance et la nécessité de formuler des objectifs, mais on a souvent tendance à se focaliser uniquement sur les objectifs cognitifs. D'autres objectifs peuvent être visés, en particulier dans le champ des intelligences interpersonnelle et intrapersonnelle :

– une meilleure connaissance de soi, de ses processus internes et de ses ressources personnelles,
– l'apprentissage en coopération et la vie en communauté,
– des éléments de métacognition,
– etc.

En ce qui concerne les objectifs cognitifs, la taxonomie de Bloom est une bonne manière de s'assurer que l'on s'adresse à tous les niveaux d'apprentissage.

✓ Les activités

Les objectifs permettent de choisir et d'articuler les activités « intelligences multiples » que l'on va utiliser.

On a souvent le sentiment que plusieurs intelligences sont utilisées dans une même activité, ce qui est normal. Il est alors important de distinguer la ou les intelligences « majeures », qui va ou vont donner à cette activité sa couleur.

Si une activité que vous planifiez met en œuvre plus d'une seule intelligence majeure,

– soit vous la notez dans toutes les intelligences concernées,
– soit vous la notez pour une intelligence sur laquelle vous n'avez pas d'autre activité.

✓ Présentation et déroulé

Cette section comporte trois parties :
– éléments de préparation,
– activité d'introduction ou de connexion,
– et moyens d'évaluation.

Les *éléments de préparation* s'attachent aux aspects pratiques, en particulier à la liste du matériel nécessaire pour la leçon ou le cours.

L'activité d'introduction permet, en partie ou totalement :
– de connecter les élèves sur l'apprentissage ;
– de faire des liens avec des apprentissages passés ;
– de déterminer ce que les élèves savent ou ce dont ils se souviennent ;
– de connaître les attentes des élèves et de favoriser l'émergence de questions ;
– de montrer aux élèves les bénéfices qu'ils pourront tirer de la leçon.

Les *moyens d'évaluation*, en général dans la phase de clôture, pourront inclure des activités permettant de vérifier la bonne compréhension de ce qui a été appris. Ces activités sont à distinguer du travail à la maison qui nécessite, pour être utile, que cette vérification ait bien été effectuée : faire un travail à la maison avec une mauvaise compréhension de la leçon sera forcément inutile et frustrant.

Différents types de fiches

On peut utiliser différentes formes de structures pour planifier et créer des plans de leçons ou de cours en utilisant les intelligences multiples. En voici deux.

✓ Sous forme de topogrammes

Lorsque l'on est familier avec la technique du topogramme, on peut l'utiliser de la manière suivante :

• ***Premier topogramme de recherche d'idées***
– définir le sujet d'enseignement et les outils pédagogiques ;
– placer le sujet au centre du topogramme ;
– ouvrir huit branches, chacune correspondant à une intelligence ;
– en fonction des éléments-clés de chaque intelligence, noter au bout de chaque branche des idées d'activités, des stratégies, des matériels ou des manières de faire qui semblent les mieux appropriés pour introduire des activités spécifiques à cette intelligence ;

– puis choisir parmi ces idées les activités qui semblent les plus appropriées et les plus pertinentes pour le but d'enseignement recherché ;

– définir les matériels éventuellement nécessaires pour les activités choisies.

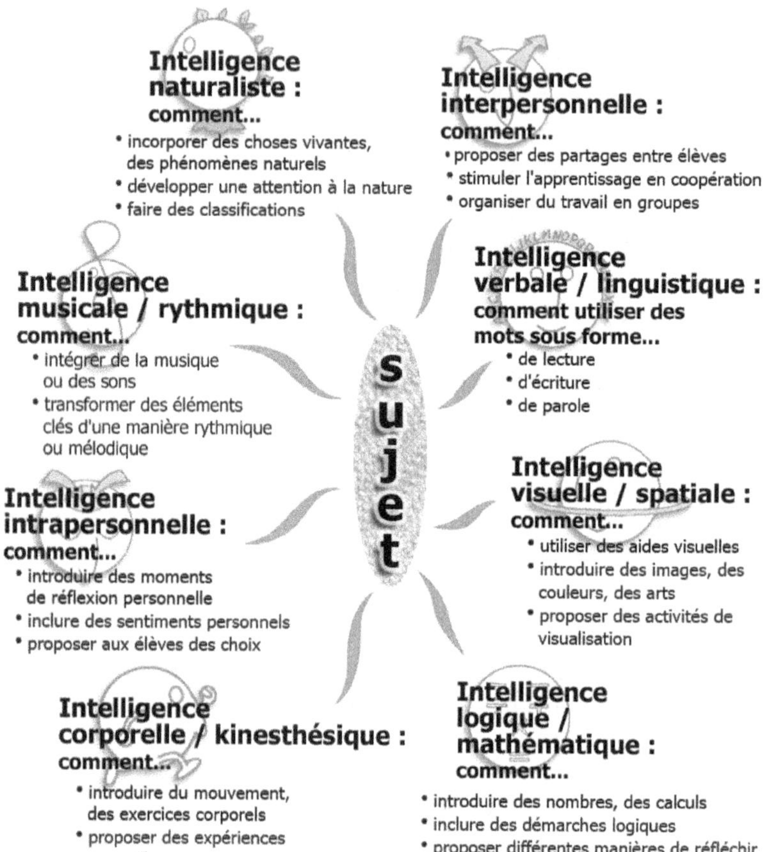

Faire cette démarche avec des collègues peut être particulièrement fructueux.

- ***Deuxième topogramme de plan de cours***

– placer le sujet au centre du topogramme ;

– ouvrir des branches du topogramme selon le déroulement prévu pour le cours, avec une indication de la durée probable de chaque activité et le matériel nécessaire ;

– réaliser ainsi le plan global du cours ou de la séquence ;

– prévoir les moyens d'évaluation que vous comptez utiliser[16].

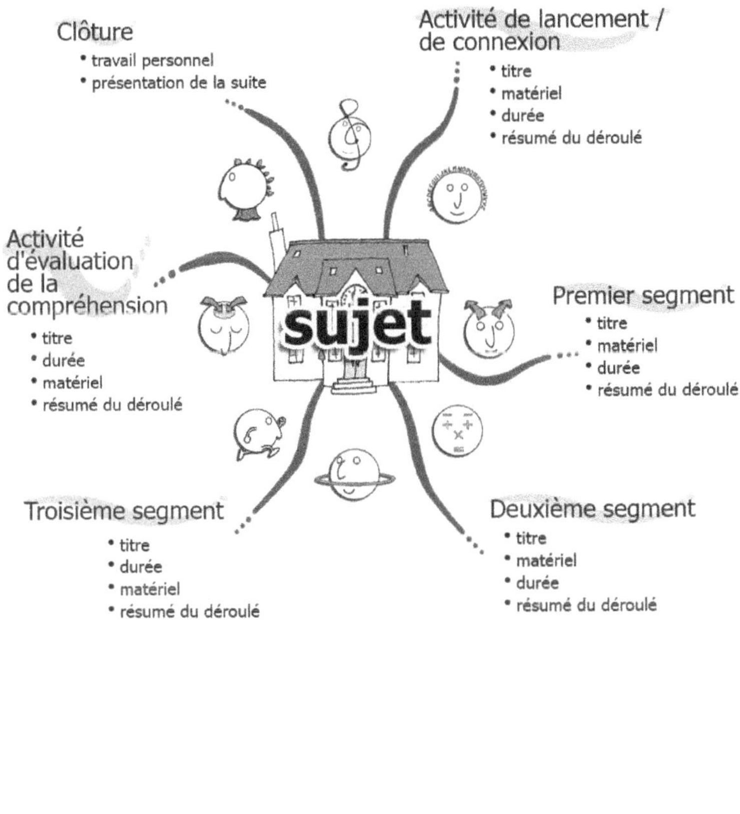

16 Voir chapitre « Évaluation et intelligences multiples » (page 169) et le dernier chapitre page 277 (« Activités d'évaluation pour intelligences multiples »).

✓ Sous forme de fiche[17]

Recto

☐ Plan de séquence / de cours complet ☐ Plan de leçon / de séance / de cours simple

Sujet / Thème : *Durée :*
Classe : *Date :*
Objectifs pédagogiques :
directs :
indirects :
Activités

Verbale/linguistique	Visuelle/spatiale	Interpersonnelle	Intrapersonnelle
4. ________ 7. ________	2. ________ 5. ________	1. ________	6. ________

Logique/mathématique	Pauses	Corporelle/kinesthésique
5. ________ 8. ________	• physiques • créatives	3. ________

Naturaliste	Musicale/rythmique
9. ________	

Remarques :

– les numéros d'activité correspondent à l'ordre dans lequel elles sont présentées ;

– les objectifs pédagogiques sont à relier avec ceux du programme officiel, en indiquant les compétences à développer ;

– pour chaque activité, on pourra rajouter le niveau de la taxonomie de Bloom qui est visé.

17 D'après Beverly Galyean et Anne Bruetsch.

Verso

Préparation / matériel	Évaluation

Résumé des activités
-
-
-

Introduction / Connexion
-
-
-
-

Déroulé

- Activité 1
  -
  -
  -
- Activité 2
  -
  -
  -
- Activité 3
  -
  -
  -

Un planning hebdomadaire de suivi « intelligences multiples »

Un planning hebdomadaire de suivi (voir exemple page 140) permet de noter, pour chaque jour, les intelligences que vous avez introduites dans la journée. Cela vous permet de facilement prendre conscience des intelligences particulièrement sollicitées, vous incitant ainsi, si nécessaire, à rééquilibrer en cours de semaine un déficit dans l'une ou l'autre des intelligences.

Il est souhaitable d'utiliser une feuille de planning pour chaque semaine de l'année, et de les conserver. Ces feuilles de suivi pourront vous servir, au fil du temps, à déterminer votre évolution dans l'emploi des intelligences multiples.

Elles pourront également vous être utiles pour programmer à nouveau des activités que vous avez déjà utilisées avec succès.

Si vous avez des centres d'apprentissage dans votre classe, vous pouvez écrire sur le planning hebdomadaire les activités qui sont proposées dans chaque centre.

En plus de la description succincte des activités de chaque jour, vous pouvez ajouter à votre planning hebdomadaire, dans des cases particulières, des éléments complémentaires, comme par exemple :

• des *objectifs de la semaine*, qui transcendent les objectifs spécifiques du cours ou de la leçon. Ces objectifs peuvent être des priorités que vous vous donnez pour les élèves, pour la classe, ou pour vous-même, comme :

– établir ensemble des règles de classe ;
– travailler souvent d'une manière coopérative ;
– développer l'écoute mutuelle ;
– inclure un moment d'évaluation au moins une fois par jour ;
– faire un compliment à chaque élève personnellement ;
– s'assurer que chaque élève ajoute quelque chose à son portfolio ;
– etc.

• *des choses positives dont il faut se souvenir*, qui vous ont marqué particulièrement pendant cette semaine, comme :

– une avancée significative d'un élève ;
– une appréciation positive d'un élève, d'un parent ou d'une autre personne ;
– une activité ou un événement qui a changé quelque chose en vous de manière radicale ;
– etc.

Plus tard, un jour où rien ne vous semblera aller comme vous le souhaitez, relire ces petites choses vous donnera de bonnes raisons de ne pas totalement désespérer…

Attention : ce que vous avez planifié pourra parfois changer dans le cours de la leçon. C'est pourquoi il est bon, à la fin de chaque journée, de vérifier que toutes les intelligences que vous aviez notées ont été effectivement engagées.

À la fin de chaque semaine, revenez sur l'ensemble des éléments du planning que vous avez rempli. Cela vous permettra de déterminer si vous avez bien balayé le spectre des différentes intelligences, ou si vous vous êtes concentré d'une manière prédominante sur les mêmes deux ou trois intelligences, en négligeant les autres.

Si vous ignorez constamment l'utilisation d'une intelligence, c'est sans doute parce que vous n'avez pas de capacités fortes dans cette intelligence particulière. Trouvez des moyens pour utiliser cette intelligence d'une manière plus consciente dans le cours de votre vie personnelle, pour augmenter vos compétences et ensuite les inclure dans votre enseignement. Souvenez-vous que, même si ce n'est pas une force pour vous, c'est probablement un chemin essentiel d'apprentissage pour plusieurs de vos élèves.

Si vous hésitez à vous lancer directement...

Les modèles de fiches ci-dessus sont prévus pour préparer un cours ou une leçon au format « intelligences multiples ».

Si vous êtes encore dans la phase préliminaire d'utilisation des intelligences multiples, c'est-à-dire l'observation de vos cours habituels avec un regard « intelligences multiples », vous pouvez par exemple utiliser le *planning hebdomadaire* de manière différente :

– d'abord, planifiez vos cours de manière habituelle;

– puis inscrivez ces cours dans le planning hebdomadaire;

– pour chaque activité qui utilise d'une manière significative une intelligence particulière, mettez un x dans chaque case correspondante;

– constatez en un clin d'œil les intelligences que vous allez utiliser.

Et si vous voulez aller plus loin, utilisez ces informations pour revisiter vos plans de cours et pour incorporer des intelligences additionnelles là où cela est nécessaire – ou possible – pour vous.

Exemple de planning hebdomadaire

Semaine du ....

	Leçon 1	Leçon 2	Leçon 3	Leçon 4	Leçon 5	Leçon 6	Intelligences utilisées aujourd'hui
lundi							verbale/linguistique ☐☐☐ logique/mathématique ☐☐☐ visuelle/spatiale ☐☐☐ corporelle/ kinesthésique ☐☐☐ musicale/rythmique ☐☐☐ interpersonnelle ☐☐☐ intrapersonnelle ☐☐☐ naturaliste ☐☐☐
mardi							verbale/linguistique ☐☐☐ logique/mathématique ☐☐☐ visuelle/spatiale ☐☐☐ corporelle/ kinesthésique ☐☐☐ musicale/rythmique ☐☐☐ interpersonnelle ☐☐☐ intrapersonnelle ☐☐☐ naturaliste ☐☐☐
mercredi							verbale/linguistique ☐☐☐ logique/mathématique ☐☐☐ visuelle/spatiale ☐☐☐ corporelle/ kinesthésique ☐☐☐ musicale/rythmique ☐☐☐ interpersonnelle ☐☐☐ intrapersonnelle ☐☐☐ naturaliste ☐☐☐
jeudi							verbale/linguistique ☐☐☐ logique/mathématique ☐☐☐ visuelle/spatiale ☐☐☐ corporelle/ kinesthésique ☐☐☐ musicale/rythmique ☐☐☐ interpersonnelle ☐☐☐ intrapersonnelle ☐☐☐ naturaliste ☐☐☐
vendredi							verbale/linguistique ☐☐☐ logique/mathématique ☐☐☐ visuelle/spatiale ☐☐☐ corporelle/ kinesthésique ☐☐☐ musicale/rythmique ☐☐☐ interpersonnelle ☐☐☐ intrapersonnelle ☐☐☐ naturaliste ☐☐☐
samedi							verbale/linguistique ☐☐☐ logique/mathématique ☐☐☐ visuelle/spatiale ☐☐☐ corporelle/ kinesthésique ☐☐☐ musicale/rythmique ☐☐☐ interpersonnelle ☐☐☐ intrapersonnelle ☐☐☐ naturaliste ☐☐☐

Objectifs de la semaine	Choses positives dont je dois me souvenir
– – – –	– – – –

Évaluer un cours « intelligences multiples »

L'étape finale de la planification est d'évaluer le cours une fois terminé. En effet, la qualité de son enseignement augmente de manière significative lorsque l'on prend le temps de réfléchir sur ce qui s'est passé. Et les remarques et les notes prises à l'issue du cours pourront vous donner des informations intéressantes l'année suivante, lorsque vous planifierez à nouveau ce cours.

Voici les questions que l'on peut se poser pour évaluer une leçon ou un cours « intelligences multiples » :

FICHE 7

Évaluation d'un cours « intelligences multiples »

– quel est mon sentiment général sur cette leçon ? Est-ce que cette leçon a marché comme je le souhaitais ?
– est-ce que les objectifs fixés semblent avoir été atteints ? Est-ce que les compétences visées ont été acquises ou sont en cours d'acquisition pour l'ensemble des élèves ?
– à quelles intelligences principales cette leçon faisait-elle appel ?
– quels élèves semblaient les plus intéressés ?
– quels élèves semblaient désintéressés ?
– quels ont été les problèmes de comportement pendant cette leçon ?
– est-ce que ces problèmes (par exemple, parler, dessiner, se trémousser, etc.) pourraient être reliés à un manque d'utilisation de certaines intelligences ?
– qu'est-ce que j'aurais pu faire différemment pour rendre cette leçon plus intéressante pour plus d'élèves ?
– quels autres éléments puis-je retirer de cette leçon ?

Différentes manières d'enseigner avec les intelligences multiples

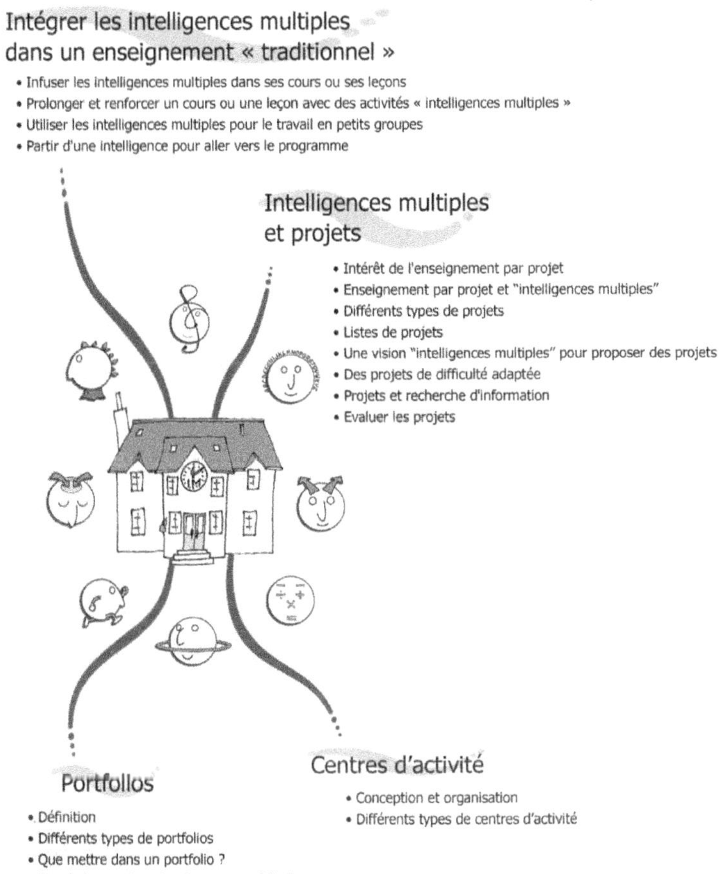

Le modèle de Gardner a de nombreuses applications dans le champ scolaire. Plusieurs manières d'appliquer les intelligences multiples dans la classe sont possibles, à la fois pour mieux toucher tous les élèves et pour diversifier son mode d'enseignement.

D'une manière générale, on peut :

- Intégrer progressivement les intelligences multiples dans un enseignement « traditionnel ».

• Proposer aux élèves des *projets d'étude*, où la transversalité du thème est enrichie et soutenue par l'utilisation des intelligences multiples.

• Organiser des « *centres d'activité* », où les élèves découvrent un sujet précis à travers plusieurs (jusqu'à 8) modalités différentes.

• Utiliser la technique du *portfolio*.

Intégrer les intelligences multiples dans un enseignement « traditionnel »

Infuser les intelligences multiples dans ses cours ou ses leçons

Lorsque l'on souhaite continuer à enseigner de manière habituelle, sans restructurer complètement ses plans de leçons, on peut faire en sorte qu'un maximum d'intelligences soient progressivement infusées dans son enseignement.

Certaines intelligences semblent plus faciles à infuser que d'autres, par exemple l'intelligence visuelle/spatiale semble plus facile à intégrer que l'intelligence musicale/rythmique.

Nous verrons pourtant que de nombreuses idées de stratégies et d'activités ont été imaginées par des enseignants et des chercheurs, et peuvent aider à intégrer dans son enseignement des intelligences qui apparaissent *a priori* comme difficiles d'utilisation.

De même, certaines matières ou certains sujets du programme semblent également mieux se prêter que d'autres à l'introduction d'activités « intelligences multiples » : un cours de grammaire anglaise sur le *present perfect* est plus facile à enrichir qu'un cours de mathématique sur le calcul intégral.

L'histoire et la géographie se prêtent également facilement à l'approche par infusion.

Prenons l'exemple d'une leçon d'histoire sur la situation de l'Europe juste avant la seconde Guerre Mondiale. Voici quelques activités « intelligences multiples » que l'enseignant pourrait facilement infuser dans son cours :

– faire rassembler et classer des informations chiffrées (population, économie, etc.) sur les pays d'Europe qui seront impliqués dans le conflit (*intelligences logique/mathématique et naturaliste*) ;

– traduire ces informations sous forme visuelle : graphiques, histogrammes, etc. (*intelligences logique/mathématique et visuelle/spatiale*) ;

– concevoir et créer une frise chronologique montrant la succession dans le temps d'événements particuliers qui ont conduit à la guerre (*intelligence visuelle/spatiale*) ;

– écouter, apprendre et étudier des chansons représentatives de cette période d'avant-guerre (*intelligence musicale/rythmique*) ;

– représenter « corporellement » les différents pays impliqués dans le conflit, avec les liens entre eux, leur poids économique, etc. (*intelligence corporelle/ kinesthésique*) ;

– réfléchir sur les valeurs présentées par les futurs pays belligérants pour entrer en guerre (*intelligence intrapersonnelle*) ;

– organiser une discussion en petits groupes ou en groupe entier sur des décisions de l'époque qui ont été lourdes de conséquences (*intelligence interpersonnelle*) ;

– écrire une pièce dans laquelle différents personnages majeurs de l'époque défendent leur point de vue (*intelligence verbale/linguistique*) ;

– trouver des regroupements de personnes (comme les communistes) qui transcendaient les frontières de chaque pays (*intelligence naturaliste*).

De nombreuses autres activités générales à infuser dans un cours seront présentées dans la deuxième partie.

Prolonger et renforcer un cours ou une leçon avec des activités « intelligences multiples »

Il y a certains sujets d'enseignement (ou bien certains cours spécifiques) qui nécessitent une large proportion d'enseignement sous forme verbale/linguistique (explications de l'enseignant, lecture, feuilles de travail, etc.).

Les activités suivantes sont conçues pour prolonger le sujet étudié en utilisant des stratégies « intelligences multiples », soit avec une intelligence préférentielle, soit avec une combinaison d'intelligences.

Ces activités donnent aux élèves des occasions de renforcer ce qu'ils ont appris d'une manière qui leur correspond peut-être mieux.

✓ Faire un résumé

Résumer avec ses propres mots aide l'élève à se créer sa propre structure mentale et à la renforcer.

Un résumé sous forme verbale/linguistique peut prendre différentes formes :

– en une page,
– en un nombre limité de mots,
– sous forme de liste hiérarchisée, etc.

On peut également faire des résumés utilisant d'autres intelligences, par exemple sous forme :

– de chanson, de poème, de rap,

– d'un grand poster,

– d'un topogramme,

– d'un diagramme, etc.

Voici une activité basée sur l'idée du résumé :

– demandez aux élèves de préparer un quart de feuille blanche ;

– au recto de ce morceau de feuille, demandez-leur d'écrire, en un temps limité, un résumé de ce qu'ils ont appris ;

– cela étant fait, ils écrivent au verso un code personnel secret, et plient le bout de feuille en deux ;

– faites circuler tous ces résumés d'un élève à l'autre, pendant un temps suffisant pour que chacun ait entre les mains un résumé sans savoir qui l'a écrit ;

– regroupez les élèves par 3 ou 4, et demandez-leur de choisir le meilleur résumé de leur groupe, en justifiant leur choix ;

– enfin, demandez à chaque groupe de lire le résumé qu'ils ont choisi et les raisons de leur choix ; le numéro au verso permet de connaître l'auteur du résumé, que l'on félicite brièvement.

✓ Illustrer un topogramme de révision

La recherche de dessins pour illustrer une idée est un aimant puissant pour déclencher la réflexion et permettre un approfondissement. Voici une manière de faire :

– demander aux élèves de faire un résumé du sujet en le structurant sous forme de topogramme ;

– par petits groupes, proposez aux élèves de comparer leurs topogrammes, et ensuite d'enrichir éventuellement le leur avec les bonnes idées des autres ;

– puis demandez-leur de réaliser des dessins ou des illustrations permettant de renforcer les idées essentielles exprimées dans leur topogramme.

✓ Rechercher des mnémoniques

Lorsqu'un sujet comporte des éléments importants à mémoriser, on peut proposer aux élèves d'utiliser des mnémoniques basés sur différentes intelligences. Cela peut être des tables de multiplication en musique, des formules transformées en images mentales, des processus scientifiques représentés par des mouvements corporels, etc.

✓ Quiz en équipe

Rechercher des questions factuelles sur le sujet que l'on vient d'apprendre est un moyen de l'assimiler. On peut faire ceci, qui met en œuvre l'intelligence interpersonnelle :

– divisez la classe en un nombre pair de groupes de 5 à 6 élèves ;

– demandez à chaque groupe de préparer une liste de 10 questions factuelles sur le sujet qui vient d'être appris ;

– désignez deux groupes, les autres restant observateurs ;

– ces deux groupes se posent à tour de rôle l'une des questions qu'ils ont préparées ;

– si le groupe sait répondre correctement, il marque un point ;

– lorsque les deux groupes ont posé leurs 10 questions, le nombre de points désigne le groupe « vainqueur » ; félicitez les deux groupes pour leur participation ;

– refaites le même processus avec les autres groupes, en les prenant deux par deux.

✓ Création d'un poster

Voici une activité possible pour stimuler l'intelligence visuelle/spatiale :

– proposez aux élèves, par petits groupes, de créer sur une grande feuille un poster pour résumer l'essentiel de ce qui a été appris ; donnez un temps assez limité ; incitez à l'emploi de couleurs, d'images et de symboles ; interdisez les phrases ;

– à l'issue de ce travail, chaque groupe présente son poster au reste de la classe ;

– les posters peuvent ensuite être affichés au mur pendant quelques jours.

✓ Recherche de « questions ouvertes »

La recherche de questions ouvertes permet d'aller au-delà d'une compréhension superficielle et factuelle d'un sujet. Une question ouverte est une question qui n'a pas de réponse unique et définitive. C'est le contraire d'une question factuelle. On peut par exemple facilement introduire des questions ouvertes en commençant par l'expression « Et si... ».

On peut proposer ceci, mettant en œuvre les intelligences intrapersonnelle et interpersonnelle :

– demandez aux élèves de rechercher individuellement plusieurs questions ouvertes sur le sujet qui vient d'être étudié ;

– proposez de mettre ces questions en commun, en groupes de 3 ou 4 élèves ;

– demandez à chaque groupe de choisir la question ouverte qui lui semble la plus intéressante ;

– puis, en groupe entier, chaque groupe énonce à tour de rôle sa question ouverte ; pour chaque question, les autres groupes cherchent des éléments de réponse ;

– le groupe qui a posé la question ouverte désigne la réponse qui lui semble la meilleure ;

– enfin, l'enseignant apporte ses propres éléments.

Utiliser les intelligences multiples pour le travail en petits groupes

L'enseignement en petits groupes, lorsqu'il est possible, rend l'enseignant plus disponible pour personnaliser son enseignement et apporter un soutien plus individualisé à des élèves.

✓ Des manières de regrouper qui font débat

Organiser des petits groupes n'est pas forcément simple. On considère qu'il y a deux manières générales (qui font débat) de regrouper les élèves. On peut :

– regrouper les élèves ayant des capacités de niveau équivalent (faibles ou fortes), ce que l'on appelle parfois des « groupes de besoins » ;

– regrouper les élèves en mélangeant les niveaux de capacités.

On peut également former des groupes de manière aléatoire.

En regroupant d'une manière permanente des élèves ayant des capacités équivalentes, l'enseignant pourra penser qu'il peut ainsi mieux adapter son enseignement au niveau des élèves.

Ceux qui s'opposent à cette manière de regrouper les élèves considèrent :

– qu'en mettant les meilleurs élèves ensemble, on forme des groupes d'enfants élitistes, qui se croiront toute leur vie meilleurs que les autres ;

– qu'en mettant les élèves en difficulté ensemble d'une manière régulière, ces élèves vont avoir une vision de plus en plus négative d'eux-mêmes, ce qui les poussera dans une spirale d'échec scolaire.

L'approche « intelligences multiples » permet, là encore, d'ouvrir une nouvelle voie d'enseignement. Comme il est bien rare qu'un élève ait un niveau très élevé ou très faible dans *toutes* les intelligences, on peut considérer que tout élève profitera du travail en petits groupes, soit pour développer ses intelligences faibles, soit pour utiliser ses intelligences fortes.

On peut appeler cela des « groupes flexibles ».

Nous verrons également un peu plus loin, au paragraphe intitulé « Centres d'activité » (page 156), une autre manière de travailler en petits groupes.

✓ Les groupes flexibles[18]

Définition

Un « groupe flexible » est un groupe d'élèves qui ont des besoins similaires au même moment. Ils sont organisés pour permettre à l'enseignant de fournir un enseignement additionnel répondant à leurs besoins spécifiques et à leur demande.

Comme les besoins des élèves changent constamment, en fonction de leurs progrès et des sujets enseignés, ces groupes flexibles peuvent être modifiés fréquemment.

Tous les élèves pourront participer à des groupes flexibles de temps en temps, ce qui évite toute classification en élèves « forts », « moyens », et « faibles ».

Pendant qu'un groupe flexible se réunit avec l'enseignant dans un coin de la salle, le reste de la classe travaille en petits groupes ou en travail individuel.

Intérêt

Des groupes flexibles peuvent renforcer l'enseignement passé, ou préparer l'enseignement à venir :

– ils peuvent aider les élèves à clarifier ce qu'ils ont appris, évitant ainsi à l'enseignant de revenir plusieurs fois en classe entière sur ce qui a été mal assimilé par certains ;

– ils peuvent préparer le terrain sur ce qui sera enseigné prochainement, pour faciliter une assimilation directe de bonne qualité par les élèves.

Utilisation des intelligences multiples

On forme des groupes flexibles avec des élèves ayant des besoins particuliers d'instruction, et en utilisant comme vecteur d'enseignement une intelligence particulière.

Par exemple, si trois ou quatre élèves ont des problèmes en lecture et en compréhension, on peut organiser un groupe flexible pour ensei-

18 D'après Kristen Nicholson-Nelson.

gner la compréhension de la lecture en utilisant l'intelligence visuelle/spatiale :

– proposer aux élèves d'utiliser le dessin ou des représentations graphiques (telles que le topogramme) pour mieux comprendre ce qui se passe dans une histoire ;

– utiliser l'imagerie mentale pour « traduire » en images mentales ce qu'ils lisent ; etc.

Avec un autre groupe ayant un besoin similaire en compréhension de lecture, on pourra mettre l'accent sur une autre intelligence, comme l'intelligence corporelle/kinesthésique :

– mettre en scène ou mimer ce que l'on vient de lire ;

– traduire en gestes l'histoire, au fur et à mesure qu'elle est lue ; etc.

Suivi

Il est intéressant de conserver la trace (par exemple sous forme d'un journal de bord) des divers groupes flexibles qui sont formés au cours de l'année. On pourra noter :

– le thème de la leçon,

– le besoin particulier qui a conduit à la création d'un groupe flexible,

– les élèves qui y ont participé,

– les activités qui ont été proposées,

– les intelligences particulièrement utilisées.

Cela permet aussi de vérifier que tous les élèves, à un moment ou à un autre, sont passés dans des groupes flexibles. Il arrive en particulier que les élèves « moyens » participent moins à des groupes flexibles que des élèves « forts » ou « faibles ».

Partir d'une intelligence pour aller vers le programme

La plupart des enseignants n'apprécient pas trop l'idée d'ajouter quelque chose à leur programme déjà surchargé. Néanmoins, il peut être intéressant d'enseigner un sujet du programme en prenant comme point de départ telle ou telle intelligence, et en allant vers le programme.

Démarche

Il y a de nombreuses manières d'entrer dans le programme à partir d'une intelligence donnée.

Par exemple, une fois qu'elle a été comprise par les élèves, l'intelligence verbale/linguistique peut être illustrée avec des activités mettant en œuvre l'alphabet, la phonétique, l'étymologie, l'orthographe, la

lecture, l'écriture, la poésie, l'écoute, les présentations orales, les jeux de mots, les résumés, etc.

De même, une fois qu'elle a été comprise par les élèves, l'intelligence logique/mathématique peut être illustrée avec des activités mettant en œuvre des nombres, des formes, des figures, du calcul, des mesures, de la géométrie, des statistiques, des probabilités, de la résolution de problèmes, de la logique, des jeux de stratégie, des représentations graphiques, etc.

Intérêt

• D'une part, les élèves se rendront compte des multiples manières d'utiliser chaque intelligence, et que l'on peut avoir une intelligence forte pour certains types d'activités et pas pour d'autres. Par exemple, un élève excellent en sport ne sera pas forcément très habile de ses mains lorsqu'il fait du bricolage. Pourtant ces deux activités utilisent de manière préférentielle l'intelligence corporelle/kinesthésique.

• D'autre part, les élèves pourront apprécier la transcendance de cette intelligence à travers ses différentes formes et ses différents emplois. L'utilisation d'une intelligence d'une manière ouverte déclenchera ainsi chez eux des processus de métacognition appliquée aux intelligences.

Intelligences multiples et projets

Intérêt de l'enseignement par projets

L'enseignement par projets (individuel ou en petit groupe) est de plus en plus proposé comme stratégie d'enseignement, car il permet d'impliquer les élèves d'une manière active dans ce qu'ils apprennent.

Ces projets peuvent être à court, moyen ou long terme, toucher toutes les matières, être taillés sur mesure aux besoins individuels des élèves.

Étant plus ouvert que la démarche classique « cours + exercices d'application + contrôle », l'enseignement par projets donne plus de chances aux élèves de réussir, tout en développant des compétences cognitives intéressantes : recherche et tri d'informations, résolution de problème, travail en coopération et/ou travail indépendant, mise en forme correcte du résultat final, auto-évaluation, etc.

Il y a plusieurs manières d'utiliser des projets en classe. On peut :

– les intégrer dans son programme d'enseignement, en laissant régulièrement du temps aux élèves pour travailler sur ces projets ;

– demander de faire l'essentiel des projets en tant que travail à la maison ;

– ou bien mélanger les deux, une partie en classe et une partie comme travail à la maison.

Enseignement par projets et « intelligences multiples »

L'enseignement par projets et la théorie des intelligences multiples se complètent particulièrement bien pour créer une forme riche d'enseignement.

Le contenu est au cœur de l'enseignement par projets, et les intelligences multiples servent comme des artères d'apprentissage pour ce contenu, en s'adaptant à chaque élève, à ses besoins particuliers et à ses capacités.

En utilisant différentes intelligences à travers leurs projets, les élèves vont enrichir leur démarche autant que leurs résultats.

Différents types de projets

Voici quelques types généraux de projets que l'on peut proposer aux élèves, vus sous un angle « intelligences multiples » :

- projets spécifiquement « intelligences multiples »,
- projets basés sur le programme,
- projets basés sur un thème transdisciplinaire,
- projets de classe.

Projets spécifiquement « intelligences multiples » : basés sur une ou plusieurs intelligences, ils sont conçus pour éveiller et nourrir les intelligences des élèves. Ils sont plus intéressants à utiliser au début de l'année, ou bien lorsque l'on fait découvrir à ses élèves les intelligences multiples.

On peut intégrer des éléments du programme dans ces projets lorsque cela est possible, mais le but premier de ces projets vise d'abord au développement des intelligences multiples.

Projets basés sur le programme : basés sur des domaines précis du programme, ces projets sont conçus pour enseigner aux élèves un sujet spécifique et/ou pour l'enrichir.

D'une manière naturelle, la plupart de ces projets donneront l'occasion aux élèves d'utiliser plusieurs intelligences travaillant ensemble. Ils permettront également aux élèves d'utiliser leurs intelligences les plus fortes, et ainsi d'avoir de bons résultats dans des matières où ils ne réussissent en général pas très bien.

Projets basés sur un thème transdisciplinaire : ces projets relient différents domaines du programme. Ils permettent aux élèves de structurer leurs connaissances et leurs apprentissages non plus au niveau de chaque matière, mais à un « méta-niveau » mettant en œuvre plusieurs matières.

Cette recherche d'une structure supérieure permet de donner un sens à l'ensemble des connaissances acquises, et d'établir des liens particulièrement enrichissants entre toutes ces informations.

Là encore, l'approche des intelligences multiples s'avère particulièrement pertinente et bien adaptée.

Projets de classe : un projet de classe est en général extrêmement stimulant pour l'ensemble des élèves. Qu'il s'agisse d'organiser un voyage, de monter une pièce de théâtre ou de développer un projet humanitaire, l'enthousiasme – canalisé – des élèves est en général au rendez-vous.

Utiliser la « grille » des intelligences multiples dans un projet de classe permet :

– de solliciter l'ensemble des intelligences et des talents des élèves ;

– de donner une profondeur supplémentaire à ce type de projet, en variant les approches.

Listes de projets

Il est souvent pratique, surtout au début, de proposer aux élèves des listes de projets parmi lesquels ils peuvent choisir. Les élèves peuvent également vous proposer d'autres thèmes de projets qu'ils souhaitent étudier, ce qui vous permet d'enrichir ces listes.

Le fait de créer des listes de projets permet de contrôler leur niveau de difficulté, de déterminer le domaine du programme qu'ils couvrent, et quelles compétences ils permettent d'acquérir.

Ces listes peuvent être également élaborées en commun, avec les élèves. Le fait d'en discuter avec eux et de tenir compte des idées qu'ils expriment donne aux élèves un sentiment de responsabilité.

Lorsqu'on leur laisse le choix, on constate que les élèves choisissent en général en fonction de leur intelligence la plus forte. Il sera intéressant, sur le cours d'une année, de demander aux élèves de réaliser des projets mettant en œuvre d'autres intelligences que celles où ils sont forts.

Une vision « intelligences multiples » pour proposer des projets

Dans l'élaboration de ces listes, l'enseignant pourra raisonner en « intelligences multiples » :

• dans le thème du projet, quelle sera l'intelligence *a priori* la plus sollicitée ?

• comment présenter le projet pour inciter l'élève (ou les élèves) à utiliser plusieurs intelligences ?

• quels élèves, en fonction de leurs « bouquets d'intelligences », tireront le plus de profit de ce projet ?

• est-ce que je propose des projets et des contenus de projets couvrant un large champ d'intelligences, ou bien est-ce que je me réduis à des projets utilisant des intelligences où je suis à l'aise ?

• compte tenu de mon propre bouquet d'intelligences, pourrais-je aider l'élève dans ce projet et l'évaluer à sa juste valeur ?

Des projets de difficulté adaptée

Ces listes, toujours ouvertes, doivent être adaptées aux élèves, en particulier en proposant des projets ni trop faciles, ni trop difficiles.

Pour s'en assurer, on peut utiliser la taxonomie de Bloom (voir page 127) et proposer une gradation dans la difficulté des thèmes. On peut ainsi commencer avec des projets correspondant aux deux premiers niveaux (niveaux de connaissance et de compréhension), et ensuite proposer des projets à des niveaux plus élevés.

Projets et recherche d'informations

Lors de la réalisation de projets, les intelligences multiples peuvent aider les élèves à gérer l'information souvent surabondante qui est à leur disposition. Pour cela, on peut leur proposer les pistes suivantes :

FICHE 8

Suggestions pour recueillir des informations en utilisant les intelligences multiples

• *Intrapersonnelle* : Qu'est-ce que je sais déjà sur le sujet ? Comment puis-je savoir si ces informations sont correctes ? Où ai-je trouvé ces informations ? Est-ce que j'ai déjà des opinions et des sentiments forts et tranchés sur le sujet ?

• *Interpersonnelle* : Qu'est-ce que les gens autour de moi (parents, amis, frères et sœurs, etc.) savent sur le sujet ? Est-ce que je leur fais confiance sur la justesse de ces informations ? Est-ce que je sais comment ils ont appris ces informations ?

• *Verbale/linguistique* : Quels livres, journaux, revues ou magazines peuvent m'apporter des informations sur le sujet ? Où puis-je trouver ces livres (bibliothèque, parents, voisins) ? Est-ce qu'il y a des informations que je peux obtenir sur des CD-Rom et par Internet ?

• *Logique/mathématique* : Quelles informations numériques puis-je trouver sur le sujet (statistiques, éléments chiffrés d'économie, etc.) ? Est-ce qu'il y a des informations géographiques ou des cartes qu'il serait intéressant d'utiliser ?

• *Musicale/rythmique* : Est-ce qu'il y a des œuvres musicales qui peuvent m'apprendre quelque chose sur le sujet ? Est-ce qu'il y a des chansons en rapport avec le sujet ?

• *Corporelle/kinesthésique* : Est-ce qu'il y a des machines ou des activités manuelles en rapport avec le sujet ? Est-ce qu'il y a des sports qui sont reliés au sujet ?

• *Visuelle/spatiale* : Est-ce qu'il y a des photographies ou des images que je pourrais utiliser dans mon exposé ? Est-ce que je pourrais dessiner une carte ou un dessin sur ce que j'ai appris ? Est-ce qu'il y a des cartes, des schémas ou des graphiques qui pourraient me donner des informations valables ?

• *Naturaliste* : Est-ce qu'il y a des aspects de la nature qui sont reliés à mon sujet ? Si oui, pourquoi sont-ils importants ? Est-il intéressant de développer un système de classification pour les informations que je recueille ?

Évaluer les projets

L'une des conséquences les plus intéressantes de l'enseignement par projets est de pouvoir utiliser ces projets comme moyen d'évaluation. Lors d'un projet, les élèves utilisent des intelligences variées et ont ainsi des occasions plus riches de montrer ce qu'ils ont appris et ce qu'ils savent faire : ils peuvent montrer une « compréhension authentique » du sujet qu'ils ont étudié, en s'appuyant sur leurs intelligences fortes.

Centres d'activité

Une autre manière d'enseigner avec les intelligences multiples est de créer des *centres d'activité*. Il s'agit d'organiser la salle de classe de façon à ce que certaines de ses parties soient consacrées à un travail basé sur des intelligences particulières.

Les centres d'activité donnent aux élèves des occasions d'apprendre « activement » : pour beaucoup d'élèves qui souffrent d'un enseignement trop classique (écouter, noter, faire des travaux imposés, contrôles, etc.), cela sera souvent une bouffée d'oxygène qui pourra réveiller leur attention et leur motivation.

Conception et organisation

✓ Différents manières de concevoir des centres d'activité

Les centres d'activité peuvent être organisés de différentes manières :

– permanents toute l'année, ou provisoires ;

– avec contenu permanent, ou avec contenu modifiable et évolutif en cours d'année en fonction du programme étudié ;
– 8 centres à la fois ou 1 ou 2 centres qui changent régulièrement.

Le choix de tel ou tel type de centres d'activité dépend de nombreux paramètres : taille de la salle, temps disponible, nombre d'élèves, personnes extérieures pouvant aider (collègues, parents), degré d'implication de l'enseignant, etc.

Dans chaque centre d'activité, un ou plusieurs élèves peuvent travailler ensemble sur un sujet spécifique ou sur un travail demandé.

En général, chaque centre d'activité est dédié au travail avec une intelligence spécifique (par exemple, le centre d'activité « corporel/kinesthésique »).

Mais on peut aussi organiser des centres d'activité utilisant plusieurs intelligences. Par exemple, un centre d'activité « démontage et remontage » combinera les intelligences logique/mathématique, visuelle/spatiale et corporelle/kinesthésique.

✓ Organiser des centres d'activité

Organiser une salle pleine d'élèves engagés dans des centres d'activité peut être un vrai défi, même pour les enseignants les plus expérimentés. Outre les problèmes d'organisation spatiale, les centres d'activité font intervenir des comportements qui sont en général totalement bannis dans un enseignement traditionnel : mouvements et déplacements d'élèves, discussions de groupe, et absence de supervision directe d'un adulte.

Pour la bonne santé mentale de l'enseignant et pour faire en sorte que le temps consacré aux centres d'activité se passe en douceur, il est important d'appliquer des stratégies particulières d'organisation pour le travail en centres d'activité.

✓ Définir des règles de comportement

Développer avec les élèves des règles de comportement dans les centres d'activité est une étape préliminaire essentielle, et permet de les rendre responsables.

On pourra afficher ces règles dans la classe ou près de chaque atelier. Il sera souvent utile de les rappeler, de les compléter ou de les modifier.

Voici quelques idées de règles possibles :

– faire le meilleur travail que l'on peut;

– parler à voix basse et tranquille;

– ne pas déranger les autres autour de soi;

– si l'on se lève pour aller chercher du matériel dans un autre centre d'activité, être courtois avec les autres et ne pas déranger leur groupe;

– si l'on a une question, demander à ceux de son groupe avant de demander à l'enseignant;

– lorsque l'on a terminé son travail, trouver quelque chose à faire de calme, au centre d'activité ou à sa table de travail habituel;

– lorsque l'on change de centre, y aller tranquillement et directement.

✓ Expliquer le fonctionnement et le but de chaque centre d'activité

Lorsqu'un nouveau centre est développé, prenez le temps en classe entière de discuter des activités qui seront proposées dans ce centre, du matériel qui sera utilisé, et du but (ou du produit final) de chaque centre.

Beaucoup de problèmes de comportement peuvent être évités lorsque les élèves savent exactement ce qu'ils devront faire dans chaque centre et ce que l'on attend d'eux.

✓ Regrouper les élèves pour le travail en centres d'activité

Les élèves peuvent participer aux centres d'activité soit seuls, soit en petits groupes. Dans la composition des groupes, on portera une attention spéciale aux élèves qui travaillent bien ensemble et à ceux qui se dérangent mutuellement. Il y a plusieurs options possibles pour regrouper les élèves.

• *Groupes par intelligence similaire*
Lorsque l'on forme des groupes d'élèves qui sont forts dans une même intelligence, ces élèves auront l'occasion de travailler avec d'autres ayant des intérêts et des passions similaires.

• *Groupes d'intelligences mélangées*
Par exemple, un groupe pourra être composé d'un élève fort en intelligence visuelle/spatiale, d'un autre fort en intelligence verbale/linguistique, et d'un autre encore fort en intelligences intra et interpersonnelle. Ce type de groupe, avec un mélange d'intelligences, peut donner de brillants résultats.

• *Groupes aléatoires*
Les élèves apprennent à travailler ensemble sans choisir ceux avec lesquels ils ont des affinités.

• *Groupes d'âges mélangés*
Dans les classes à double niveau, on peut mélanger des élèves d'âges différents.

• *Groupes temporaires*
Ces groupes sont formés pour une durée déterminée (semaine, mois), ou pour le temps d'un projet.

✓ Horaires des centres d'activité

Voici quelques options possibles pour planifier les centres d'activité tout au long de l'année.

• *Un temps spécifique pour les centres d'activité*

Vous pouvez réserver des moments particuliers de la semaine pour les centres d'activité, par exemple chaque vendredi après-midi de 14 h à 17 h.

S'il n'y a pas assez de place dans les centres d'activité pour que tous les élèves y participent en même temps, demandez à quelques élèves de travailler indépendamment à leur table.

Dans chaque centre, prévoyez des activités qui permettent aux élèves de tourner d'un centre à l'autre toutes les 15 ou 20 minutes.

• *Un temps pour centres d'activité d'approfondissement*

Après avoir terminé une leçon (ou une séquence complète, ou un cours) en classe entière, on peut utiliser les centres d'activité pour réviser et renforcer les informations que les élèves viennent d'apprendre. En tournant d'un centre d'activité à un autre, les élèves peuvent mieux intégrer et approfondir à leur manière ce qu'ils viennent d'apprendre.

• *Un temps de centres d'activité pour moments disponibles*

Il y a parfois des moments creux dans le déroulement du temps de classe : par exemple, vous ne voulez pas commencer un nouveau chapitre ou une nouvelle leçon dans le temps qui vous reste, ou bien des élèves ont déjà terminé un travail pendant que d'autres le terminent. On peut alors laisser les élèves aller dans les centres d'activité de leur choix.

Différents types de centres d'activité

On peut organiser trois types de centres d'activité :

– les centres d'activité orientés « intelligences multiples » ;

– les centres d'activité orientés sur le programme ;

– les centres d'activité thématiques.

✓ Centres d'activité orientés « intelligences multiples »

Le but principal de ces centres, qui se concentrent chacun sur une intelligence, est d'éveiller et de renforcer les différentes intelligences des élèves.

Si cela est possible, ces centres d'activité sont permanents.

Ces centres peuvent être alternativement directifs ou non directifs : soit les élèves y font des activités non dirigées, soit on leur propose des activités et des travaux leur permettant d'utiliser et de développer l'intelligence à laquelle est consacré ce centre.

Dans l'un et l'autre cas, cela fournit aux élèves des occasions d'explorer chaque intelligence de leur propre façon, et à leur propre rythme.

Ces centres d'activité peuvent être particulièrement utiles juste après avoir présenté aux élèves la théorie des intelligences multiples.

On peut de plus donner un nom de personnage célèbre à chaque centre (centre Charles Darwin, centre Hubert Reeves, etc.) et mettre à disposition une brève biographie de ce personnage.

Voici quelques idées de matériels pour organiser ces centres « intelligences multiples ».

Centre verbal/linguistique

- colle, ciseaux, matériel varié d'écriture, cahiers et papier de brouillon, papier à lettres et enveloppes,
- coin lecture avec sièges confortables,
- encyclopédies, dictionnaires variés, thesaurus,
- revues, journaux,
- ordinateur, logiciel de traitement de texte, imprimante,
- enregistreur,
- enregistrements de discours célèbres, de livres lus,
- livres de styles littéraires variés,
- matériel de reliure,
- jeux de lettres et jeux de mots (Scrabble, mots croisés, etc.).

Centre logique/mathématique

- calculatrice,
- papier brouillon, papier millimétré,
- règle et autres instruments de mesure (balance, pied-à-coulisse, rapporteur, mètre-ruban, etc.),
- ordinateur, logiciels de mathématiques,
- livres sur les sciences,
- jeux de logique, casse-tête, grilles de sudoku.

Centre corporel/kinesthésique

- espace de mouvement,
- costumes et accessoires variés, marionnettes, boîte de maquillage,
- argile, pâte à modeler,
- outils de bricolage,
- livres de bricolage, de travaux manuels, de sports, de danse, de relaxation, de jonglage,
- jeux de construction.

Centre visuel/spatial

- marqueurs, feutres, crayons de couleur, pastels, pinceaux, peinture, pâte à modeler, papier kraft,

- ciseaux et colle, rouleau de scotch,
- différentes sortes de papier (couleur, épaisseur) et de carton, de différentes tailles,
- appareil photo numérique, équipement vidéo,
- ordinateur, logiciel de dessin,
- bibliothèque d'images, livres d'art,
- cartes, plans de villes,
- tableau d'affichage,
- divers jeux de construction,
- jeux basés sur des images (Pictionary, Tangram...).

Centre musical/rythmique
- matériel à musique, écouteurs, casque,
- matériel d'enregistrement, cassettes audio à enregistrer,
- large choix de CD de musique,
- livres sur la musique, les musiciens, les instruments de musique,
- ordinateur, logiciel de musique,
- instruments de musique, de percussion[19],
- jeux basés sur la musique (Simon).

Centre interpersonnel
- grande table autour de laquelle les élèves peuvent s'asseoir,
- papier brouillon, grandes feuilles de papier, matériel d'écriture,
- posters de résolution des conflits,
- livres sur la communication, la résolution de conflits, l'écoute,
- feuilles d'interview,
- jeux coopératifs.

Centre intrapersonnel
- un endroit privé et tranquille pour le travail individuel, ou pour être au calme un moment,
- tapis, coussins,
- matériel d'écriture, cahiers et papier brouillon,
- livres de biographies et autobiographies, livres de développement personnel,
- choix de mandalas[20] à colorier.

Centre naturaliste
- loupe binoculaire,
- livres et vidéos sur la nature, sur la protection de la nature,

---

19 Certaines activités qui peuvent gêner peuvent bien entendu être délocalisées.
20 Le mandala est un dessin, en général de forme circulaire, que l'on colorie. Colorier un mandala favorise la concentration et la réflexion sur soi.

- station météo,
- livres sur des collections, classification universelle des livres,
- matériel d'écriture, cahier et papier brouillon,
- jeux liés à la nature,
- catalogues, pages jaunes.

✓ Centres d'activité orientés sur le programme

Ces centres d'activité sont directement reliés au programme étudié, et permettent aux élèves d'apprendre, d'approfondir et de réviser un sujet à travers différentes intelligences. Voici quelques exemples.

Sujet du programme : connaissance de la forêt et sa préservation (niveau : CM2 – 6e)

• *Centre interpersonnel* : demander à un groupe d'élèves d'imaginer et de réaliser un poster pour un « club de protection de la forêt » qui fournisse des informations sur les forêts, les animaux, les plantes, et les arbres qui y vivent, et l'importance de l'environnement pour garder les forêts en bonne santé. Chaque élève doit contribuer à au moins une idée ou un dessin du poster. Lorsque le poster est terminé, le groupe peut l'afficher quelque part dans la classe.

• *Centre verbal/linguistique* : demander aux élèves d'écrire à un club d'environnement ou à un parti politique pour expliquer l'importance de prendre soin des forêts. Les lettres devront inclure au moins cinq phrases factuelles sur ce que les enfants ont appris.

• *Centre naturaliste* : recueillir des informations (dans des livres, des CD-Rom ou sur Internet) sur une forêt proche de l'école, et sur les différentes sortes d'animaux, d'arbres et de plantes que l'on y trouve ; organiser une sortie dans cette forêt.

Sujet du programme : polygones (niveau : CM2 – 6e)

• *Centre corporel/kinesthésique* : demander aux élèves d'utiliser 10 baguettes pour dessiner différents polygones sur le sol. Lorsque les baguettes forment des polygones, les élèves font un dessin sur une feuille de papier millimétré et écrivent le nom de chaque polygone.

• *Centre verbal/linguistique* : demander aux élèves d'écrire une nouvelle en personnifiant chacun des polygones. Chaque polygone doit avoir une personnalité distincte, en rapport avec le nombre de ses côtés et la manière dont il est le plus utilisé ou vu dans la vie réelle.

Sujet du programme : organiser des informations sous forme de notes et de résumé (6ᵉ – 3ᵉ)

• *Centre visuel/spatial* : les élèves « traduisent » en topogramme les connaissances qu'ils ont sur un sujet.

• *Centre naturaliste* : donner aux élèves une grande feuille de papier et des post-it de couleurs variées. Demandez-leur d'écrire des éléments d'information sur chaque post-it, en classant les informations par couleur de post-it. Ensuite, en groupe, les élèves collent les post-it sur la feuille de papier en organisant les informations d'une manière qui leur semble pertinente (et qu'ils doivent justifier).

Sujet du programme : un livre lu et/ou étudié en classe (tous niveaux)

• *Centre musical/rythmique* : un groupe d'élèves crée une chanson ou un rap sur le livre. La mélodie et les paroles doivent représenter l'atmosphère et les événements racontés dans le livre.

• *Centre intrapersonnel* : demander aux élèves d'imaginer qu'ils sont le personnage principal de l'histoire, et qu'ils écrivent sur un journal intime leur sentiment à la fin de l'histoire.

• *Centre visuel/spatial* : en groupe, des élèves conçoivent un schéma montrant d'une manière visuelle les personnages et leurs interactions, les événements principaux, et les éléments déclencheurs qui ont fait avancer l'action.

✓ Centres d'activité thématiques

Ces centres d'activité sont construits autour d'un thème. Ce thème peut être en rapport avec une partie définie du programme, ou peut toucher des domaines transversaux. Chaque atelier s'appuie sur l'une des intelligences pour explorer le thème.

On trouvera des exemples d'activités pour ce type de centres dans la deuxième partie (chapitre « Exemples d'activités intelligences multiples par thèmes », page 271).

Portfolios

Définition

Le portfolio rassemble des « produits » et des échantillons de travail de l'élève. Ces éléments sont choisis comme représentatifs de son travail et de ses progrès, dans toutes les matières comme dans toutes ses intelligences.

En principe, les portfolios ne quittent pas la classe, et sont stockés à un endroit où les élèves y ont facilement accès. De temps en temps au cours de l'année, il est intéressant de proposer aux élèves de parcourir leur portfolio, ou de le ramener chez eux pour le présenter à leurs parents.

Pour un usage pratique, on peut utiliser différentes formes de portfolios : boîte, chemise cartonnée, etc. On peut également créer des portfolios informatiques en utilisant différents programmes d'ordinateur et un scanner. De la même manière qu'un portfolio normal, ce portfolio montrera les travaux représentatifs de l'élève. Les portfolios informatiques peuvent en particulier être utilisés lorsque les élèves ne sont pas toujours dans la même salle de classe (collège, lycée).

Les portfolios sont également des outils particulièrement intéressants pour évaluer les élèves (voir chapitre suivant, page 183).

Différents types de portfolios

On peut choisir d'utiliser plusieurs types de portfolios en cours d'année, ou de se concentrer sur un seul type.

Il peut y avoir :

– un *portfolio général* par élève, rempli et utilisé tout au long de l'année,

– et des *portfolios temporaires*, que l'on « vide » régulièrement dans le portfolio général après en avoir extrait l'essentiel.

Que mettre dans un portfolio ?

Le choix des documents que l'on va inclure dans le *portfolio général* dépendra des objectifs pédagogiques. *Attention* : un portfolio n'a pas pour but de rassembler uniquement les meilleurs travaux de l'élève ; il s'agit de conserver ceux qui sont les plus représentatifs et les plus variés, si possible dans toutes les disciplines et faisant appel à toutes les intelligences.

On peut y trouver par exemple :

– une cassette vidéo, pour filmer l'élève dans certaines de ses réalisations,

– une cassette audio, où l'élève peut enregistrer des lectures, des réflexions,

– des brouillons, des plans de rédaction,

– des photos (prises lors d'activités particulières, de projets, d'exposés, etc.),

– des réalisations artistiques,

– un autoportrait,

– des devoirs et des contrôles particulièrement réussis ou représentatifs des progrès de l'élève,

– des échéanciers,

– des travaux faits sur ordinateur,

– des diagrammes, des courbes, des croquis, des topogrammes thématiques,

– des collages, des dessins, des tableaux,

– des échantillons ou des plans de projets réalisés par l'élève,

– des paroles de chansons écrites par l'élève,

– des discographies composées par l'élève,

– des lettres adressées à l'extérieur et des lettres reçues (par exemple, demande de renseignements sur un sujet d'étude),

– des rapports divers (de réunions, de rencontres, de sorties),

– un journal de progression, des auto-évaluations, des objectifs personnels,

– des diagrammes de progrès, mis à jour par l'élève lui-même,

– des photos de collections d'objets tirés de la nature (par exemple feuilles, insectes).

Si l'élève souhaite garder des éléments du portfolio, il en fait une photocopie ou attend la fin de l'année.

Ce portfolio général peut être organisé de différentes manières, au choix de l'enseignant ou de l'élève :

- par matière,
- par intelligence,
- par ordre chronologique,
- par thème ou par projet,
- etc.

Qui choisit que mettre dans un portfolio ?

Ce qui est inclus dans le portfolio est en général choisi par l'élève lui-même, plutôt que par l'enseignant.

À chaque fois qu'il met quelque chose dans son portfolio, on pourra demander à l'élève de justifier son choix, en remplissant une « feuille de réflexion » sur laquelle il explique pourquoi il a choisi de mettre telle ou telle chose dans son portfolio. Cette réflexion, qui est datée, est essentielle pour voir la progression et le développement de l'élève.

Évaluation et intelligences multiples

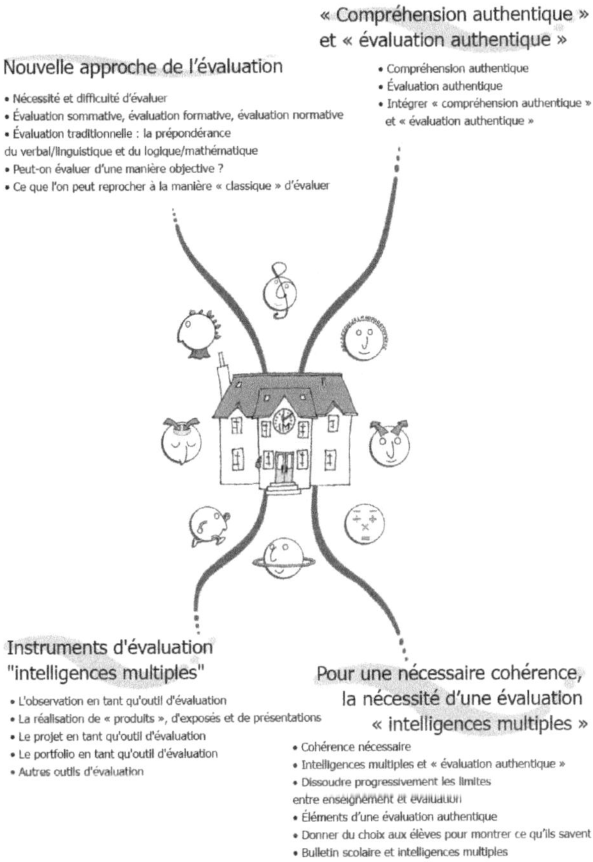

Nouvelle approche de l'évaluation

Nécessité et difficulté d'évaluer

Évaluer régulièrement ce qui a été appris est une étape essentielle et nécessaire dans toute démarche d'enseignement. C'est un moteur qui permet de faire avancer à la fois :

– l'élève, qui peut ainsi déterminer son degré de connaissance et de compétence dans l'apprentissage en cours ;

– et l'enseignant, qui peut contrôler le niveau atteint par l'élève et l'efficacité de sa pédagogie.

Cette démarche d'évaluation est complexe :

– Comment évaluer l'apprentissage de connaissances acquises (ou l'acquisition de compétences cognitives) de manière adéquate, tout en respectant le développement propre de l'élève, ses capacités ou ses difficultés particulières ?

– Comment utiliser les résultats de cette démarche d'évaluation de façon à stimuler la motivation de l'élève et à lui donner l'envie d'aller plus loin ?

Sur ce thème de l'évaluation, des bibliothèques entières existent, sans forcément rendre la tâche plus facile aux enseignants. Et dans la pratique, on sait que cette démarche d'évaluation fait l'objet de nombreuses dérives, dont les conséquences peuvent être dramatiques : les évaluations, nous le savons bien, déterminent la vie scolaire d'un enfant et même, bien souvent, tout son avenir.

Évaluation sommative, évaluation formative, évaluation normative

On pourrait s'accorder sur le fait que l'évaluation devrait avant tout vérifier l'acquisition et la compréhension réelle des connaissances acquises et des concepts étudiés, et la capacité à utiliser ces connaissances de manière pratique et pertinente.

Dans la pratique, on connaît les trois formes traditionnelles d'évaluation :

– l'évaluation sommative, qui traduit une connaissance ou une compétence de l'élève à un moment donné sous forme de note – donc de nombre, facile à manipuler (dans tous les sens du terme) ;

– l'évaluation formative, qui aide l'élève à progresser dans son apprentissage en lui indiquant ce qu'il sait faire et ce qu'il connaît, et ce qu'il ne sait pas encore faire et ce qu'il n'a pas correctement intégré ;

– et l'évaluation normative, qui juge le niveau de l'élève par rapport à une norme fixée au niveau national.

Si l'on peut fortement critiquer la manière dont l'évaluation sommative est en général pratiquée (bien souvent au détriment complet de l'évaluation formative), c'est une réalité dont il faut cependant bien tenir compte, tant elle est ancrée dans les manières de faire des enseignants et soutenue par l'attente des parents, dont le but pour leur enfant se résume souvent à « avoir de bonnes notes à l'école ».

Dans l'introduction des intelligences multiples dans une pédagogie classique, c'est une difficulté qu'il faudra affronter, quitte à rechercher un compromis qui satisfasse la demande d'évaluations sommatives, sans perdre la substance et la richesse d'un enseignement « intelligences multiples ».

Évaluation traditionnelle : la prépondérance du verbal/linguistique et du logique/mathématique

Confieriez-vous votre vie à un pilote qui soit certifié uniquement après avoir répondu à des tests écrits ? Ou bien à un médecin qui n'aurait appris que dans des livres, sans jamais avoir travaillé avec des patients ? Pourtant, dans la plupart des classes, on demande aux élèves de montrer leurs connaissances ou leurs capacités à travers des contrôles utilisant essentiellement les formes verbale/linguistique et logique/mathématique, et bien rarement d'une autre manière (en particulier en ce qui concerne leurs capacités à appliquer leurs connaissances dans un projet réel).

Pour un élève ayant des difficultés avec les deux intelligences les plus utilisées à l'école, la verbale/linguistique et la logique/mathématique, le handicap est double :

– une difficulté à acquérir l'information à travers des vecteurs dans lesquels il est faible ;

– et un contrôle de ses connaissances et de ses compétences également à travers des vecteurs dans lesquels il est faible.

Si les intelligences fortes de cet élève ne sont pas sollicitées et valorisées, autant par la forme de l'enseignement que par la forme de l'évaluation, il aura à l'évidence des difficultés pour terminer ses études sans trop de difficultés.

Peut-on évaluer d'une manière objective ?

Toutes formes d'évaluation autres que les contrôles « classiques », basés sur la logique et le langage, déclenchent en général de fortes résistances, et sont aussitôt critiquées comme n'étant pas « fiables » – étant entendu que les évaluations « fiables » sont les évaluations qui sont normées, avec un résultat chiffré. Dans cette logique, ce résultat chiffré (dont la pertinence et la fiabilité sont cautionnées par la rigueur que l'on accorde aux nombres) est ensuite utilisé et interprété comme ayant la justesse et la précision d'un résultat scientifique. Les notes et les moyennes permettent alors des classements, des jugements et des comparaisons.

Quiconque a enseigné sait que cela est une illusion, et que cette manière de faire est le lieu de toutes les dérives et de toutes les manipulations.

Le problème, avec des formes d'évaluation différentes, c'est qu'elles ne se disent pas, elles, objectives, et même qu'elles revendiquent leur non-objectivité. Et accepter le fait que les évaluations ne soient pas objectives découle naturellement de la notion d'intelligences multiples.

Les évaluations à travers les intelligences multiples sont des évaluations subjectives, qui utilisent des observations, des travaux, des dossiers, des créations originales. Elles ne sont pas objectives, ni non plus exactes. Elles peuvent varier d'un endroit à un autre, d'une école à une autre, d'un enseignant à un autre, d'un élève à un autre. Ce sont des outils de mesure *relatifs*, qui ne donnent pas une photographie à un instant précis, comme le font les contrôles classiques, mais qui s'inscrivent dans une durée et dans une dynamique de développement.

Ces évaluations peuvent servir à faire des recommandations à l'élève, de manière à ce qu'il puisse continuer à progresser. Ce sont des évaluations essentiellement formatives.

Mais il est bien clair – et Howard Gardner le souligne – qu'il y a une réalité des systèmes scolaires dont il faut tenir compte et que l'on ne changera pas du jour au lendemain. Les enseignants qui ont changé leur regard sur leur manière d'évaluer les connaissances et les compétences de leurs élèves, doivent adapter cette manière de faire à ces contraintes structurelles et mentales. Ces contraintes – avec l'attachement aux notes où règne en maître « la moyenne » de 10/20 – sont encore trop ancrées dans les esprits (des enseignants comme des parents) pour ne pas en tenir compte.

L'idée est donc d'utiliser des outils d'évaluation qui soient cohérents avec la théorie des intelligences multiples, et qui soient malgré tout adaptables par les enseignants au cadre structurel, administratif et mental qui leur est imposé.

Pour cela, on évaluera un élève sur un ensemble de capacités et de connaissances, à travers les vecteurs multiples de ses intelligences. Cela permettra à l'enseignant de déterminer concrètement ce qu'un élève peut ou ne peut pas faire, sait ou ne sait pas faire – et de traduire cela en notes *in fine*.

Ce que l'on peut reprocher à la manière « classique » d'évaluer

Le contrôle classique :

– réduit à une note chiffrée un processus d'apprentissage riche et complexe ;

– se concentre sur « la bonne réponse » ;

– tend à souligner les erreurs et tout ce que l'élève *ne sait pas faire* ;

– sert de source presque exclusive aux décisions sur le cursus scolaire de l'élève ;

– est une source de stress, avec souvent une influence négative sur le résultat ;

– crée une norme mythique, ce qui implique nécessairement qu'un certain nombre d'élèves ne vont pas l'atteindre ;

– pousse l'enseignant à réduire ce qu'il enseigne à ce qui sera demandé aux examens ;

– traite tous les élèves de façon uniforme ;

– est une source de discrimination à l'égard des élèves qui ont une autre façon d'apprendre ;

– juge les élèves sans leur indiquer pratiquement comment s'améliorer ;

– est proposé hors contexte, pendant une période de temps en dehors du temps d'apprentissage ;

– donne un résultat définitif, sur lequel on ne peut pas revenir (les élèves n'ont que rarement l'occasion de recommencer un contrôle) ;

– encourage le bachotage, avec un fort taux d'oubli dès que le contrôle est passé ;

– doit être réalisé dans un temps limité et imposé, sans tenir compte des besoins particuliers des élèves ;

– interdit en général les interactions entre élèves ;

– favorise des comparaisons négatives entre élèves.

Sans vouloir rechercher une manière idéale d'évaluer, l'approche des intelligences multiples propose une autre vision de l'évaluation, plus riche et plus respectueuse du développement de chaque élève.

« Compréhension authentique » et « évaluation authentique »

Howard Gardner et ses collègues ont proposé un modèle reliant les deux idées-clés de :

– la « compréhension authentique »,

– l'« évaluation authentique ».

Compréhension authentique

Pour Howard Gardner, la *compréhension authentique* est obtenue lorsque les élèves sont capables d'utiliser des informations et des compétences d'une manière correcte et appropriée, dans des situations nouvelles et originales avec lesquelles ils ne sont pas familiers.

Une compréhension authentique sur un sujet donné est atteinte lorsque l'élève est capable :

– d'expliquer, si possible de différentes manières ;

– de trouver des informations complémentaires et des exemples ;

– de généraliser, de conceptualiser ;

– de faire des analogies avec d'autres champs de connaissance ;

– d'appliquer ses connaissances dans un projet, une recherche, ou dans la résolution de problèmes pratiques.

Plutôt que de demander la réponse « correcte », la compréhension authentique nécessite de l'élève de synthétiser sa compréhension et de produire une réponse complexe. Les compétences de base, bien qu'elles soient essentielles pour le développement de l'élève, ne le mènent pas, seules, à une compréhension authentique.

Cette « compréhension authentique » devrait être le but de toute bonne pédagogie – que les intelligences multiples soient utilisées ou non –, mais ce type de démarche est particulièrement adapté à un apprentissage basé sur les intelligences multiples.

Obtenir une « compréhension authentique » est plus facile :

– lorsque l'on propose aux élèves des sujets et des thèmes d'enseignement transversaux, qui nécessitent des élèves de faire des connexions entre des matières et des sujets variés ;

– lorsque plusieurs intelligences sont sollicitées, autant dans la phase d'acquisition que dans la phase d'évaluation.

Évaluation authentique

Une *évaluation authentique*, toujours selon Howard Gardner, peut faire appel à de nombreux instruments de mesure, et en particulier :

– l'observation par l'enseignant,

– la réalisation par l'élève de projets ou de présentations,

– l'usage du portfolio,

qui seront détaillés plus loin dans ce chapitre.

De telles évaluations font intervenir les talents, les capacités et les domaines d'intérêt des élèves, leurs différentes intelligences et leur « mode préférentiel d'apprentissage », ainsi que leur rapport avec le monde extérieur.

En particulier une évaluation authentique, intégrée dans l'approche des intelligences multiples, doit prendre place (dans la mesure du possible) *dans un contexte,* – c'est-à-dire dans un environnement qui corresponde autant que possible à l'environnement dans lequel les élèves seraient censés manifester ces connaissances dans la vie réelle.

C'est un reproche qui est souvent fait aux contrôles et aux tests normalisés (comme également aux tests de QI), qui évaluent presque toujours les élèves dans des contextes artificiels totalement éloignés du monde réel.

Intégrer « compréhension authentique » et « évaluation authentique »

Dans sa planification des leçons et dans le déroulement de son enseignement, l'enseignant pourra alors se poser des questions comme :

– « Comment puis-je adapter mon enseignement pour amener mes élèves à une compréhension authentique, sans me contenter d'une simple acquisition de connaissances ou de compétences particulières ? » ;

– « Qu'est-ce que je pourrais faire, dans mon cours ou ma leçon, pour m'assurer que les élèves ont obtenu cette "compréhension authentique" ? » ;

– « Quels sont les éléments, dans mon cours ou ma leçon, sur lesquels une compréhension authentique pourrait être évaluée ? ».

Pour une nécessaire cohérence, la nécessité d'une évaluation « intelligences multiples »

Cohérence nécessaire

Enseigner avec les intelligences multiples nécessite forcément de revoir sa manière d'évaluer. Il serait en effet absurde – et hypocrite – de proposer aux élèves d'apprendre de manières multiples et variées, en utilisant et en développant leurs intelligences multiples, et ensuite de leur demander de montrer ce qu'ils ont appris en leur faisant passer des contrôles qui se concentrent étroitement sur les domaines verbal et logique.

Ce double langage (comme tout double langage) serait particulièrement destructeur, et minerait les fondements mêmes de l'approche pédagogique des intelligences multiples. On détruirait d'un côté ce que l'on a construit de l'autre.

Intelligences multiples et « évaluation authentique »

L'un des aspects les plus intéressants de la théorie des intelligences multiples est qu'elle propose de multiples manières d'évaluer les élèves. C'est un système d'évaluation qui s'appuie beaucoup moins sur des contrôles classiques et normalisés, et beaucoup plus sur des évaluations « authentiques », intégrées dans la démarche d'enseignement.

Pour Howard Gardner, les élèves devraient avoir des occasions fréquentes de montrer leurs compétences et leurs connaissances, et de multiples manières. Inversement, si le mode d'apprentissage préférentiel d'un élève passe par des images ou par le mouvement, mais qu'on ne lui propose comme moyen d'évaluation que des mots écrits, il aura probablement du mal à montrer qu'il maîtrise le sujet.

Il s'agira donc de proposer des moyens d'évaluation qui puissent correspondre, au moins en partie, aux intelligences fortes des élèves. Et si l'on peut enseigner de huit manières différentes, on doit pouvoir également évaluer de huit manières différentes – quitte à mettre une note à la fin.

Dissoudre progressivement les limites entre enseignement et évaluation

Dans une approche pédagogique « intelligences multiples », l'enseignement et l'évaluation s'intègrent l'un à l'autre et se confondent progressivement.

Plus précisément, un test ou un contrôle ne devrait pas être un moment où l'apprentissage s'arrête. Au contraire, on peut imaginer différentes formes d'évaluation, étalées dans le temps, permettant aux élèves de montrer ce qu'ils savent en utilisant, au moins en partie, leurs intelligences fortes tout en continuant à apprendre.

Cette manière d'évaluer ne prendra pas forcément plus de temps qu'un contrôle classique et sa correction, si l'on considère enseignement et évaluation comme parties intégrantes du même processus pédagogique.

En procédant ainsi, les élèves devraient commencer à ne plus considérer les activités d'évaluation comme une sorte de terrible « jugement dernier », mais plutôt comme une nouvelle occasion d'apprendre. Il arrive même qu'ils apprécient tout particulièrement cette étape de l'apprentissage.

Éléments d'une évaluation authentique

Pour proposer aux élèves une « évaluation authentique » riche, on pourra s'intéresser aux éléments suivants :

• *contenu* : une évaluation authentique doit s'appuyer sur un contenu suffisamment riche pour être motivant, et qui permette aux

DÉPART
ABCDEFGHIJKLMNOPQRSTUVWXYZ
ARRIVÉE

élèves de développer à la fois leurs capacités cognitives et leurs talents propres.

• *pensée et réflexion* : une évaluation authentique nécessite l'utilisation d'une pensée complexe et non routinière, plutôt que de s'appuyer sur la mémorisation d'informations factuelles ou l'utilisation de procédures ou d'outils répétitifs.

• *produits* : une évaluation authentique doit donner aux élèves des occasions de créer des « produits » significatifs et de réaliser des tâches complexes, permettant de révéler leurs capacités et leurs connaissances.

• *authenticité et intérêt* : une évaluation authentique doit permettre de créer de fortes interactions entre le monde réel et les intérêts des élèves, en leur donnant des occasions d'appliquer leurs connaissances dans des activités porteuses de sens.

Donner du choix aux élèves pour montrer ce qu'ils savent

En général, c'est l'enseignant qui impose la forme de l'évaluation, c'est-à-dire la manière dont ses élèves doivent montrer leurs connaissances et/ou leurs compétences. Lorsque l'on donne le choix aux élèves sur le moyen de les évaluer, cela les aide à prendre en charge leur apprentissage et leur donne un sentiment de responsabilité.

On peut proposer au choix des élèves une liste (non exhaustive) de manières d'être évalués, en précisant les objectifs d'instruction à atteindre. À eux de vérifier que la méthode utilisée permet bien de montrer qu'ils ont atteint ces objectifs. Cela peut être :

- faire une rédaction ;
- préparer une interview ;
- faire un montage photo ;
- réaliser un album ;
- construire une maquette ;
- jouer une « scénette » ;
- créer un projet de groupe ;
- faire un diagramme logique ;
- faire une présentation informatique ;
- tenir un journal ;
- concevoir/réaliser un poster ;
- créer une discographie sur ce thème ;
- faire un exposé ;

– créer une série de croquis, de diagrammes ;
– préparer une expérience ;
– lancer et diriger un débat ou une discussion ;
– faire un topogramme ;
– faire un bout de film vidéo ;
– créer un projet écologique qui tiendra compte du thème ;
– créer une chanson ;
– l'enseigner à quelqu'un d'autre, etc.

Bulletin scolaire et intelligences multiples

Le bulletin scolaire se veut essentiellement un résumé des progrès (ou du manque de progrès) d'un élève, jugés à travers le filtre de ses résultats aux évaluations mises en place par l'enseignant.

Lorsque l'on utilise une pédagogie axée sur les intelligences multiples, et que l'on a expliqué la théorie aux élèves et à leurs parents, il est bien entendu intéressant de faire apparaître l'aspect « intelligences multiples » dans le bulletin scolaire.

Certaines écoles ont développé des bulletins scolaires qui intègrent domaines académiques et intelligences multiples. Sinon, la section réservée aux commentaires peut être utilisée.

Instruments d'évaluation « intelligences multiples »

Les outils principaux pour une évaluation « compatible intelligences multiples » sont :

– l'observation par l'enseignant ;
– la réalisation par l'élève de « produits », d'exposés et de présentations ;
– la participation de l'élève à des projets ;
– le contenu du portfolio de l'élève.

L'observation en tant qu'outil d'évaluation

L'instrument essentiel d'une « évaluation authentique », pour Howard Gardner, c'est l'*observation*.

De même que pour la détermination des multiples intelligences des élèves (comme nous l'avons vu au chapitre « Les élèves et les intelligences multiples », page 99), l'emploi de l'observation est particulièrement utile pour déterminer les différents *processus* qu'emploient en pratique les élèves, et évaluer ainsi leurs capacités à résoudre des problèmes ou à réaliser des tâches précises.

Lorsque l'on propose régulièrement aux élèves des « centres d'activité », l'observation de leur comportement dans chacun des centres donne également des éléments intéressants pour évaluer leurs processus cognitifs, en rapport avec les différentes intelligences.

Les observations recueillies par l'enseignant peuvent être répertoriées à travers l'usage d'un *anecdotier*. Un anecdotier est une sorte de journal de bord, avec une section pour chaque élève, où l'on note (avec la date) toutes les observations qui semblent pertinentes sur chaque élève : ce qu'il a fait dans les domaines scolaire et extrascolaire, ses interactions avec ses camarades, son comportement avec le matériel pédagogique, en particulier dans l'utilisation des centres d'activité.

On veillera à avoir un regard positif sur les comportements et le développement des élèves, en s'intéressant aux choses que les élèves savent faire plus qu'à celles qu'ils ne savent pas faire.

La réalisation de « produits », d'exposés et de présentations

Autre élément très important d'une évaluation authentique, les produits créés par les élèves. Ce sont des *preuves* tangibles du degré de compréhension et de compétence de l'élève. On touche ainsi l'un des éléments par lesquels Howard Gardner définit « l'intelligence » *: la capacité à créer un produit réel ou à offrir un service qui ait de la valeur dans une culture donnée.*

Pour garder la trace de ces « produits » lorsque l'on ne peut pas les conserver (par exemple maquettes, inventions, projets artistiques et scientifiques), on pourra utiliser un appareil photo numérique.

Le projet en tant qu'outil d'évaluation

À la fin d'un cours ou d'une séquence, pour déterminer jusqu'à quel niveau de compétence les élèves maîtrisent les objectifs et ont compris le contenu, un projet est souvent utilisé comme l'activité culminante sur laquelle les élèves sont évalués.

Pour évaluer correctement un projet, il est nécessaire de clairement définir et expliquer aux élèves les objectifs à atteindre, et en particulier :

– ce que doit comporter le projet pour qu'il soit excellent, moyen ou inacceptable ;

– les éléments qui seront pris en compte pour évaluer leur travail.

L'utilisation de projets dans un cadre « intelligences multiples » a été abordé au chapitre précédent.

Le portfolio en tant qu'outil d'évaluation

Un autre outil majeur d'évaluation est le portfolio (également présenté au chapitre précédent). Le portfolio est un outil d'évaluation particulièrement utile et pertinent, parce qu'il rassemble un ensemble très varié de travaux de l'élève, réalisés tout au long de l'année.

Lorsque l'on parcourt le portfolio d'un élève, son développement et son amélioration dans les différentes matières du programme apparaissent en général clairement. Ainsi il ne risque pas d'être évalué au travers d'un mauvais résultat ponctuel à un contrôle, ou sur un travail pour lequel il a reçu trop d'aide de ses parents.

Lorsque l'on a des difficultés pour remplir le bulletin de l'élève, son portfolio donne en général des informations intéressantes et pertinentes.

Discuter avec un élève de son portfolio peut également donner des indications précieuses sur ses progrès et ses difficultés.

Le portfolio est également un instrument d'auto-évaluation pour les élèves. Il est important de laisser les élèves regarder leur portfolio régulièrement, et de leur permettre d'y ajouter des travaux chaque fois qu'ils le veulent. Étant responsables de leur portfolio, les élèves développent un sens de responsabilité dans leur démarche de progrès.

Autres outils d'évaluation

En plus des outils décrits ci-dessus, on peut utiliser un large spectre d'autres outils pour évaluer les progrès académiques des élèves, tout en ayant un œil sur le développement de leurs intelligences multiples.

Cela peut comprendre :
- des tests standardisés,
- des contrôles sous forme traditionnelle,
- des travaux à faire en classe,
- des travaux réalisés en équipe.

On pourra également proposer des contrôles souples, c'est-à-dire qui ne suivent pas les règles strictes habituelles : temps adapté, aide à la compréhension des consignes, modes de présentation variés (par exemple sous forme d'images, de topogramme, de musique, de dialogues).

Des idées d'activités d'évaluation par intelligences sont proposées au dernier chapitre (page 277).

On pourra également tirer parti de discussions personnelles ou de rencontres périodiques avec l'élève, permettant de discuter de ses progrès, de ce qui l'intéresse en général, de ses objectifs et d'autres sujets pertinents.

Vers des écoles « intelligences multiples »

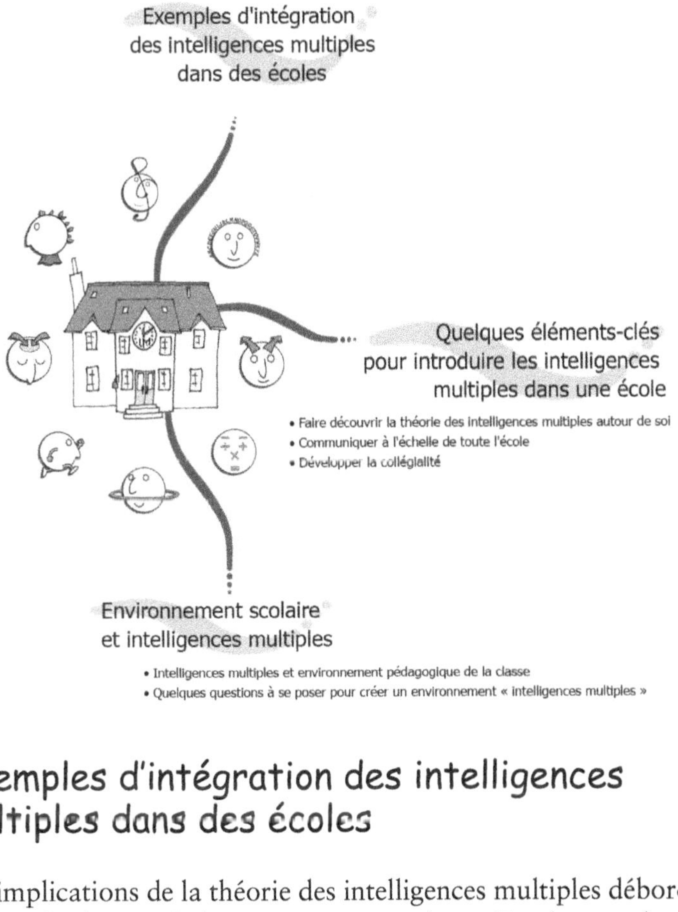

Exemples d'intégration des intelligences multiples dans des écoles

Les implications de la théorie des intelligences multiples débordent largement les limites de l'enseignement en classe. Fondamentalement, la théorie des intelligences multiples oblige à repenser la manière dont les écoles sont structurées.

Le cheminement pour devenir progressivement une école « intelligences multiples » peut être facilité par le fait que cette théorie renforce les grands principes qui, déjà, guident certaines équipes enseignantes :

– tous les enfants ont des talents ;
– les arts sont importants ;
– ce que l'on est est plus important que ce que l'on sait.

Cette théorie valorise la diversité tout en offrant une autre façon de reconnaître le caractère unique de chacun.

Des écoles ont tenté l'aventure des intelligences multiples, à différents niveaux d'application, et ne semblent pas le regretter. Leur expérience peut servir de modèle (à adapter, bien entendu), permettant d'éviter certaines erreurs ou difficultés, et de tirer le meilleur profit de leur travail de pionnier.

En particulier, deux écoles américaines sont maintenant célèbres pour avoir introduit les intelligences multiples d'une manière globale dans leur école, la *Key Learning Community* à Indianapolis (Indiana) et la *New City School* à Saint-Louis. À travers des livres, des documents et leur site Internet, ces écoles partagent leur savoir-faire avec le reste du monde.

La **Key School**, devenue ensuite la *Key Learning Community*, a été la première école basée sur les intelligences multiples. Elle a été créée dans les années 1980 par un petit groupe d'enseignants, avec l'aide d'Howard Gardner. Cette école, qui va maintenant de la maternelle jusqu'au secondaire, est devenue un modèle et une ressource reconnue.

La **New City School** est une école privée fondée dans la fin des années 1970, allant de la maternelle à la 6e. Depuis le début, la *New City School* a voulu être une école qui soit à la fois classique dans les programmes enseignés, tout en portant une attention particulière à l'environnement d'apprentissage et à la diversité socioculturelle de ses élèves.

C'est au début des années 1990 que son directeur, Thomas R. Hoerr, a lu le livre de Howard Gardner *Frames of Mind*. Il a eu aussitôt le sentiment que cette théorie pouvait devenir un outil pédagogique bien en rapport avec les valeurs de son école. Il a partagé son intérêt avec ses enseignants, et a progressivement transformé la *New City School* en une école entièrement « intelligences multiples ».

Différents projets, passés ou en cours, ont également pour objectif l'introduction progressive des intelligences multiples dans des écoles. Ainsi, le **projet SUMIT** (*Schools Using MI Theory*) favorise actuellement l'introduction des intelligences multiples dans une quarantaine d'écoles américaines.

Le projet Spectrum, sous la supervision d'Howard Gardner et de David Feldman, est une expérimentation qui a duré une dizaine d'années et a délibérément visé le niveau préscolaire et primaire[21].

---

21 Trois livres ont été publiés suite à cette expérimentation (voir bibliographie).

Le nom du projet fait référence au large spectre d'intelligences présent chez tout enfant.

Le choix de commencer cette expérimentation à un niveau préscolaire se fondait sur l'idée que plus on détecte tôt les forces intellectuelles d'un enfant, plus cet enfant, ses enseignants et ses parents auront le temps de travailler ensemble pour les développer, et moins on laissera longtemps l'enfant avec ces forces inexploitées et inutilisées.

Le projet Spectrum a effectivement montré qu'il est possible, dès l'âge de 4 ans, d'utiliser des techniques pédagogiques alternatives pour reconnaître les forces d'un enfant et pour s'appuyer sur elles.

D'autres écoles « intelligences multiples » ont été créés, se créent ou se transforment progressivement, dans différents endroits des États-Unis et également au Canada.

Certaines écoles ont constaté des résultats étonnants à la fois sur le plan cognitif et sur le plan relationnel. Leurs résultats académiques sont en général supérieurs à la moyenne, d'environ 20 %, et leur taux d'absentéisme est très bas, parce que les élèves *veulent* aller à l'école.

Ces écoles ont également peu de problèmes de discipline, parce que leurs élèves sont engagés d'une manière active dans des méthodes d'apprentissage qui correspondent à leur manière d'apprendre.

On a constaté également une participation plus active des parents, et des améliorations notables chez les élèves en échec ou en difficulté.

Quelques éléments-clés pour introduire les intelligences multiples dans une école

Il n'y a pas deux écoles semblables, et l'introduction des intelligences multiples est à chaque fois une aventure particulière. De l'expérience de différentes écoles « intelligences multiples », on peut tirer quelques enseignements pratiques.

Faire découvrir la théorie des intelligences multiples autour de soi

Lorsque l'on a découvert la théorie des intelligences multiples et que l'on souhaite faire partager sa découverte, on peut le faire de différentes manières :

– discussions informelles entre collègues ;

– organisation, pour les enseignants intéressés, de groupes de lecture, de discussion et de partage ;

– recherche dans ses cours et dans ceux de ses collègues des éléments « intelligences multiples » déjà naturellement intégrés ;

– partage de premières expérimentations en classe ;

– visite de sites Internet d'écoles utilisant peu ou prou les intelligences multiples.

Communiquer à l'échelle de toute l'école

Enseigner avec les intelligences multiples, même si cela se fait progressivement, est une manière de faire très différente de ce que l'on fait habituellement, et qui peut être dérangeante. La *communication*, diverse dans ses formes et régulière dans la durée, est alors essentielle.

Elle doit viser à faire connaître et à faire comprendre le modèle « intelligences multiples » à tous les acteurs de la communauté scolaire (sans forcément demander une adhésion totale), c'est-à-dire :

– à l'ensemble des enseignants ;

– aux élèves ;

– aux responsables administratifs ;

– aux parents ;

– et au reste de la communauté scolaire (secrétaire, jardinier, personnel de service, etc.).

Cela signifie que chacun, des plus jeunes élèves jusqu'aux parents les plus occupés, doit avoir une certaine connaissance des intelligences multiples. En particulier, il est souhaitable que l'implication des parents soit active, c'est-à-dire qu'ils fassent l'expérience des intelligences multiples au fur et à mesure qu'ils en apprennent sur le sujet – tout comme leurs enfants.

Pour cette démarche essentielle de communication, on peut utiliser :

• une **lettre circulaire** (hebdomadaire, mensuelle, bisannuelle...) avec :

– des événements particuliers reliés à l'intégration des intelligences multiples dans les classes ;

– des descriptions d'activités de classe ;

– des travaux d'élèves en rapport avec les intelligences multiples ;

– des lectures intéressantes, des extraits d'articles sur les intelligences multiples ;

– des sites Internet à visiter ;

– des expérimentations faites dans d'autres écoles ;

– des interviews ;

– des avis et des témoignages de parents et/ou d'élèves ;
– des résultats, des statistiques ;
– etc.

L'essentiel du travail de rédaction et de composition de ces lettres circulaires peut être réalisé par les élèves.

• des **réunions d'information** régulières, pour les parents et pour le personnel de la communauté scolaire ;

• une **brochure**, donnant une définition simple des différentes intelligences et décrivant le processus d'intégration des intelligences multiples dans l'école. Cette brochure peut être distribuée aux nouveaux parents et aux visiteurs.

• des **tableaux d'affichage**, répartis dans des lieux-clés de l'école, qui peuvent présenter :
– une brève description des intelligences ;
– des travaux « intelligences multiples » réalisés par des élèves ;
– des photos de personnes célèbres ou du personnel de la communauté scolaire qui mettent particulièrement en valeur l'une ou l'autre des intelligences.

• des **journées portes ouvertes** sur le thème des « intelligences multiples », qui peuvent donner l'occasion aux parents (et à d'autres personnes intéressées) :
– de découvrir comment le programme officiel a été adapté sous une forme « intelligences multiples » ;
– d'expérimenter par eux-mêmes plusieurs activités « intelligences multiples » ou des centres d'activité ;
– de visiter différentes classes, leur permettant ainsi de découvrir la variété des façons de mettre en œuvre les intelligences multiples dans les classes.

Une ou plusieurs fois en cours d'année, une journée particulière (ou une soirée) peut être consacrée à la **présentation des portfolios** : les enfants, par groupes de 3 à 5, partagent leur portfolio avec leurs parents tandis que l'enseignant est disponible pour répondre aux questions.

Développer la collégialité

Implanter dans une école une approche pédagogique basée sur les intelligences multiples, c'est faire, d'une manière ou d'une autre, une démarche de pionnier : il n'y a pas de route bien tracée, de modèle tout prêt à suivre, et personne n'a la solution idéale.

Cette démarche de pionnier, pour qu'elle ne s'enlise pas, signifie que l'ensemble de la communauté éducative doit travailler et rechercher ensemble. La collégialité est essentielle.

Le développement de cette collégialité est important :
– pour avoir des regards croisés sur les élèves, pour déterminer leurs intelligences « fortes » et, d'une manière plus générale, leur niveau dans les différentes intelligences ;
– pour trouver des stratégies d'apprentissage bien adaptées aux besoins des élèves, en tenant compte de leur bouquet (unique) d'intelligences ;
– pour tirer parti de la complémentarité des enseignants, en utilisant leurs intelligences « fortes » ;
– pour aider chaque enseignant à utiliser des intelligences dans lesquelles il est « faible ».

Cette collégialité se heurte souvent à des obstacles :
– le manque de temps nécessaire pour des réunions d'information, de travail et de partages d'expériences ;
– la peur de s'engager dans un processus non conventionnel, et la crainte de l'échec ;
– des habitudes, souvent solidement ancrées, de travailler chacun dans son coin ;
– des locaux mal adaptés ;
– etc.

Pour développer cette collégialité, on peut :
– faire un partage du travail, basé sur les intelligences « fortes » des enseignants ;
– proposer régulièrement des temps d'échanges sur les élèves et sur les pratiques « intelligences multiples » ;
– travailler ensemble sur les programmations d'activités, dans le respect des programmes officiels ;
– faire de la recherche d'idées pour planifier et enrichir l'avenir ;
– s'observer mutuellement en train d'enseigner ;
– partager ses pratiques pédagogiques.

Ces deux derniers points sont rarement acceptés par les enseignants, qui en général mettent en avant des problèmes d'emploi du temps, ou une nécessaire discrétion. En fait, la peur d'être jugé est souvent la raison principale de refuser l'entrée d'une personne extérieure dans sa classe, ou de demander des conseils à des collègues.

Dans la démarche « intelligences multiples », le problème se pose différemment pour l'enseignant : s'il accepte le fait qu'il a, comme ses élèves, un « bouquet d'intelligences » unique, il lui est plus facile d'accepter l'idée que ses collègues puissent aborder le programme et la pédagogie d'une façon différente de la sienne. Il devient alors évident que tous les enseignants peuvent apprendre les uns des autres, qu'ils enseignent la même discipline ou non.

Ainsi, un enseignant pourra expliquer à ses collègues des manières de faire et des stratégies d'enseignement se basant sur ses intelligences « fortes », sans déclencher des mouvements d'humeur et de rejet de collègues qui n'enseignent pas de la même façon. Son initiative pourra même être bien accueillie par ses collègues qui ont des difficultés avec cette intelligence.

Environnement scolaire et intelligences multiples

Intelligences multiples et environnement pédagogique de la classe

La conception la plus « classique » d'une salle de classe, c'est un lieu où les élèves sont assis en rangées face à une estrade et un tableau. Sur cette estrade, l'enseignant est soit assis à une table, occupé à corriger des devoirs, soit debout près du tableau à faire son cours. Les élèves doivent se taire, et rester assis sur leur chaise – jusqu'à la sonnerie stridente qui les libérera.

Lorsque l'on introduit la théorie des intelligences multiples dans une classe, les élèves deviennent des apprenants actifs qui jouent un rôle essentiel dans leur propre apprentissage, en particulier lorsqu'ils réalisent des projets, travaillent avec d'autres et utilisent leur propre style d'apprentissage pour réussir. L'enseignant se rend compte alors qu'il est nécessaire de restructurer l'environnement de sa classe pour donner plus de cohérence à son enseignement.

Il est important de reconnaître l'influence de l'environnement sur la qualité de l'apprentissage des élèves. Les élèves qui entrent dans une classe décorée avec art, comprenant différents espaces de travail bien délimités, considéreront leur environnement d'apprentissage comme un endroit positif, qui donne envie d'y vivre et d'apprendre. En revanche, un lieu neutre, impersonnel ou laid leur donnera un état d'esprit peu favorable pour apprendre, découvrir et se dépasser.

✓ Environnement physique de la classe

Quels que soient la taille et l'arrangement de la salle de classe, organiser la pièce pour renforcer l'aspect « intelligences multiples » n'est pas toujours simple. L'arrangement du mobilier doit être assez souple pour pouvoir être modifié rapidement, afin de permettre aux élèves de travailler essentiellement de trois manières différentes :

– en classe entière ;

– en petits groupes ou en centres d'activité, où ils peuvent parler et travailler ensemble ;

– en coins individuels où ils peuvent travailler seul.

Dans les salles de classe « intelligences multiples », le mouvement est un vecteur privilégié et encouragé. Pour cela, les élèves doivent pouvoir se déplacer facilement ici et là, selon leurs activités, tout au long du cours ou de la journée.

Pour faire en sorte que le mouvement devienne une partie naturelle du fonctionnement de la classe sans être un dérangement continuel, des règles de déplacement doivent être mises au point et acceptées par les élèves, et les zones de travail bien délimitées.

Si l'espace le permet, il est également intéressant d'avoir une zone où les élèves peuvent créer des scénettes, mettre en place du mime ou du théâtre, et, d'une manière plus générale, où ils peuvent apprendre selon le mode corporel/kinesthésique.

Pour organiser la salle de classe de différentes manières, les élèves eux-mêmes peuvent être d'excellentes sources d'idées. Ceux qui ont une intelligence visuelle/spatiale bien développée seront passionnés par la fabrication de plans pour réarranger la classe selon diverses modalités, en tenant compte de différents paramètres que vous leur indiquerez.

On peut également mettre au point avec les élèves des sortes de « chorégraphies », avec un fond musical bien choisi, pour réarranger la classe d'une disposition à une autre en faisant le moins de bruit possible.

Par ailleurs, il est important de créer un environnement visuel de la classe stimulant et coloré. Mais il faut éviter une surstimulation visuelle, c'est-à-dire trop de choses aux murs, au sol – et parfois même au plafond. Trop de posters, de photos, de travaux d'élèves, de citations « pompent » en permanence une bonne partie de l'énergie mentale et empêchent une bonne concentration. Dans la mesure du possible, il est important d'avoir des espaces nus, de couleur assez neutre, où les yeux peuvent se (re)poser sans déclencher un processus mental.

✓ L'environnement social de la classe

Il est également important de s'attacher à la qualité de l'environnement social de la classe, sur lequel se bâtit l'atmosphère de classe. Dans une classe qui utilise les intelligences multiples, les élèves ont besoin de sentir que le fait de parler et de collaborer sont des comportements qui sont acceptés et encouragés.

Pour que cela se passe bien, il faudra en général établir un *ensemble de règles* qui vont guider le comportement des élèves, selon qu'il s'agit d'une leçon en classe entière dirigée par l'enseignant, ou de sessions en petits groupes ou encore d'un temps de travail individuel.

Il est bien entendu important que les élèves soient impliqués dans la mise au point de ces règles de comportement, pour accepter de les suivre. Voici par exemple quelques règles que l'on peut faire émerger, en les illustrant d'exemples positifs et négatifs :

– j'écoute lorsqu'un enseignant ou un camarade me parle, je lui laisser finir sa phrase pour qu'il puisse aller au bout de son idée ;

– je propose régulièrement à mes camarades de donner leurs idées et leur avis ;

– je contribue avec mes propres idées ;
– j'essaye de trouver par moi-même ; si je n'y arrive pas, je demande d'abord à mes camarades, puis ensuite à l'enseignant ;
– je traite chacun avec respect ;
– etc.

L'une des causes les plus habituelles de conflits et de comportements perturbateurs dans une classe est souvent *l'entassement* des élèves, lorsqu'ils n'ont jamais le sentiment d'avoir un endroit personnel pour eux, ou lorsqu'ils craignent que leur espace personnel ne soit violé.

Dans une classe qui utilise des stratégies intelligences multiples, l'organisation d'un endroit de la classe propice aux réunions et aux discussions est tout aussi important que de proposer aux élèves des espaces individuels et privés. Ces espaces particuliers nourrissent le domaine affectif, renforcent et encouragent l'apprentissage des élèves.

Bien entendu, organiser des espaces particuliers lorsque l'on a 35 élèves dans sa classe est un défi difficile à relever. Cependant, lorsque l'on fait comprendre aux élèves l'importance que l'on attache à ce qu'ils aient, de temps en temps, un espace privé pour eux, aussi petit soit-il, les élèves prennent soin de respecter ces espaces.

On accepte en général l'entassement des élèves comme une fatalité. Mais il est sûr que bien peu d'adultes accepteraient de travailler dans de telles conditions…

✓ Environnement émotionnel de la classe

Il est important que chaque élève se sente *bien* lorsqu'il est en classe, en particulier pour pouvoir utiliser et développer ses intelligences interpersonnelle et intrapersonnelle. Plusieurs éléments peuvent contribuer à cela :

– que sa personnalité ne soit jamais mise en danger, ni par ses camarades, ni par l'enseignant. La moquerie, le mépris, les jugements, les propos racistes ou sexistes doivent être bannis de la salle de classe ;
– que la salle de classe soit arrangée d'une manière artistique[22] : disposition des meubles, reproduction d'œuvres d'art, musique, fleurs ou plantes vertes, *périphériques*[23] de qualité, etc.

---

22 Selon les possibilités et les contraintes, bien entendu – mais on peut souvent élargir le champ des possibles et se rendre compte que les contraintes ne sont que des manières habituelles d'agir, et que l'on peut les modifier.
23 Voir note page 52.

Quelques questions à se poser pour créer un environnement « intelligences multiples »

Pour donner une cohérence à sa démarche « intelligences multiples », l'enseignant pourra passer son enseignement au crible des huit intelligences, en se posant par exemple les questions suivantes.

✓ Environnement verbal/linguistique

• Comment est-ce que j'utilise les mots et le langage dans mon enseignement ?

• Le niveau de difficulté des mots est-il bien adapté aux élèves ? Est-ce que je pense à bien définir les mots importants ?

• Quel est le mode le plus utilisé dans la construction de mes phrases (formes positive, négative, injonctive)[24] ?

• Sous quelles formes les éléments verbaux sont-ils transmis aux élèves : cours à copier, notes à prendre, manuel scolaire à étudier, journaux, documents, posters, citations, etc.

• Puis-je varier ces formes de transmission ?

• Est-ce que je parle trop ? Y a-t-il trop de « pollution linguistique » dans la classe, c'est-à-dire un emploi trop important de mots, sous une forme ou sous une autre, soit par moi-même, soit par les élèves ?

✓ Environnement logique/mathématique

• Est-ce que je fais régulièrement référence à des nombres ou à des structures logiques ?

• Est-ce que les élèves ont à leur disposition des instruments mathématiques comme un rapporteur, une calculatrice, une règle graduée, etc., permettant un usage immédiat si nécessaire ?

• Est-ce que les élèves ont des occasions de (se) poser des questions, de faire des raisonnements déductifs (« Si..., alors... »), d'explorer des hypothèses, d'imaginer des alternatives (« Et si... »)

✓ Environnement visuel/spatial

• Comment le mobilier est-il disposé dans la classe ? Peut-on avoir différentes configurations en fonction des besoins ?

• Est-ce qu'il y a suffisamment d'espace dans la classe pour ne pas donner un sentiment d'entassement et de surpopulation ?

---

24 En moyenne, un enfant reçoit dans une journée 80 % de phrases sous les formes négative ou injonctive, et seulement 20 % sous forme positive.

• Les couleurs de la pièce (murs, sol, plafond) favorisent-elles la détente concentrée ou sont-elles agressives ?

• La salle de classe est-elle un lieu fonctionnel sans aucune recherche esthétique, ou bien est-elle arrangée avec art ?

• Si les murs peuvent être utilisés, les éléments mis aux murs (comme des « périphériques ») sont-ils stimulants ou sans intérêt ?

• Est-ce que la pièce est bien éclairée, ou y a-t-il des zones sombres ? Le type d'éclairage est-il de qualité (naturel, incandescent ou fluorescent) ?

✓ Environnement corporel/kinesthésique

• Les élèves sont-ils toujours obligés de rester assis à leur place, ou ont-ils fréquemment la possibilité de se lever et de bouger, par exemple lors de pauses de décontraction, d'étirements ou de relaxation, ou bien lors de changements d'activités ?

• Y a-t-il du matériel disponible (papiers, carton, colle, ciseaux, etc.) pour des collages, des constructions, etc. ?

• Y a-t-il un espace libre (ou facilement libérable) dans la classe où les élèves peuvent répéter et représenter de petites mises en scène ?

• La qualité de la nourriture donnée aux élèves est-elle régulièrement prise en compte ? Est-ce que les élèves connaissent l'importance de boire de l'eau pure et de manger une nourriture saine, variée et équilibrée pour avoir un corps en bonne santé et un cerveau qui apprenne bien ?

✓ Environnement musical/rythmique

• Est-ce que l'environnement sonore de la classe contribue à l'apprentissage, ou bien y a-t-il souvent des bruits désagréables ou perturbateurs (bruits extérieurs, classes voisines, etc.) ?

• Est-ce qu'il y a, de temps en temps, de la musique de fond bien choisie pour accompagner certaines activités ? L'appareil utilisé est-il de bonne qualité ?

• La voix de l'enseignant est-elle bien maîtrisée et bien utilisée (par exemple : ni trop aiguë, ni trop forte, ni trop faible, avec des changements réguliers de tons et d'intonations pour éviter la monotonie, etc.) ?

✓ Environnement interpersonnel

• Y a-t-il dans la classe une atmosphère générale de respect mutuel et de confiance ?

• Propose-t-on régulièrement aux élèves de travailler ensemble ?

• Lorsqu'il y a des conflits, les élèves ont-ils des instruments de médiation adaptés pour régler ces conflits entre eux ?

• Y a-t-il dans la classe un endroit où des élèves peuvent avoir une conversation sans déranger les autres ?

• Y a-t-il dans la classe un endroit où quelques d'élèves peuvent travailler ensemble ?

• Est-ce que les élèves ont régulièrement des occasions d'interagir avec quelqu'un d'autre pendant le déroulement de la classe ?

✓ Environnement intrapersonnel

• Est-ce que la réflexion personnelle des élèves est régulièrement sollicitée dans le déroulement de la classe ?

• Est-ce qu'il y a des zones de la classe où les élèves savent pouvoir aller pour travailler seuls et ne pas être dérangés ?

• Est-ce que les élèves ont le sentiment de pouvoir partager leurs opinions et leurs sentiments sans problème, sans risque de moquerie ou de jugement ?

• Est-ce que l'enseignant favorise et s'appuie sur des « mémoires de succès » des élèves, pour leur permettre de développer leur confiance en eux et une meilleure reconnaissance extérieure ?

• Les élèves ont-ils parfois la possibilité de choisir la manière de gérer leur apprentissage ou la manière par laquelle ils seront évalués ?

✓ Environnement naturaliste

• Y a-t-il dans la classe des fenêtres qui permettent de voir des éléments de la nature, le ciel, les nuages, des arbres, des oiseaux ?

• Les élèves ont-ils parfois des occasions d'apprendre dans un environnement plus naturel qu'une salle de classe ?

• Les élèves ont-ils régulièrement des occasions de classer, de classifier, de répartir des objets, des idées, des questions, etc. ?

2

Activités et stratégies « intelligences multiples »

Dans cette deuxième partie sont présentées de très nombreuses idées d'activités permettant d'intégrer, d'une manière ou d'une autre, les intelligences multiples dans son enseignement.
On comprendra qu'il n'est pas possible, dans le cadre d'un livre général comme celui-ci, de proposer des fiches d'activités détaillées, spécifiques à un niveau, une matière ou à un thème particulier du programme.
En attendant la réalisation de manuels scolaires orientés « intelligences multiples », l'enseignant intéressé pourra trouver de telles fiches d'activités – et pourra contribuer à enrichir cette « bibliothèque » – sur le site Internet de l'auteur :
www.mieux-apprendre.com

SOMMAIRE

Activités et stratégies par intelligences

La théorie des intelligences multiples ouvre la porte à des activités pédagogiques nombreuses et variées. Il arrive – il est vrai – que des enseignants utilisent d'une manière naturelle ce type d'activités dans leurs classes. Pour d'autres enseignants, la théorie des intelligences multiples va leur donner l'occasion d'élaborer des stratégies pédagogiques rarement employées dans le monde de l'enseignement.

Mais il faut bien comprendre qu'il n'existe pas un ensemble unique d'activités et de stratégies pédagogiques qui marcheront à tous les coups et avec tous les élèves. Chez tous les enfants, les huit formes d'intelligence ont un poids relatif différent. C'est pourquoi une activité peut très bien marcher avec un groupe d'élèves, et marcher moins bien avec un autre. Par exemple, les enseignants qui utiliseront un outil basé sur le rythme et la musique constateront probablement que cet outil convient particulièrement bien à des élèves à l'intelligence musicale/rythmique développée, alors qu'il n'aura guère d'effet chez ceux où ce n'est pas le cas. Ou bien l'emploi d'images et de dessins va faire réagir des élèves ayant une intelligence visuelle/spatiale relativement développée, mais aura probablement un impact différent pour les élèves chez qui prédomine plutôt l'intelligence corporelle/kinesthésique ou verbale/linguistique.

En raison de ces différences individuelles entre élèves, il est recommandé aux enseignants de recourir à un éventail aussi large que possible de stratégies et d'activités « intelligences multiples ». De ce fait, il arrivera toujours un moment où l'intelligence (ou les intelligences) prédominante(s) de chacun des élèves participera(ront) plus efficacement.

Activités et stratégies pour l'intelligence verbale / linguistique

L'intelligence verbale/linguistique est particulièrement cultivée à l'école, depuis toujours, à travers un grand nombre de formes linguistiques orales et écrites : manuels, cours parlés ou dictés, fiches, contrôles, exposés, etc.

Ce sont d'excellents vecteurs de communication de connaissances, mais ils ne constituent qu'*une petite partie* d'un vaste répertoire de stratégies pédagogiques basées sur le verbal et le linguistique.

Sont présentées ci-après des activités et des stratégies qui encouragent l'emploi de mots de manières riches et, souvent, non traditionnelles.

Stratégies générales utilisant essentiellement l'intelligence verbale/linguistique

Voici quelques stratégies générales pour vous aider à intégrer l'intelligence verbale/linguistique dans votre enseignement :

- Rechercher les mots-clés, les définir et les structurer.
- Résumer avec ses propres mots.
- Faire créer des dialogues.
- Raconter des histoires.
- Faire créer des contrôles, des questionnaires et des tests sur le sujet.
- Tenir un journal.
- Organiser des discussions ou des « remue-méninges ».
- Utiliser un dictaphone.
- Créer et publier un journal.

✓ Rechercher les mots-clés, les définir et les structurer

Rechercher les mots-clés d'un sujet permet d'aider les élèves à se créer leur propre structure mentale : à partir de ces mots-clés, le reste des informations pourra s'accrocher d'une manière plus facile et plus solide.

Pour rechercher et repérer les mots-clés, plusieurs stratégies sont possibles, par exemple :

– se poser des questions sur le sujet, puis classer ces questions, permettant ainsi de repérer, par une démarche d'abstraction, les idées les plus générales et les plus importantes ;

– dans un manuel ou dans un article, repérer les mots en gras ou en italique ;

– dans un livre possédant un index, rechercher les mots ayant un grand nombre d'entrées ;

– etc.

Une fois les mots-clés repérés, il faut les définir afin de s'assurer de la bonne compréhension de ces mots-clés, ou de la complexité qui se cache derrière.

Lorsqu'un mot-clé exprime un concept, plusieurs stratégies permettent de bien le définir, par exemple :

– chercher, seul ou en petits groupes, une définition ;

– rechercher différentes définitions dans des dictionnaires ;

– illustrer le concept : la « traduction » d'un concept en image permet de réfléchir dessus ;

– rechercher une illustration de ce mot-clé dans les arts ou la vie courante : symbole, œuvre d'art, etc. ;

– demander à un spécialiste sa définition, la comparer à d'autres définitions ;

– mettre en scène le mot-clé, tel qu'on se le représente ;

– rechercher des expressions diverses comportant le mot-clé (également, si possible, dans d'autres langues) ;

– rechercher des analogies dans d'autres champs de connaissance (par exemple : corps humain, sciences physiques, comportement animal, etc.) ;

– rechercher des mots reliés à l'idée, par exemple en utilisant un *Dictionnaire des idées suggérées par les mots ;*

– rechercher des citations concernant ce mot-clé ;

– etc.

Puis il sera intéressant de structurer les mots-clés les uns par rapport aux autres.

Pour cela, on pourra faire une représentation graphique de l'ensemble de ces mots-clés, par exemple un topogramme, alliant ainsi intelligences verbale/linguistique, logique/mathématique et visuelle/spatiale.

✓ Résumer avec ses propres mots

Résumer un sujet est un moyen puissant de compréhension, qui nécessite une démarche analytique pour distinguer l'important du secondaire, et également une bonne maîtrise de la syntaxe et de la sémantique.

Un texte, un sujet ou une idée peuvent être résumés de différentes manières. Il est essentiel que ce résumé soit créé par l'élève (ou par petites équipes).

La comparaison de résumés est également un exercice très enrichissant et peut créer un élément intéressant de stimulation.

Voici par exemple différentes sortes de résumés possibles :

Purement linguistique
- un résumé en une page ;
- un résumé en un paragraphe ;
- un résumé en une phrase ;
- liste des idées principales, d'une manière conventionnelle.

Avec d'autres intelligences
- idées principales mises sous forme de topogramme ;
- idées principales mises sous forme de diagramme hiérarchique ;
- frise, résumant le sujet ;
- réalisation d'un poster, sans texte ni nombre.

✓ Faire créer des dialogues

La technique du dialogue est vieille comme le monde, et d'une très grande efficacité. Platon et Galilée en sont les utilisateurs les plus connus. Demander aux élèves de mettre sous forme de dialogue leurs nouvelles connaissances sur un sujet leur permet de bien les approfondir, et de les présenter d'une manière vivante et originale.

Les personnages du dialogue peuvent être des êtres humains, ayant existé ou imaginaires, ou bien des animaux, des objets, des concepts personnifiés.

Ces dialogues peuvent ensuite être mis en scène et représentés.

✓ Raconter des histoires

Dans toutes les cultures du monde, raconter des histoires est un outil pédagogique fondamental, pour les enfants comme pour les adultes. C'est d'ailleurs ce que font en permanence les romans ou les films.

Quand on raconte des histoires en classe, on peut y inclure des concepts, des idées, des objectifs pédagogiques essentiels ou des valeurs universelles.

On peut raconter des histoires dans les matières littéraires aussi bien qu'en mathématiques et en sciences. Par exemple, pour faire passer l'idée de la multiplication, on peut raconter aux élèves l'histoire d'un groupe de frères et sœurs qui ont des pouvoirs magiques : tout ce qu'ils touchent se multiplie (pour le premier enfant, c'est multiplié par deux ; pour le deuxième, par trois, etc.).

Pour préparer une histoire à raconter, on peut utiliser la démarche suivante :

– faire une liste des éléments essentiels que l'on veut y inclure ;

– utiliser son imagination et sa créativité pour créer un pays spécial, un groupe de personnages pittoresques et une intrigue fantaisiste ;

– tester son histoire auprès d'un public bienveillant (famille, enfants...).

Il n'est pas indispensable que l'histoire soit particulièrement originale ou fabuleuse. Souvent ce qui impressionne les élèves, c'est de voir l'enseignant faire un effort pour être créatif, et parler avec animation et intérêt d'un sujet qui, visiblement, lui tient à cœur.

Lorsque l'emploi d'histoires est devenu courant dans une classe, on peut proposer aux élèves qui le souhaitent (en particulier ceux qui ont une intelligence verbale/linguistique forte) de montrer leurs connaissances acquises en les transformant en histoires. C'est alors un moyen d'évaluation.

✓ Faire créer des contrôles, des questionnaires et des tests sur le sujet

Les élèves sont habitués à répondre à des questions sous forme de contrôles, d'interrogations écrites ou orales, de quiz, etc. Mais on ne leur demande jamais – ou bien rarement – de créer *eux-mêmes* des contrôles ou des questionnaires, des problèmes à résoudre, etc. C'est pourtant un puissant moyen d'apprendre et de maîtriser un sujet.

Selon le degré d'autonomie des élèves, on pourra leur proposer un canevas plus ou moins précis pour préparer ces contrôles ou ces questionnaires.

Et il sera bien entendu intéressant de proposer ces contrôles aux autres élèves.

✓ Tenir un journal

Tenir un journal, cela signifie garder une trace écrite de ce qui concerne un domaine particulier. L'enseignant peut l'imposer, par exemple sous forme de « carnet de lecture » ou de « carnet d'expériences », ou bien laisser les élèves plus libres du contenu.

Ces journaux peuvent rester privés (n'être lus par personne d'autre), ou bien n'être lus que par l'enseignant, ou être régulièrement présentés au reste de la classe.

On peut y incorporer d'autres éléments « intelligences multiples », comme des dessins, des photos, des croquis, des dialogues et d'autres éléments non verbaux.

Pour familiariser les élèves avec cette démarche, il ne faut pas oublier que cette stratégie, dans la mesure où chaque élève travaille seul et emploie ce journal pour réfléchir sur lui-même et ses expériences propres, met en œuvre essentiellement l'intelligence intrapersonnelle, qui n'est pas forcément bien développée chez certains.

En début de primaire, l'enseignant pourra écrire ou taper ce que les élèves disent dans un dictaphone.

Il est également possible d'ouvrir un journal pour l'ensemble de la classe. Tous les élèves participent à ce journal, qui est disponible en permanence.

✓ Organiser des discussions ou des « remue-méninges »

Discuter, confronter ses opinions, argumenter et persuader sont des éléments importants de la maîtrise de sa pensée et nécessite de bonnes connaissances linguistiques.

L'emploi du « remue-méninges » (*brainstorming*) est différent : il s'agit de trouver des idées ou des solutions originales et créatives sur un sujet ou un thème : élaboration d'un projet de groupe, suggestions pour un voyage scolaire, choix de mots pour écrire un poème, etc.

Pour organiser un remue-méninges, voici quelques règles générales :

– exprimer toutes les idées qui viennent à l'esprit, sans filtres, sans contraintes, et sans critiques ;

– trier ensuite ces idées ;

– examiner l'intérêt de chaque idée, y réfléchir en petits groupes ;

– déterminer les idées qui répondent le mieux à la recherche en cours.

Cette stratégie permet de tenir compte de l'originalité des idées de tous les élèves.

✓ Utiliser un dictaphone

Le dictaphone est un outil précieux à employer dans une salle de classe. Plus facile à utiliser que la vidéo, il offre aux élèves un moyen de communiquer et de « dire tout haut » ce qu'ils pensent d'un problème qu'ils essaient de résoudre ou d'un projet qu'ils veulent réaliser.

Les élèves qui ne sont pas particulièrement à l'aise pour rédiger trouveront parfois plus facile d'exprimer leurs idées en utilisant d'abord un dictaphone.

Le dictaphone peut également servir à collecter des informations – par exemple pour faire des interviews – et pour communiquer des informations.

✓ Créer et publier un journal

Ce qu'écrivent les élèves en classe est essentiellement composé de *devoirs*, qui sont ensuite rendus, corrigés, notés et finalement, bien souvent, jetés. Ainsi de nombreux élèves en viennent à considérer, au fil des années en milieu scolaire, qu'écrire est une corvée pénible, à éviter dans toute la mesure du possible.

C'est le rôle des enseignants de leur faire comprendre qu'il s'agit d'autre chose : écrire est un puissant moyen pour communiquer des idées, des sentiments, des connaissances personnelles, des opinions ou des valeurs. En donnant aux élèves la possibilité de publier et de diffuser ce qu'ils ont écrit, on leur fait mieux comprendre cette idée.

Publier peut se faire de différentes manières :

– les élèves soumettent ce qu'ils ont écrit au responsable de publication concerné (journal de classe, journal d'école, site Internet, ou tout autre moyen de diffusion écrit qui accepte ce genre de contribution) ;

– on peut aussi regrouper sous forme de livre tout ce qu'ont écrit les élèves sur un sujet ou un projet. Ce livre sera ensuite mis dans la bibliothèque de la classe ou de l'école, ou pourra être publié sur le site Internet de l'école.

Une fois les documents publiés, il faut encourager les interactions entre les auteurs et les lecteurs : lorsque les élèves voient que d'autres personnes s'intéressent suffisamment à ce qu'ils ont écrit pour en discuter, cela leur donne de l'assurance dans le domaine verbal/linguistique et les encourage à exploiter leur capacité à écrire.

Autres stratégies utilisant essentiellement l'intelligence verbale/linguistique

Les activités suivantes peuvent être proposées aux élèves lorsque l'on enseigne un sujet précis ; ces activités sont triées par verbes d'action.

Note : selon la manière dont elles sont classées, des activités identiques pourront être trouvées à différents endroits.

Créer

– écrire une histoire imaginaire sur le sujet ;
– écrire une métaphore en rapport avec le sujet ;
– faire des analogies sur le sujet ;
– écrire un poème, un haïku ou d'autres types de poésie sur le sujet ;
– écrire un rap sur le sujet ;
– écrire la suite d'une histoire en rapport avec le sujet ;
– créer des slogans sur des idées-clés du sujet ;

– créer des mnémoniques à base de mots et de langage pour mémoriser des faits reliés au sujet.

Comprendre

– paraphraser des éléments du cours ou du manuel, redire avec ses propres mots un segment de présentation du sujet ;

– écrire avec ses propres mots les résultats importants ;

– résumer par écrit ou oralement des éléments du sujet ;

– trouver et analyser des proverbes ou des dictons en rapport avec le sujet, voir comment ils peuvent aider à comprendre le sujet ;

– trouver l'étymologie de mots en rapport avec le sujet, et s'en servir pour mieux comprendre le sujet ;

– suivre des feuilles de tâche écrites concernant le sujet.

Présenter

– faire un exposé sur le sujet ;

– écrire un discours sur le sujet, et le prononcer ;

– lire à l'ensemble de la classe un texte sur le sujet ;

– lire à haute voix de la poésie en rapport avec le sujet ;

– présenter et passer une cassette audio ou vidéo avec des textes littéraires de qualité ou des textes célèbres sur le sujet ;

– faire un compte-rendu d'une recherche sur le sujet.

Questionner

– écrire des questions ouvertes et des questions fermées sur le sujet ;

– organiser et animer des débats, des discussions sur le sujet ;

– organiser une conférence de presse où des élèves sont des spécialistes qui répondent à des questions ;

– préparer un ensemble de questions pour faire une interview sur le sujet.

Jouer

– faire et créer des jeux de vocabulaire sur le sujet (mots croisés, anagrammes, etc.),

– imaginer un jeu de vocabulaire utilisant les concepts, les mots-clés, etc., étudiés,

– créer des calembours sur le sujet étudié.

Lire, rechercher, organiser ses idées

– utiliser des livres et des manuels, des documentaires sur le sujet ;

– utiliser un thesaurus pour creuser le sujet ;

– utiliser des organisateurs graphiques linguistiques (tels que le topogramme) pour organiser ses idées et ses connaissances sur le sujet ;

– tenir un journal de bord tout au long de l'étude du sujet.

Mettre en scène
– organiser un tribunal sur un thème du sujet ;
– faire de l'improvisation théâtrale sur le sujet ;
– créer un jeu de rôle sur le sujet.

Activités générales utilisant d'autres intelligences pour renforcer l'intelligence verbale/linguistique

Intelligence interpersonnelle

– utiliser le langage pour expliquer, convaincre, encourager ses camarades à agir, etc. ;

– écrire en collaboration ;

– écouter quelqu'un exprimer ses idées et discuter avec lui ;

– débattre sur les décisions que prennent les personnages dans une histoire ou un roman ;

– organiser des discussions, des débats ;

– lire une histoire avec un partenaire et discuter ensemble des événements de l'histoire ;

– lire un livre ou un article à haute voix à un partenaire ;

– aider des élèves plus jeunes à lire, ou des personnes ayant des difficultés à lire ;

– s'aider réciproquement à améliorer sa lecture à haute voix : un élève lit un texte à haute voix à d'autres élèves ; ces élèves écoutent et évaluent la lecture orale et donnent des conseils ; puis l'élève essaie à nouveau en essayant de suivre les conseils ;

– faire de la lecture chorale (plusieurs élèves lisent des passages ensemble) ;

– utiliser la lecture pop-corn : un élève lit un segment de l'histoire ou du texte, puis appelle un autre élève pour continuer la lecture ;

– utiliser la lecture puzzle : un groupe d'élèves lit un texte choisi ensemble, puis chaque élève devient expert sur une partie du texte et est responsable de l'enseigner ou de le faire comprendre aux autres ;

– utiliser la lecture dialogue : différents élèves ont en charge les paroles de différents personnages du livre, et le livre est lu à haute voix ;

– créer des groupes de lecture, proposer de former des « cercles littéraires » dans lesquels des groupes d'élèves lisent et discutent des livres qu'ils ont lus : les personnages, l'auteur, ce qu'ils aiment dans l'histoire ou ce qu'ils n'aiment pas, les thèmes ou les thèses développés, etc. ;

– organiser des « fêtes de la lecture » au cours desquelles les élèves lisent individuellement et en petits groupes, et écoutent des lecteurs invités qui viennent en classe.

Intelligence intrapersonnelle

– raconter oralement ou par écrit un événement que l'on a vécu ;

– tenir un journal de bord sur lequel on écrit chaque jour ses réflexions sur ce que l'on vit en classe ;

– tenir un « journal de bord des mots », où l'on écrit les mots qu'on est en train d'apprendre et les livres qu'on est en train de lire ;

– avoir du temps pour la lecture silencieuse, si possible dans un « coin lecture » calme et confortable ;

– trouver plusieurs questions personnelles sur le sujet ;

– choisir une manière verbale/linguistique de montrer que l'on a bien compris le sujet étudié ;

– écrire un résumé personnel d'une histoire ou d'un roman que l'on a lu, en précisant les parties ou les éléments que l'on a particulièrement appréciés, et en expliquant pourquoi on préfère ces parties ;

– évaluer ses compétences en lecture, et trouver des stratégies pour s'améliorer ;

– écouter une histoire enregistrée ou un livre lu en suivant le texte écrit ;

– faire de la lecture à haute voix à un végétal ou à un animal de compagnie ;

– ouvrir des listes sur un tableau d'affichage où les élèves peuvent écrire leurs livres favoris ;

– proposer des livres qui transmettent une valeur humaine particulière (amitié, respect, tolérance, etc.).

Intelligence corporelle/kinesthésique

– utiliser des marionnettes pour « jouer » un dialogue ;

– organiser des charades et des pantomimes ;

– « jouer » le sujet ou l'histoire que l'on étudie ;

– se mettre à la place d'un personnage (d'une histoire ou d'un roman, ou d'un personnage historique) et exprimer corporellement (mime, danse, etc.) ce qu'il ressent ;

– créer un tableau vivant mettant en scène le sujet ;

– écrire des mots de vocabulaire en mimant chaque lettre avec son corps ;

– écrire des mots de vocabulaire en déplaçant un groupe d'élèves (chaque élève représentant une lettre) ;

– fabriquer des lettres avec de la pâte à modeler et les utiliser pour écrire des mots ;

– tracer des lettres ou écrire des mots sur les paumes d'autres élèves, ou sur leur dos ;

– écrire des lettres et des mots dans l'air, avec une main, un doigt, le nez... ;

– écrire (à la craie) des mots à apprendre dans les espaces d'un jeu de marelle, puis demander aux élèves de dire et d'épeler les mots en jouant à la marelle.

Intelligence logique/mathématique

– faire un topogramme général sur le sujet ;

– créer des topogrammes de personnages (d'une histoire ou d'un roman, ou d'un personnage historique) en soulignant les caractéristiques importantes de ce personnage ;

– comparer, rechercher les similarités et les différences entre des personnages pour montrer sa compréhension du sujet ;

– faire une frise temporelle pour montrer l'ordre des événements ;

– écrire d'une manière analytique la succession d'événements dans une histoire ou un roman ;

– présenter une règle de grammaire en expliquant la logique de cette règle, et le pourquoi des exceptions ;

– utiliser des outils de réflexion comme l'analogie, le palindrome, la comparaison, le contraste, la photo en négatif ;

– demander aux élèves de créer des syllogismes ;

– fabriquer des mots croisés avec les mots du sujet ;

– inventer des jeux de mots, des calembours avec les mots du sujet ;

– présenter des mots sous forme de liste, en montrant les similarités et les différences entre les familles de mots (par exemple, agir et réagir seront listés ensemble).

Intelligence musicale/rythmique

– écrire un poème, un haïku ;

– écrire les paroles d'une chanson ;

– transformer les paroles d'une chanson pour y introduire ce que l'on souhaite transmettre ;

– trouver et écouter des musiques qui soient en harmonie avec l'histoire que l'on lit ;

– mettre une histoire ou un poème en musique ;

– associer différentes sortes de musiques, avec des tonalités variées et des rythmes différents, pour s'accorder aux différents personnages et aux différentes parties d'une histoire, ou aux différentes parties d'un processus d'écriture, à des règles phonétiques, etc. ;

– utiliser les paroles d'une chanson pour apprendre des règles de grammaire, des déclinaisons de verbes ;

– chanter un texte ou une histoire, plutôt que de lire à haute voix ;

– apprendre des poèmes simples et rythmiques, lire des histoires avec des répétitions (comme le refrain d'une chanson).

Intelligence visuelle/spatiale

– décrire avec précision un cheminement par écrit ou par oral, et vérifier qu'il a bien été compris ;

– utiliser des diagrammes organisateurs, tels que des diagrammes de Venn, des frises, des graphiques, des topogrammes ;

– montrer sa compréhension d'un sujet littéraire à travers des formes d'art variées ;

– prédire ce qui va se passer dans le chapitre suivant et se le représenter en images mentales ;

– construire un décor pour une représentation d'une histoire ou d'un roman ;

– faire un collage sur une histoire ou un roman ;

– illustrer sous forme de dessins des éléments d'une histoire ou d'un roman ;

– « rentrer » dans une image, et décrire en détail ce qui pourrait s'y passer ;

– créer des posters pour expliquer des règles de phonétique, des processus d'écriture et des règles de grammaire ;

– créer des « cartes flash » visuelles, avec le mot d'un côté et l'image de l'autre côté, pour les mots que l'on est en train d'apprendre ;

– faire un dessin pour représenter un mot, et écrire plusieurs fois le mot tout autour du dessin ;

– utiliser différentes couleurs pour représenter des éléments spécifiques (sons, syllabes, mots, types de mots, etc.) ;

– dessiner des « mots en image » pour montrer la signification des mots (par exemple, le mot « grand » sera écrit avec de grandes lettres, et le mot « pluie » sera écrit entouré de gouttes d'eau) ;

– utiliser des livres géants, proposer à la classe d'en fabriquer un.

Intelligence naturaliste

– décrire avec précision, oralement ou par écrit, des phénomènes naturels ;

– réfléchir sur le lien, dans une histoire ou un roman, entre les passages descriptifs (en particulier description de la nature, des paysages, etc.) et le déroulement de l'histoire ;

– découvrir les termes des systèmes de classification des espèces minérales, végétales ou animales, l'origine de leur nom, etc. ;

– rechercher des structures dans des mots (même son, même construction, même racine, même nombre de lettres, etc.).

Autres activités pour développer l'intelligence verbale/linguistique

Enrichir son vocabulaire

– noter dans un cahier les mots nouveaux (à chercher dans le dictionnaire), les choses intéressantes que d'autres ont dit, des phrases que l'on aime particulièrement dans ce qu'on a lu ou entendu ;

– utiliser dans la vie de tous les jours des mots ou des expressions reliés à ce que l'on vient d'apprendre.

Jouer avec les mots

– jouer à des jeux de mots (Scrabble, pendu, etc.) ;

– inventer des mots nouveaux pour exprimer ce que l'on veut communiquer ;

– inventer des mots nouveaux, étranges, amusants, leur trouver une définition et les utiliser ;

– trouver des définitions imaginaires sur des mots existants.

Créer, imaginer

– lire une histoire et écrire la suite ;

– prédire ce qui va arriver dans la suite d'une histoire ;

– raconter et écouter des histoires ;

– écrire des lettres ;

– faire des séances d'écriture libre, ou toute autre sorte d'écriture créative.

Améliorer ses compétences en orthographe et en grammaire

– utiliser des programmes d'ordinateur qui aident au développement du langage ou à l'écriture d'histoires interactives ;

– utiliser un logiciel de traitement de texte pour améliorer son orthographe ou sa grammaire.

Écouter

– écouter un livre qui a été enregistré par quelqu'un d'autre ;

– écouter un livre lu en faisant particulièrement attention aux inflexions de la voix du lecteur, et son rapport avec le contenu ;

– s'enregistrer en train de parler, puis se réécouter.

Comprendre le poids et l'importance des mots

– étudier des articles de magazines ou de journaux, ou des publicités à la radio ou à la télévision, pour déterminer l'efficacité des mots ;

– trouver des arguments logiques pour défendre des idées folles (« Pourquoi les ballons de baskets devraient être cubiques »).

Améliorer ses compétences orales

– lire des histoires à haute voix, les enregistrer et se réécouter ;

– demander conseil pour améliorer ses compétences orales : lecture fluide, embellissements de la voix, intonations variées, etc. ;

– se faire filmer lorsque l'on fait un exposé, et étudier ensuite la vidéo ;

– décrire à voix haute des objets, des scènes, des paysages.

Activités et stratégies pour l'intelligence musicale/rythmique

Même si cela paraît surprenant au premier abord, il existe des stratégies simples permettant d'utiliser la musique pour l'enseignement de nombreuses matières, et ainsi de toucher l'intelligence musicale/rythmique des élèves. Une partie de ces stratégies associe des qualités et des éléments de la musique avec les informations qui doivent être apprises.

Les enseignants qui ne sont pas particulièrement « forts » dans l'intelligence musicale/rythmique, ou qui manquent de culture musicale, seront réticents à faire appel à des activités qui utilisent cette intelligence. Mais il n'est pas nécessaire d'avoir un talent particulier en musique pour inclure dans son enseignement des activités et des stratégies basées sur cette intelligence. Comme pour toutes les autres intelligences, c'est un chemin de progression pour l'enseignant comme pour les élèves, allant du plus simple jusqu'à des compétences avancées.

Stratégies générales utilisant essentiellement l'intelligence musicale/rythmique

Voici quelques stratégies générales pour vous aider à intégrer l'intelligence musicale/rythmique dans votre enseignement :

- Traduire en musique ou en rythme les éléments importants.
- Trouver des analogies musicales.
- Proposer une discographie.
- Utiliser des fonds sonores, créer une bibliothèque sonore.
- Créer des symphonies de mots.

✓ Traduire en musique ou en rythme les éléments importants

Il est fascinant de constater les capacités étonnantes des petits enfants à retenir des histoires musicales et des comptines, en particulier avant l'apprentissage de la lecture. De même, des mots mis en rythme ou en musique (depuis l'opéra jusqu'au rap) ont un effet bien plus puissant que les mots simplement lus.

Dans un premier temps, on pourra expliquer aux élèves comment des composants essentiels de la musique (comme la répétition, les rimes et les rythmes, et le phrasé expressif) rendent plus intéressant, plus facile à apprendre et plus facile à mémoriser ce que l'on doit apprendre.

Dans un deuxième temps, on leur proposera de rechercher les éléments importants à mémoriser (dans l'apprentissage en cours) puis, dans un troisième temps, de mettre ces éléments sous forme rythmée et/ou musicale : poème, chanson, rap, psalmodie, etc. On pourra renforcer cette stratégie en y ajoutant des percussions ou d'autres instruments de musique.

✓ Trouver des analogies musicales

Faire des analogies ouvre de nouvelles perspectives lorsque l'on étudie un sujet, en aidant les élèves à réfléchir au-delà des faits et du premier degré de l'apprentissage. Rechercher des analogies musicales, comparer ou mettre en contraste une musique (ou un rythme) avec un sujet, pourra permettre de faire comprendre plus profondément et plus largement ce sujet. Par exemple, on pourra proposer de créer un rythme qui décrive « la foule marchant sur la Bastille », ou de rechercher une chanson, un rythme ou une musique décrivant par analogie le cercle ou la gravitation.

✓ Proposer une discographie

Il est habituel de proposer une bibliographie sur le sujet étudié, mais on peut y ajouter une discographie (musiques, chansons) en rapport avec des thèmes du sujet étudié.

✓ Utiliser des fonds sonores, créer une bibliothèque sonore

Même si l'on est *a priori* opposé à mettre parfois un fond sonore en arrière-plan de son cours, c'est pourtant une pratique qui peut avoir d'excellents bénéfices sur la concentration des élèves, sur leur créativité et, d'une manière générale, sur l'atmosphère de la classe.

Les musiques utilisées doivent être choisies avec soin[25], en expliquant bien aux élèves que ce sont des musiques choisies pour les aider à apprendre et à travailler, et non des musiques qu'ils écoutent régulièrement.

---

25 On trouvera des détails pratiques sur l'emploi de la musique dans un apprentissage dans *Au bon plaisir d'apprendre*, du même auteur (bibliographie).

Ces musiques pourront être choisies par l'enseignant, ou bien on créera progressivement avec les élèves une bibliothèque sonore. En prenant conscience des états associés à différents morceaux de musique, ils pourront ensuite choisir le meilleur fond musical selon l'activité en cours.

On pourra par exemple rechercher des musiques pour :
- soutenir l'intérêt ;
- renforcer le contenu d'une leçon ;
- libérer la créativité ;
- focaliser l'attention ;
- se relaxer, réduire le stress, etc.

✓ Créer des symphonies de mots

Les notations musicales sont le langage de la musique. Les musiciens savent ce que signifient précisément un *crescendo* ou un *decrescendo*, un *staccato* ou un *legato*, un *allegro* ou un *largo*.

Ces notations peuvent être utilisées pour réfléchir sur un texte écrit, ou pour donner plus de relief à un texte lu. Cela peut aider les élèves à mettre des priorités et à organiser l'information, en leur demandant quelles notations musicales permettent de mettre en valeur certaines informations par rapport à d'autres.

Autres stratégies utilisant essentiellement l'intelligence musicale/rythmique

Les activités suivantes peuvent être proposées aux élèves lorsque l'on enseigne un sujet précis ; ces activités sont triées par verbes d'action.

Créer

- utiliser une chanson connue et créer de nouvelles paroles en rapport avec le sujet ;
- écrire une chanson, une ritournelle, un rap, un poème, pour résumer ce que l'on a appris ;
- mettre des informations importantes sous forme de poème ou de chanson, et l'apprendre par cœur.

Apprendre

- apprendre des définitions, des règles, des mots-clés sous forme rythmée ;
- pour apprendre un mouvement précis (comme écrire une lettre de l'alphabet, ou l'utilisation d'un outil) : le faire en se chantonnant ce que l'on fait.

Présenter
– utiliser une chanson pour exprimer une idée ;
– exprimer un concept à travers une sélection de musiques ;
– trouver des musiques adaptées à la mise en scène du sujet.

Activités générales utilisant d'autres intelligences pour renforcer l'intelligence musicale/rythmique

Avec l'intelligence interpersonnelle
– créer une chorale de classe ;
– transformer une chanson en histoire, en spectacle de marionnettes ou en pièce de théâtre ;
– jouer à des jeux en cercle utilisant la musique.

Avec l'intelligence intrapersonnelle
– choisir la musique de fond la mieux adaptée à son activité ;
– écouter différents morceaux de musique et réfléchir à l'impact que la musique a sur soi : celles qui font bouger, rester au calme, sourire, etc.

Avec l'intelligence corporelle/kinesthésique
– mettre au point une danse avec un accompagnement instrumental ou un fond musical bien adapté ;
– utiliser son corps pour faire de la musique ;
– transformer des objets en instruments de percussion.

Avec l'intelligence logique/mathématique
– faire des rapports entre mathématiques et musique ;
– comparer et mettre en contraste des styles musicaux dans une perspective historique.

Avec l'intelligence verbale/ linguistique
– dire des choses en rythme, ou en utilisant différents types de métriques poétiques ;
– épeler un mot en musique en chantant chaque lettre sur un battement ;
– trouver des musiques pour accompagner des parties d'une histoire ou d'un roman, en fonction de l'atmosphère des différents passages.

Avec l'intelligence visuelle/spatiale
– écouter un morceau de musique et dessiner l'image visuelle que cela suggère, ou que l'on imagine que le compositeur avait lorsqu'il a écrit cette musique ;
– introduire de la musique lorsque l'on crée des images mentales ;

– concevoir un nouvel instrument de musique, pour un but particulier ;
– créer un système de symboles pour différents types de musique ;
– créer la bande-son d'un montage vidéo.

Avec l'intelligence naturaliste
– utiliser des sons naturels (bruits de la nature, chants d'oiseaux, etc.) dans un travail ou une activité ;
– trier et classer différents morceaux de musique par style, genre, instrumentation, interprète, etc. ;
– rechercher des structures dans des morceaux de musique (chanson, symphonie, etc.).

Autres activités pour développer l'intelligence musicale/rythmique

✓ Favoriser l'apprentissage

– chanter, chantonner ce que l'on fait ;
– utiliser différentes sortes de musique pour changer son humeur ou son état ;
– utiliser la musique pour créer un environnement de qualité.

✓ Découvrir

– découvrir les instruments de musique : apprendre leur histoire, leurs caractéristiques, etc., les écouter et peut-être apprendre à jouer d'un instrument ;
– découvrir d'autres styles de musique (musiques du monde, nouveaux courants musicaux).

✓ Créer

– créer des compilations de musiques sur des thèmes particuliers ;
– composer de la musique, éventuellement en utilisant un programme d'ordinateur.

Activités et stratégies pour l'intelligence visuelle/spatiale

Howard Gardner considère que trois capacités sont au cœur de l'intelligence visuelle/spatiale :

– la capacité à percevoir les objets d'une manière précise – ce qui nécessite de savoir bien observer ;

– la capacité à pouvoir se représenter, en trois dimensions et selon différentes perspectives, des objets (comme un cube) ou des groupements d'objets (comme une ville ou une galaxie) – ce qui nécessite de savoir se créer des images mentales ;

– la capacité à transférer ses propres images mentales en une représentation concrète, sous une forme à deux ou trois dimensions – ce que nous considérons comme le domaine de l'artiste (arts visuels) et du créateur (aussi bien l'architecte que le bricoleur).

Stratégies générales utilisant essentiellement l'intelligence visuelle/spatiale

Voici quelques stratégies générales pour vous aider à intégrer l'intelligence visuelle/spatiale dans votre enseignement :

- La visualisation (ou imagerie mentale).
- Le topogramme.
- Apprendre en couleurs.
- Les croquis d'idées.
- Le dessin de contours.
- L'utilisation de symboles visuels.

✓ La visualisation (ou imagerie mentale)

Le principe de la visualisation est de créer consciemment et volontairement des images mentales, en gardant le contrôle total de son esprit. Pour employer utilement cette capacité à former des images mentales, en particulier pour apprendre, il faut un minimum de pratique et suivre certaines règles simples[26].

L'une des utilisations les plus simples de la visualisation est de demander aux élèves (en fermant les yeux) de se créer des images mentales sur ce qu'ils sont en train d'étudier. On peut par exemple demander aux élèves de se créer un « tableau mental », sur lequel ils vont écrire ou dessiner ce dont ils doivent se souvenir : l'orthographe

26 Voir *Au bon plaisir d'apprendre* (bibliographie) au chapitre 15, dans lequel sont détaillés les différents emplois de la visualisation, en particulier dans un apprentissage.

d'un mot, une construction géométrique, une formule mathématique, un fait historique ou tout autre chose.

On peut également utiliser « l'imagerie mentale guidée », pendant laquelle l'enseignant fait une présentation des nouveaux concepts ou des nouvelles connaissances qui vont être étudiés, en utilisant au maximum les différents « sens intérieurs » (voir chapitre « Présentation générale des 8 intelligences », page 55).

✓ Le topogramme

Le topogramme est une manière créative, simple et astucieuse, de mettre en forme des idées et de les relier entre elles.

En utilisant une idée centrale, des branches principales et secondaires, des mots-clés, des couleurs, des symboles et des dessins, le topogramme est à la fois intéressant, plaisant à réaliser et efficace. C'est un outil pour apprendre, pour mémoriser, pour organiser et développer ses idées ; il peut avoir un très grand nombre d'applications.

La technique du topogramme favorise l'emploi de l'intelligence visuelle/spatiale (globalité, symboles, dessins, couleurs) tout en utilisant d'autres intelligences : verbale/linguistique (recherche de mots-clés), logique/mathématique (décomposition pertinente des idées en idées principales et en idées secondaires), naturaliste (catégorisation, classification), intrapersonnelle (réflexion).

Dans l'élaboration d'un topogramme, la recherche d'illustrations, d'images et de symboles permet d'approfondir des idées qui, sans cela, resteraient des mots au sens flou ou peu précis.

✓ Apprendre en couleurs

L'essentiel du travail scolaire se fait en noir et blanc : livres, polycopiés, tableaux noirs. Pourtant, l'intelligence visuelle/spatiale est très liée à l'utilisation de couleurs, et certains élèves y sont particulièrement sensibles.

Il y a de nombreuses manières d'introduire de la couleur dans la classe : emplois de feutres, de surligneurs, de papiers de couleur. On peut s'en servir pour attirer l'attention, pour catégoriser, pour faire ressortir des structures, etc.

Les couleurs participent également à l'atmosphère émotionnelle de la classe.

✓ Les croquis d'idées

Faire des croquis d'idées est une manière de penser visuellement. Cela peut aider certains élèves à exprimer la manière dont ils comprennent un sujet particulier. On pourra leur demander de faire un croquis (ou une série de croquis) soit pour exprimer un point important, soit pour illustrer l'idée principale ou le concept fondamental de ce qu'on leur enseigne.

Pour aider les élèves à se préparer à ce genre de dessin, on pourra leur proposer de jouer au Pictionary (ou à un jeu du même genre) pour leur donner l'habitude de faire de rapides croquis dans lesquels la transmission du sens prime toute qualité artistique.

✓ Le dessin de contours

Le dessin de contours consiste à ne dessiner que les contours (ou les bords) de ce que l'on dessine : objets, formes, extraits d'illustrations, personnages, etc.

Le dessin de contours a été un élément de base dans l'apprentissage artistique pendant des siècles. Mais ce n'est que récemment, avec les travaux sur les hémisphères droit et gauche, que l'on a commencé à apprécier à sa juste valeur le dessin de contours, en tant que technique pour développer la capacité à observer soigneusement et à regarder à la façon des artistes.

La technique de dessin de contours permet également de développer des capacités d'attention et de concentration.

✓ L'utilisation de symboles visuels

Le symbolisme visuel se trouve à toutes les époques et dans toutes les cultures, et c'est probablement le précurseur de tout langage écrit. De nos jours, on trouve des symboles visuels partout : code de la route, logos, icônes informatiques, etc.

Les élèves à l'intelligence visuelle/spatiale développée tireront particulièrement profit de l'utilisation par l'enseignant de dessins et de symboles pour représenter des concepts ou des informations à assimiler.

D'une manière plus générale, introduire les élèves à l'emploi (et à la création) de symboles visuels permet de développer leur capacité d'abstraction car le symbole, en tant que représentation simplifiée d'un objet ou d'une action, nécessite de déterminer « l'essence » de cet objet ou de cette action.

Il n'est pas besoin d'avoir un talent particulier en dessin pour employer cette stratégie. Dans la plupart des cas, des symboles grossièrement exécutés suffisent. Et certains élèves, si on le leur propose, pourront être une ressource inestimable pour créer des symboles ou pour illustrer des idées d'une manière synthétique.

Autres stratégies utilisant essentiellement l'intelligence visuelle/spatiale

Les activités suivantes peuvent être proposées aux élèves lorsque l'on enseigne un sujet précis ; ces activités sont triées par verbes d'action.

Créer

– concevoir des posters pour exprimer des idées en rapport avec le sujet ;

– réaliser un topogramme, des graphiques, des dessins, des cartes sur le sujet ;

– faire un décor dans la classe sur le sujet que l'on étudie ;

– créer et utiliser des « périphériques » sur le sujet ;

– créer des symboles sur des éléments du sujet ;

– fabriquer des maquettes sur le sujet ;

– créer des collages sur le sujet.

Utiliser des images

– montrer la vue globale de la notion étudiée, avec couleurs, illustrations, symboles ;

– regarder des films et des vidéos sur le sujet, et en réaliser ;

– utiliser des images, des photos en rapport avec le sujet.

Imaginer

– pratiquer des exercices d'imagination, comme par exemple « Faire comme si... » on était un élément du sujet étudié ;

– avoir des discussions imaginaires avec des éléments du sujet, soit des personnages existants ou ayant existé, soit des personnifications d'éléments du sujet.

Activités générales utilisant d'autres intelligences pour renforcer l'intelligence visuelle/spatiale

Avec l'intelligence interpersonnelle

– créer des périphériques à plusieurs ;

– partager ses idées d'illustrations ;

– réorganiser à plusieurs l'espace de la classe.

Avec l'intelligence intrapersonnelle

– observer et décrire avec précision des objets ;

– faire son autoportrait.

Avec l'intelligence corporelle/kinesthésique

– faire des activités d'orientation (course d'orientation, régate, rallye, etc.) ;

– fabriquer des maquettes, des plans en 3D.

Avec l'intelligence logique/mathématique
– faire toutes activités de type puzzle ;
– construire des modèles à l'échelle ;
– faire des cartes, des frises temporelles ;
– jouer à des jeux de stratégie nécessitant une vision spatiale, comme les échecs ou le Go.

Avec l'intelligence musicale/rythmique
– apprendre des danses qui nécessitent des déplacements dans l'espace ;
– développer un système de notation musicale, ou des symboles musicaux.

Avec l'intelligence verbale/linguistique
– transformer des histoires en dessins ou en bandes dessinées ;
– remplir des tableaux d'affichage en les rendant attractifs ;
– construire des maquettes en suivant des indications écrites.

Avec l'intelligence naturaliste
– observer et décrire avec précision des éléments de la nature (fleurs, arbres, minéraux) ;
– créer des classifications, en les associant à différentes couleurs.

Autres activités pour développer l'intelligence visuelle/spatiale

– Utiliser des modèles, des machines.
– Utiliser des « médias artistiques », tels que peinture, marqueurs, crayons, pour exprimer des idées, des opinions.
– Utiliser des « médias tactiles », comme de la glaise, du bois ou du papier mâché.
– Utiliser des organisateurs sous forme de graphiques visuels (topogrammes, histogrammes, organigrammes, etc.).
– Utiliser des logiciels graphiques.

Activités et stratégies pour l'intelligence corporelle/kinesthésique

De nombreux enseignants associent et relèguent cette intelligence au domaine de l'EPS et à son enseignant, sans y voir une quelconque utilité pour l'enseignement des matières académiques.

Pourtant beaucoup d'élèves, et en particulier ceux considérés comme « moyens » ou « à problèmes », sont en fait des enfants avec une intelligence corporelle/kinesthésique forte. On remarque qu'ils se réveillent lorsque l'enseignant propose des activités comportant du mouvement ou des manipulations, ou bien lors de visites à l'extérieur et de sorties. Leur manière de fonctionner et d'apprendre n'est pas moins valide que celle basée sur l'approche verbale/linguistique ou logique/ mathématique, et ils ont le droit d'être enseignés, dans une proportion raisonnable, sous des formes qui leur permettent de réaliser leur plein potentiel.

Bien souvent également, des enseignants défaillent à l'idée d'utiliser des activités physiques dans leur classe, qu'ils imaginent brusquement transformée en malstrom et en pandémonium, avec une trentaine d'enfants ou d'adolescents sautant au-dessus des bureaux en hurlant. C'est une caricature. Mais il est vrai que pour des élèves – et un enseignant – qui ne sont pas habitués à utiliser le mouvement dans l'apprentissage, il vaut mieux commencer doucement. Et il est bon, lorsque l'on propose des activités corporelles/kinesthésiques, de ne le faire au début qu'avec un petit groupe d'élèves volontaires, les autres ayant alors le statut d'observateurs.

Les activités corporelles/kinesthésiques en classe peuvent être très variées. Elles peuvent mettre en œuvre le corps tout entier, ou les grands muscles, ou uniquement les mains. On peut également utiliser l'imagination kinesthésique, avec laquelle on imagine faire certains gestes précis.

Stratégies générales utilisant essentiellement l'intelligence corporelle/kinesthésique

Voici quelques stratégies générales pour vous aider à intégrer l'intelligence corporelle/kinesthésique dans votre enseignement :

- Mimer un processus ou un concept.
- Penser avec les mains.
- Mettre en scène.
- Graphes corporels.
- Prendre soin du corps.

✓ Mimer un processus ou un concept

Les gestes physiques sont le langage du corps. Les acteurs et les danseurs utilisent leur corps pour raconter des histoires, exprimer des idées ou des sentiments. On peut utiliser le langage corporel :

– pour communiquer des pensées ou des idées;

– pour symboliser un concept;

– ou pour « traduire » des informations (qui sont en général sous forme logique/mathématique ou verbale/linguistique) sous forme de posture, de mime ou de mise en scène.

✓ Penser avec les mains

Les élèves qui ont une disposition naturelle pour l'intelligence corporelle/kinesthésique devraient avoir régulièrement l'occasion d'apprendre en manipulant des objets ou en réalisant des choses avec leurs mains. En Primaire, on utilise fréquemment des matériels pédagogiques à manipuler (par exemple des baguettes Cuisenaire pour l'enseignement des mathématiques) ; en Secondaire, les expérimentations scientifiques en laboratoire peuvent jouer ce rôle. Mais les élèves peuvent aussi « penser avec leurs mains » pour exprimer des concepts complexes en réalisant des sculptures en argile ou en bois, des maquettes, des collages ou autres assemblages.

✓ Mettre en scène

Dans cette démarche, les élèves transforment en dialogues, en discours ou en « scénettes » des idées, des connaissances, des événements, des problèmes ou des textes étudiés. Ils « deviennent » ce qu'ils sont en train d'apprendre.

Ces mini-jeux de rôle ne sont pas conçus comme de vraies représentations théâtrales, et peuvent être rapidement imaginés et joués dans l'enceinte de la classe.

Attention : des élèves qui sont restés assis pendant toute leur scolarité ont tendance à réagir négativement lorsqu'ils ont l'occasion pour la première fois de jouer – ou de voir jouer – un personnage. Il est conseillé au début :

– de proposer des mises en scène simples ;

– de rappeler aux élèves des règles de comportement basées sur le respect de l'autre ;

– et de choisir dans un premier temps un petit groupe d'élèves volontaires ayant un bon contrôle d'eux-mêmes.

✓ Graphes corporels

En liaison avec les intelligences logique/mathématique et visuelle/spatiale, on peut régulièrement proposer aux élèves de se regrouper ou de se trier, et ainsi de créer des « graphes humains ».

Pour introduire un sujet qui fait débat (comme par exemple l'électricité d'origine nucléaire), on pourra leur demander leur avis sous forme d'histogramme, de 1 : je suis *contre*, à 5 : je suis *pour*.

On pourra également représenter les interactions entre différentes personnalités historiques ou différents personnages d'un roman sous forme de topogramme vivant, en positionnant les personnes les unes par rapport aux autres.

✓ Prendre soin du corps

Régulièrement, le corps des élèves doit être stimulé, en particulier lorsque les élèves doivent rester longtemps assis. Cela peut se faire sous forme de divers mouvements d'étirements, pour relâcher les tensions du cou, des épaules, du dos, etc. Cela permet également aux élèves d'oxygéner leur cerveau et ainsi d'être plus alertes.

On peut aussi proposer des exercices de « yoga à l'école », à faire assis ou debout à côté de son bureau[27].

On rappellera également l'importance de boire de l'eau (pure) régulièrement pour un fonctionnement optimal du cerveau.

Autres stratégies utilisant essentiellement l'intelligence corporelle/kinesthésique

Les activités suivantes peuvent être proposées aux élèves lorsque l'on enseigne un sujet précis ; ces activités sont triées par verbes d'action.

Fabriquer, manipuler, utiliser

– fabriquer des maquettes ou des constructions en rapport avec le sujet (en papier, carton, pailles, Lego, argile, bâtons, élastiques, ou autres objets) ;
– fabriquer un jeu sur le sujet étudié ;
– utiliser des modèles, des machines, en rapport avec le sujet.

Bouger

– résoudre un problème en le traduisant dans l'espace et avec du mouvement ;
– faire des révisions mentales en marchant ;
– faire des excursions, des voyages d'études, des visites en rapport avec le sujet ;
– jouer à un jeu corporel tout en pratiquant un contenu (par exemple, attraper une balle et répondre à une question, ou jongler en épelant des mots).

Présenter

– créer une sorte de continuum en 3D pour exprimer les différentes étapes d'un sujet particulier ;
– faire parler des marionnettes sur le sujet étudié.

27 Voir *Des enfants qui réussissent*, de M. Flak et J. de Coulon (Epi).

Activités générales utilisant d'autres intelligences pour renforcer l'intelligence corporelle/kinesthésique

Avec l'intelligence interpersonnelle
– jouer la comédie, faire du théâtre;
– faire des mimes, jouer à des charades;
– pratiquer des sports collectifs;
– exprimer des sentiments avec des expressions faciales.

Avec l'intelligence intrapersonnelle
– pratiquer des sports individuels;
– pratiquer des techniques permettant d'harmoniser le corps et l'esprit (comme le yoga).

Avec l'intelligence verbale/linguistique
– apprendre et utiliser un langage des signes;
– apprendre l'orthographe en utilisant le corps, ou en écrivant des mots avec de la peinture, ou en dessinant les mots dans le sable ou sur le dos de quelqu'un.

Avec l'intelligence logique/mathématique
– résoudre des problèmes en utilisant des objets à manipuler;
– approfondir sa connaissance du corps humain, le fonctionnement des différents organes.

Avec l'intelligence musicale/rythmique
– danser, apprendre différentes danses;
– jouer d'un instrument de musique;
– créer des sons et des rythmes en utilisant son propre corps.

Avec l'intelligence visuelle/spatiale
démonter et remonter des objets, des machines;
– créer des structures en argile ou en pâte à modeler;
– faire des constructions, des maquettes.

Avec l'intelligence naturaliste
– pratiquer des activités corporelles en rapport avec la nature (jardinage, élevage d'animaux, etc.);
– catégoriser et classer en utilisant des supports physiques (fiches, boîtes, collections, etc.).

Autres activités pour développer l'intelligence corporelle/kinesthésique

– Pratiquer des activités qui nécessitent des gestes précis et contrôlés (danses folkloriques, natation, fabrication de maquette, sculpture, arts martiaux, pratique d'un instrument de musique, etc.).

– Pratiquer ou inventer des jeux impliquant une activité physique contrôlée.

– Pratiquer l'auto-observation d'activités corporelles (telles que marcher, respirer, laver une voiture) afin de devenir plus attentif à son corps, à ce qu'il sait faire, à la manière dont il fonctionne, et comment l'utiliser d'une manière optimale dans des activités de tous les jours.

– Faire des exercices de relaxation, de la « Brain Gym », du yoga.

Activités et stratégies pour l'intelligence logique/mathématique

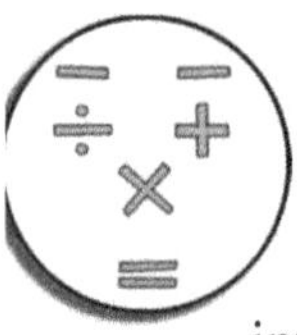

Dans sa forme la plus pure et la plus hautement développée, l'intelligence logique/mathématique comprend le fait de penser sans images. Cependant, peu d'entre nous vivent dans le monde purement conceptuel du mathématicien. Au contraire, nous utilisons en permanence cette intelligence pour résoudre des problèmes de la vie de tous les jours, comme par exemple :

– la capacité à estimer (par exemple, combien il nous faut de peinture pour peindre une pièce) ;

– la capacité à utiliser des nombres (par exemple pour équilibrer notre budget) ;

– la capacité à déterminer la cause de faits, et les conséquences probables de nos actions ;

– la capacité à comparer des alternatives et à prédire des solutions.

En allant plus loin, la capacité à penser d'une manière critique, à détecter des contradictions, à construire de nouvelles conclusions à partir d'une évaluation critique de faits, sont aussi des compétences essentielles dans le monde incroyablement complexe dans lequel nous vivons.

Toutes ces capacités sont des manifestations de l'intelligence logique/mathématique, bien au-delà du simple fait de « savoir compter », à quoi l'on veut parfois réduire le développement de cette intelligence à l'école – bien que cette capacité soit évidemment essentielle.

À l'école, en règle générale, la pensée logique/mathématique est confinée aux mathématiques et aux sciences. Pourtant, un certain nombre des éléments constitutifs de cette intelligence sont applicables dans toutes les matières. Par exemple, le développement d'une pensée critique a des répercussions dans bien d'autres domaines, en particulier dans les sciences humaines et les matières « littéraires ».

Stratégies générales utilisant essentiellement l'intelligence logique/mathématique

Voici quelques stratégies générales permettant d'intégrer l'intelligence logique/mathématique dans pratiquement toutes les disciplines scolaires :

- Calculer et quantifier.
- Se poser des questions, émettre et tester des hypothèses.
- Structurer ses idées.

✓ Calculer et quantifier

Les programmes scolaires officiels encouragent déjà les enseignants à rechercher des occasions de parler de nombres dans les matières enseignées, non seulement en mathématiques et dans les disciplines scientifiques, mais également dans les autres matières. Ainsi en histoire et en géographie, on pourra utiliser des statistiques importantes : nombre de morts d'une guerre, population d'un pays, etc. Même dans des œuvres littéraires, il sera intéressant à l'occasion de repérer des nombres intéressants, des problèmes mathématiques ou des raisonnements logiques partout où l'on peut en trouver. En passant de temps en temps en « mode mathématique » sur des sujets non mathématiques, on pourra à la fois enrichir les notions étudiées, et mieux retenir l'attention des élèves à l'intelligence éminemment logique. Et les autres élèves pourront s'apercevoir que les mathématiques, on en trouve ailleurs qu'en cours de maths.

✓ Se poser des questions, émettre et tester des hypothèses

Le fait de se poser des questions est l'une des clés de la démarche scientifique. De même, émettre des hypothèses oblige à observer les faits d'une manière rigoureuse, et à aiguiser son esprit afin de tester la valeur de cette hypothèse. Cela aide les élèves à éviter de se forger des opinions à partir d'une émotion forte ou d'une impression passagère.

Prédire et vérifier avec précision développe la capacité à planifier. Ces deux outils sont les pierres angulaires de l'expérimentation – pas forcément scientifique.

Dans une démarche analogue, se poser des questions « Et si... ? » , en justifiant ses éléments de réponse, ouvre la pensée et permet de prendre du recul par rapport à un sujet : « Et si... tel personnage historique n'avait pas existé ?»; « Et si... la surface des océans était dix fois moindre ? » ; « Et si... l'être humain avait quatre bras ? » ; etc.

✓ Structurer ses idées

On peut stimuler l'intelligence logique/mathématique chaque fois que l'on place des informations dans un cadre structuré, quelles qu'elles soient (verbales/linguistiques, logiques/mathématiques, visuelles/spatiales ou autres). Cette démarche peut aider autant à la compréhension qu'à la mémorisation.

Cela peut se faire sous de très nombreuses formes : listes, répartitions en plusieurs colonnes, topogrammes, diagrammes de Venn, schémas hiérarchiques, organigrammes, diagrammes des « qui-que-quoi-quand-pourquoi », frises temporelles, histogrammes, etc.

En français, on pourra par exemple utiliser :

– un topogramme pour faire une fiche de lecture ;

– des diagrammes de Venn pour comparer des situations ou des personnages ;

– des schémas logiques pour montrer le déroulement d'une prise de décision d'un personnage ;

– une frise temporelle pour positionner les événements d'une histoire, etc.

En histoire /géographie, on pourra utiliser :

– un topogramme pour résumer une leçon ;

– des diagrammes de Venn pour comparer des cultures ou des modes de vie à travers l'histoire, des idées ou des croyances ;

– des frises temporelles pour positionner des événements historiques ;

– des diagrammes logiques pour montrer les causes et les effets, ou pour clarifier une succession d'événements ;

– des courbes pour représenter l'évolution économique ou les modifications de population dans une ville ou dans un pays ;

– des histogrammes ou des camemberts pour représenter les choix ou les opinions des personnes à un moment donné de l'histoire ; etc.

Chaque fois que l'on utilise une représentation structurée d'idées, il pourra être intéressant de rechercher la structure la mieux adaptée au type d'informations traitées.

Autres stratégies utilisant essentiellement l'intelligence logique/mathématique

Les activités suivantes peuvent être proposées aux élèves lorsque l'on enseigne un sujet précis ; ces activités sont triées par verbes d'action.

Créer, imaginer, questionner

– créer des problèmes et des « colles » sous forme mathématique, en rapport avec le sujet étudié, et les poser aux autres ;

– créer et utiliser une « grille » pour étudier un sujet ;
– imaginer les conséquences si certains éléments du sujet étaient différents ;
– préparer une liste de questions reliées au sujet à étudier, et rechercher des éléments de réponse.

Rassembler et classer des informations
– trouver des informations numériques sur le sujet ;
– déterminer les grandes lignes du sujet ;
– mettre une hiérarchie dans des idées reliées au sujet ;
– utiliser des structures graphiques pour présenter le sujet ;
– analyser la manière dont est présenté le sujet (livre, article, etc.) ;
– organiser les éléments à mémoriser d'une manière logique, pour faciliter leur mémorisation.

Comparer, faire des analogies, relier
– comparer différents éléments du sujet ;
– faire des analogies mathématiques ou scientifiques avec des éléments du sujet étudié ;
– analyser des similarités et des différences entre des éléments du sujet ;
– rechercher l'influence sur le sujet d'idées scientifiques importantes.

Traduire
– traduire des éléments du sujet en une formule symbolique ;
– transformer un ensemble de faits (reliés au sujet) en problème logique, et faire résoudre ce problème par d'autres.

Activités générales utilisant d'autres intelligences pour renforcer l'intelligence logique/mathématique

Avec l'intelligence interpersonnelle
– jouer à des jeux de stratégie ;
– résoudre des problèmes en groupe ou en équipe ;
– rechercher ensemble des solutions à des problèmes extrascolaires.

Avec l'intelligence intrapersonnelle
– prédire le résultat d'un match sportif, d'une élection d'école, etc., en justifiant ses prédictions ;
– écrire un journal de mathématiques ;
– créer ses propres énoncés de problèmes ;
– identifier des problèmes de mathématiques que l'on rencontre dans la vie de tous les jours.

Avec l'intelligence corporelle/kinesthésique
– faire des expérimentations ;

– utiliser des matériels à manipuler pour apprendre les mathématiques et les sciences ;

– construire des structures avec des jeux de construction (Légo, etc.) ;

– créer des graphiques corporels (comme des histogrammes ou des diagrammes de Venn) ;

– pour exposer ou pour mieux comprendre les éléments d'un problème, mettre en scène des mathématiciens ou des scientifiques célèbres.

Avec l'intelligence verbale/linguistique

– créer des énoncés de problèmes, en insistant sur le bon usage des mots et la clarté ;

– créer des énoncés de problèmes ayant une solution donnée.

Avec l'intelligence musicale/rythmique

– créer ses propres notations musicales ;

– transformer des structures ou des processus logiques en chanson.

Avec l'intelligence visuelle/spatiale

– utiliser des objets à manipuler comme des Lego, des réglettes Cuisenaire ;

– faire des puzzles et des labyrinthes ;

– représenter une histoire sous forme de topogramme ou sous une autre forme graphique ;

– faire des maquettes ou des modèles à l'échelle.

Avec l'intelligence naturaliste

– décomposer des processus naturels ;

– faire des expérimentations en rapport avec la nature ;

– classer des objets, des éléments ou des idées selon différents paramètres.

Autres activités pour développer l'intelligence logique/mathématique

✓ Rechercher des structures

– rechercher des structures dans des activités de la vie de tous les jours ;

– étudier la structure logique d'une langue (par exemple, grammaire et syntaxe) ;

– comparer les structures de différentes langues ;

– décomposer une tâche en parties successives, fixer un ordre de priorité.

✓ Créer

– créer des codes et les utiliser pour écrire des messages que d'autres auront à déchiffrer ;

– créer des problèmes logiques basés sur la vie réelle et les faire résoudre par quelqu'un d'autre.

✓ Utiliser des outils de calcul et des stratégies scientifiques

– créer un budget et le garder équilibré, en tenant un livre de comptes ;

– toutes activités nécessitant des calculs ;

– participer à un projet nécessitant l'emploi d'une méthode scientifique ;

– intégrer les mathématiques dans la vie de tous les jours.

✓ Analyser, prédire

– analyser d'une manière logique un texte ou un article ;

– prédire et justifier la réponse à un problème avant de le résoudre, puis le résoudre et évaluer ses prédictions ;

– faire des hypothèses sur les résultats d'un événement à venir ;

– prédire ce qui va suivre dans une histoire, un roman ou une pièce de théâtre.

✓ Organiser, planifier

– organiser et planifier une tâche complexe (projet, voyage scolaire, etc.) ;

– participer à la mise en place d'un programme d'apprentissage.

✓ Justifier, argumenter

– créer une explication convaincante et rationnelle pour des choses totalement absurdes (par exemple, l'intérêt de porter une cravate).

✓ Jouer

– pratiquer toutes activités de type puzzle ;

– faire des jeux de calcul, résoudre des énigmes ;

– apprendre à lire, à écrire et à déchiffrer un langage codé ;

– pratiquer des jeux qui nécessitent d'utiliser une stratégie pour gagner ;

– pratiquer des jeux par ordinateur qui utilisent la pensée abstraite, la reconnaissance de formes, la résolution de problèmes, ou le raisonnement par hypothèse.

Activités et stratégies pour l'intelligence interpersonnelle

Personne ne niera l'importance de savoir établir de manière durable de bonnes relations avec les autres. Pourtant il n'est pas fréquent, dans un environnement scolaire, de trouver un effort concerté pour enseigner et développer chez les élèves des compétences interpersonnelles, comme par exemple :

– respecter l'individualité des autres ;
– montrer de l'intérêt et de l'empathie pour les autres ;
– savoir réellement écouter ;
– avoir une conduite responsable dans une situation de groupe ;
– agir en fonction d'informations réelles, et non de stéréotypes ;
– comprendre et apprécier les perspectives des autres, en particulier celles d'autres cultures ;
– coopérer avec des camarades ;
– travailler à la résolution de conflits ;
– développer la capacité à trouver des compromis ;
– savoir et pouvoir exprimer ses sentiments ;
– transmettre un feed-back d'une manière constructive et appropriée.

Ces compétences ne se développent pas naturellement, elles doivent s'enseigner. Et si l'on peut considérer que la famille est évidemment le lieu privilégié pour cela, l'école joue également un rôle crucial dans le développement de ces compétences : faire vivre ensemble 25 à 35 personnes, huit heures par jour et cinq jours par semaine, dans un environnement clos et souvent surpeuplé, nécessite l'apprentissage et l'utilisation de stratégies et d'outils interpersonnels.

On peut mettre en place des activités spécifiques pour développer ces compétences, comme on peut également intégrer dans ses cours ou ses leçons des activités d'apprentissage utilisant l'intelligence interpersonnelle.

Stratégies générales utilisant essentiellement l'intelligence interpersonnelle

Voici quelques stratégies générales pour intégrer l'intelligence interpersonnelle dans son enseignement :

• L'apprentissage en coopération.

• Les échanges entre élèves.
• Les jeux.
• Les simulations.

✓ L'apprentissage en coopération

Introduire et développer un esprit de coopération dans une classe peut être particulièrement enrichissant pour tous, y compris pour l'enseignant. En particulier, les élèves avec une forte intelligence interpersonnelle ont besoin d'apprendre dans un environnement social de qualité. Leur intelligence est reconnue par des activités qui nécessitent d'interagir avec les autres.

Certaines activités (sorties, jeux, travail en groupe, etc.) peuvent développer ce climat particulier où l'on est bien ensemble pour apprendre, dans un esprit de coopération et de respect mutuel.

Dans un apprentissage en coopération, les élèves ont l'occasion d'apprendre :

– à partager les responsabilités ;
– à travailler ensemble pour le bien commun ;
– à écouter activement et précisément ce que disent les autres ;
– à communiquer d'une manière effective, etc.

Le **travail en groupe** est au cœur de l'apprentissage en coopération. Le travail en groupe donne aux élèves la possibilité de fonctionner comme une unité socialement indépendante, capacité qui leur sera indispensable pour pourvoir s'intégrer dans la vie.

Il y a différentes façons de créer des groupes d'élèves (voir pages 148 et 159), mais des groupes « intelligences multiples » comportant des élèves représentatifs de tous les types d'intelligence peuvent être particulièrement riches et intéressants.

Le travail en groupes est probablement le plus efficace lorsque les groupes comptent entre 3 et 6 élèves.

Intimement liée à l'intelligence intrapersonnelle, la **réflexion** joue également un rôle essentiel pour développer des compétences interpersonnelles de qualité. Elle doit être sollicitée fréquemment, pour que cela devienne un mode de fonctionnement naturel chez les élèves.

Après un apprentissage en coopération, on peut par exemple proposer aux élèves de réfléchir aux éléments suivants :

– quel rôle avez-vous joué dans le groupe ? Étiez-vous leader ou simple participant ? Étiez-vous à l'aise dans ce rôle ?

– est-ce que vous auriez aimé être leader à un certain moment ? Pourquoi ne pas avoir pris cette position ?

– quelles sont vos interventions dans le groupe qui, à votre avis, ont fait avancer les choses ? Est-ce que certaines de vos interventions ont créé des difficultés au bon fonctionnement du groupe ?

– si c'était à refaire, de quelle manière pourriez-vous changer votre comportement ?

✓ Les échanges entre élèves

Ce qui est souvent considéré comme un comportement dérangeant – parler avec son voisin – peut être utilisé comme une stratégie interpersonnelle importante, particulièrement simple à mettre en œuvre.

On peut échanger avec son ou ses voisins pour, par exemple :

– rechercher des questions sur le sujet étudié ;
– réfléchir à une question proposée par l'enseignant ;
– faire un résumé de ce qui vient d'être dit ;
– réaliser une illustration sur un thème du sujet ;
– réviser mutuellement des notions à mémoriser ;
– etc.

Ces échanges doivent être canalisés, en précisant :

– la tâche précise à réaliser ;
– l'objectif à atteindre ;
– la durée de l'échange ;
– la suite qui sera donnée après ce temps d'échange.

On veillera également à apprendre aux élèves à contrôler le niveau de leur voix lors de leurs échanges.

✓ Les jeux

Utiliser des jeux dans un apprentissage combine de nombreux avantages, en particulier sur le plan interpersonnel :

– un apprentissage efficace nécessite une participation active et qui ait du sens : lorsque l'on joue, on participe plus volontiers et on met en pratique plus facilement les notions étudiées ;

– dans le cours du jeu, les joueurs vérifient leur bonne compréhension de ce qu'ils ont appris, grâce aux autres joueurs, ou bien au dos des cartes, etc. ; ce feed-back immédiat est un facteur très important pour un apprentissage efficace ;

– le jeu développe naturellement des interactions entre ceux qui apprennent, il favorise ainsi une meilleure cohésion du groupe ; de plus, l'élève est parfois moins gêné ou anxieux de poser une question à un camarade plutôt qu'à l'enseignant – et ce camarade saura parfois donner des explications dans un langage mieux compris que celui de l'enseignant.

On pourra en particulier utiliser des « jeux-cadres[28] », activités interactives vides de contenu, que l'enseignant remplit de son propre contenu d'instruction.

✓ Les simulations

Faire des simulations, c'est créer un cadre temporaire qui reproduit des éléments de ce que l'on apprend. On permet ainsi aux élèves d'expérimenter des situations qui sont proches de la vie réelle ou qui l'ont été.

Par exemple, les élèves qui étudient une certaine période de l'histoire pourront s'habiller en costumes d'époque, transformer la salle de classe en un lieu qui a existé, et se comporter *comme si* ils y vivaient.

Ou bien on peut proposer aux élèves d'organiser un tribunal (avec juge, avocat, procureur, jury) pour débattre d'un sujet, ou de convoquer un conseil municipal pour planifier une action.

Cette stratégie met en œuvre de nombreuses intelligences (en particulier corporelle/kinesthésique, verbale/linguistique et visuelle/spatiale) mais les interactions qu'elle nécessite utilisent et développent plus particulièrement l'intelligence interpersonnelle.

Les simulations sont bien souvent génératrices de cette « compréhension authentique » dont parle Howard Gardner. On constate en effet que « faire comme si » est souvent libérateur pour beaucoup d'élèves : jouant une autre personnalité, ils acceptent de ne pas rester enfermés dans leurs comportements habituels, et entrent plus profondément dans l'apprentissage.

Autres stratégies utilisant essentiellement l'intelligence interpersonnelle

Les activités suivantes peuvent être proposées aux élèves lorsque l'on enseigne un sujet précis ; ces activités sont triées par verbes d'action.

Créer
- écrire à plusieurs des interviews imaginaires ;
- écrire une histoire, un poème ou une rédaction avec un camarade ;
- écrire une histoire en groupe ;
- mettre en scène à plusieurs ce que l'on étudie.

Communiquer, partager
- préparer et réaliser des interviews de spécialistes du sujet ;
- discuter du sujet avec quelqu'un ;

28 On trouvera un grand nombre de jeux-cadres dans *Modèles de jeux de formation* – Les jeux-cadres de Thiagi, du même auteur (bibliographie).

– faire des séances de *brainstorming* (« remue-méninges »), organiser des discussions par petits groupes sur le sujet étudié ;
– comparer ses notes, ses topogrammes sur le sujet ;
– organiser des jeux de rôle sur le sujet étudié ;
– mettre en commun les connaissances et les idées que l'on a sur le sujet.

Rechercher, organiser ses idées
– se répartir la tâche de recherche d'informations sur le sujet étudié ;
– tenir un journal de bord collectif sur l'étude d'un sujet.

Activités générales utilisant d'autres intelligences pour renforcer l'intelligence interpersonnelle

Avec l'intelligence verbale/linguistique
– créer des liens par lettre, par courrier électronique ;
– lire des correspondances de personnes célèbres.

Avec l'intelligence intrapersonnelle
– créer des feuilles d'évaluation pour des activités en groupe ;
– participer à des activités où il faut faire confiance aux autres.

Avec l'intelligence corporelle/kinesthésique
– communiquer à travers un langage corporel ;
– représenter collectivement une idée, un concept ou n'importe quel objectif pédagogique particulier sous forme de tableaux vivants.

Avec l'intelligence logique/mathématique
– créer un graphique ou une carte des interactions pendant un travail collectif ;
– jouer à des jeux de stratégie par équipes.

Avec l'intelligence musicale/rythmique
– participer à une chorale, à un groupe musical ou à un orchestre ;
– créer en groupe des formes rythmiques ou de la musique.

Avec l'intelligence visuelle/spatiale
– concevoir en groupe une fresque murale, un topogramme, une œuvre d'art visuelle ;
– pratiquer la visualisation pour préparer une rencontre.

Avec l'intelligence naturaliste
– faire des courses d'orientation en équipes ;
– découvrir un environnement naturel à plusieurs (marche, randonnée, expédition, etc.) ;

– rechercher des structures dans un groupe (habillement, comportement, etc.) et en discuter ;
– développer des collections à plusieurs (minéraux, végétaux, objets, etc.).

Autres activités pour développer l'intelligence interpersonnelle

✓ Communiquer

– pratiquer l'écoute pleine et entière d'autres personnes (réduire le « bavardage mental » qui se produit souvent lorsque l'on écoute quelqu'un parler) ;
– essayer de deviner ce que quelqu'un d'autre pense ou ressent, en se basant sur des indices non verbaux, puis vérifier la justesse de ses prédictions ;
– explorer différentes manières de communiquer avec quelqu'un (par exemple : expressions faciales, posture du corps, gestes, sons, etc.) ;
– transmettre du feed-back à quelqu'un sur ses actions, d'une manière positive.

✓ Vivre ensemble, partager

– organiser des activités où il est nécessaire de s'appuyer sur d'autres personnes pour réussir ;
– organiser et réaliser des projets de groupe ;
– pratiquer la division du travail ;
– organiser des échanges avec des élèves d'une autre ville ou d'un autre pays ;
– travailler couramment en groupe, en binôme ;
– pratiquer le tutorat ;
– faire des devoirs et des contrôles en groupe ;
– apprendre des techniques de médiation pour résoudre les disputes et les conflits simples ;
– organiser des activités de debriefing permettant un feed-back collectif sur une activité qui a été vécue ensemble ; on pourra par exemple se servir de la structure suivante[29] :

1. *Qu'avez-vous ressenti ?* (pour permettre l'expression de sentiments et d'émotions) ;
2. *Qu'est-ce qui s'est passé ?* (pour entrer dans le détail du déroulement de l'activité, telle que l'ont vécue les participants) ;

29 Inspirée de Sivasailam Thiagarajan : voir *Modèles de jeux de formation* (bibliographie).

3. *Quelles conclusions générales peut-on en tirer ?* (pour déterminer, à partir de ce qui a été vécu, des modes généraux de comportement possibles) ;

4. *Déjà vu ?* (pour étudier le rapport entre l'activité vécue et la vie réelle) ;

5. *Comment feriez-vous différemment ?* (... si vous aviez à refaire cette expérience, sachant maintenant ce que vous savez ?) ;

6. *Et si ... ?* (en imaginant les conséquences de changements, si des éléments de départ avaient été différents) ;

7. *Comment faire mieux la prochaine fois ?* (pour suggérer des modifications à faire pour que l'activité soit encore meilleure).

Activités et stratégies pour l'intelligence intrapersonnelle

Outre le fait de donner une plus grande richesse à l'apprentissage, des activités utilisant l'intelligence intrapersonnelle ont pour but de créer un environnement permettant aux élèves :

– de développer leur réflexion personnelle ;
– d'être plus attentifs à leurs processus internes ;
– de mieux connaître leurs forces et leurs faiblesses ;
– de prendre conscience de leurs sentiments et de leurs valeurs ;
– d'exprimer des pensées personnelles, des émotions, des choix, et des buts personnels ;
– de réfléchir sur leurs actions, en particulier dans le déroulement des apprentissages.

Pour les élèves dont l'intelligence intrapersonnelle est particulièrement développée, l'ambiance intensément « sociale » d'une classe ou d'une école peut parfois être difficile à vivre. C'est une autre raison pour laquelle les enseignants doivent prévoir suffisamment d'occasions, dans la journée, où les élèves peuvent se « retrouver » et s'isoler s'ils le souhaitent.

Stratégies générales utilisant essentiellement l'intelligence intrapersonnelle

Voici quelques stratégies générales pour intégrer l'intelligence intrapersonnelle dans son enseignement :

• Donner du temps pour réfléchir et s'auto-évaluer.

• Proposer des choix.
• Créer et entretenir un environnement d'apprentissage émotionnellement sûr.
• Fixer des objectifs clairs et réalistes.

✓ Donner du temps pour réfléchir et s'auto-évaluer

Sur des apprentissages à court, moyen ou long terme, il est important de donner régulièrement du temps aux élèves pour leur permettre d'évaluer leur implication personnelle dans ce qu'ils ont appris, et pour qu'ils puissent déterminer des stratégies ou des moyens pour mieux réussir l'apprentissage suivant.

Pour cela, on peut :
– proposer régulièrement des moments de calme pour la réflexion personnelle ou pour le travail indépendant ;
– avoir des zones de la salle de classe (ou de l'école) qui soient des lieux tranquilles, où les élèves peuvent s'isoler ;
– proposer des moments personnels de « consolidation » : relire, compléter et réfléchir sur ce qui vient d'être vu ;
– proposer régulièrement aux élèves de réfléchir sur leur manière d'apprendre ;
– proposer des activités pour se recentrer et se concentrer ;
– incorporer des activités d'imagination dans le déroulement de l'apprentissage ;
– encourager les élèves à écrire un journal.

Les temps de réflexion proposés aux élèves peuvent être brefs (1 à 2 minutes) et nombreux, ou bien plus longs (et moins nombreux) pour permettre une démarche d'introspection ou une réflexion plus approfondie.

Ces temps de réflexion permettent aux élèves de mieux assimiler les informations qu'ils viennent de recevoir, de se poser des questions, ou de mettre leurs nouvelles connaissances en relation avec des expériences et des connaissances personnelles.

✓ Proposer des choix

À l'école, les élèves sont trop souvent traités en irresponsables, la seule « responsabilité » qu'on leur accorde étant d'obéir aux consignes de l'enseignant, d'apprendre ce qu'on leur dit d'apprendre et de faire ce qu'on leur dit de faire. Pourtant l'apprentissage de la responsabilité est une capacité-clé à développer, chez l'enfant comme chez le jeune adulte. Cela peut se faire, en particulier, en proposant des choix aux élèves.

Les choix proposés :

– peuvent être restreints (« Vous pouvez choisir les problèmes de la page 12 ou de la page 14 ») ;

– ou plus larges et non directifs (« Choisissez le projet sur lequel vous aimeriez travailler ce trimestre ») ;

– peuvent porter sur le fond (« Choisissez le sujet sur lequel vous ferez un exposé ») ;

– ou sur la forme et la manière de procéder (« Dans cette liste, choisissez le moyen que vous allez utiliser pour montrer votre connaissance du sujet et pour être évalué »).

On évitera les alternatives illusoires[30] (« Vous préférez faire ce contrôle à 14 h ou à 15 h ? »)

✓ Créer et entretenir un environnement d'apprentissage émotionnellement sûr

Pour développer leur intelligence intrapersonnelle et pour réussir, les élèves ont besoin de se sentir acceptés, valorisés et appréciés pour ce qu'ils sont, et non jugés selon des critères extérieurs ou des normes sur ce qu'ils devraient penser ou ressentir, ou sur la manière dont ils devraient agir. Ils ont besoin de croire en leur propre valeur, d'être convaincus qu'ils ont quelque chose d'unique à communiquer aux autres.

Cette expression de leur individualité, pour se développer dans le contexte scolaire, nécessite un environnement d'apprentissage qui soit *émotionnellement sûr*, où les élèves peuvent exprimer des réflexions personnelles et des émotions sans avoir le sentiment que leur personnalité risque d'être mise en péril par des moqueries, des refus violents, ou des mises à l'écart.

Pour créer cet environnement, l'enseignant sera particulièrement attentif à relever et à exclure de sa classe tout comportement qui soit discriminatoire, toute remarque ou plaisanterie qui attaque directement un élève dans sa personnalité, toute moquerie lorsqu'un élève exprime des sentiments ou des émotions, tout jugement qui enferme ou exclut.

✓ Fixer des objectifs clairs et réalistes

Pour beaucoup d'élèves, les principales sources de crainte dans un apprentissage sont les suivantes :

---

30 Les « alternatives illusoires » donnent une illusion de choix mais sont des faux choix ; Paul Watzlawick en fait une description pleine d'humour dans *Le langage du changement* (Seuil).

– la difficulté à cerner les limites de ce qui doit être appris ;
– le sentiment de ne pas être capable de réussir l'apprentissage ;
– le manque de clarté des objectifs à atteindre.

Ces craintes sont naturelles et normales : apprendre, c'est aller du connu vers l'inconnu, et l'inconnu peut faire peur.

Sur le premier point, l'enseignant pourra créer une « image globale » de ce qui doit être appris (par exemple sous forme de topogramme ou de puzzle à colorier progressivement) et se référer régulièrement à cette image globale pour bien montrer le chemin parcouru et le chemin qui reste à parcourir.

Sur le deuxième point, une atmosphère d'apprentissage positive et riche en intelligences permettra aux élèves de prendre confiance en eux et de surmonter leur crainte de « ne pas y arriver ».

Enfin, sur le troisième point, l'enseignant veillera à toujours bien clarifier les objectifs de l'apprentissage en cours, ou les capacités qui seront testées lors d'un contrôle. Ces objectifs devront être réalistes compte tenu des capacités des élèves. Ils pourront être à court terme (« Après cette leçon, vous saurez faire ça » ou « Pour le prochain contrôle, vous devrez être capable de faire cela ») ou à plus long terme.

Il pourra être particulièrement intéressant de fixer ces objectifs *avec* les élèves (individuellement ou en groupe), plutôt que de les imposer. Les élèves apprendront ainsi à se fixer des objectifs réalistes, à suivre leur progression personnelle vers ces objectifs, et à évaluer le niveau de réalisation de ces objectifs. Savoir se fixer des objectifs (et des objectifs qui soient réalistes) est certainement une capacité importante à développer pour réussir dans la vie.

Autres stratégies utilisant essentiellement l'intelligence intrapersonnelle

Les activités suivantes peuvent être proposées aux élèves lorsque l'on enseigne un sujet précis ; ces activités sont triées par verbes d'action.

Réfléchir

– réfléchir au sens (pour soi) de ce que l'on fait, comment l'intégrer dans un plan de développement personnel ;
– relier les nouvelles informations à des compétences personnelles ;
– prendre du temps pour la réflexion personnelle, réfléchir et écrire sur ce qui a été expérimenté ou vécu ;
– tenir un journal de bord personnel sur l'apprentissage en cours ;
– faire une recherche personnelle sur le sujet étudié.

Se connaître

– organiser son travail en fonction de ses capacités, de son état, de ses forces et de ses faiblesses ;

– réfléchir à la question : « Qui peut m'aider à réussir l'apprentissage en cours ? » et en tenir compte ;

– se donner des buts personnels intégrant les nouvelles connaissances ;

– analyser la manière dont on a acquis l'information.

Imaginer

– imaginer que l'on est le personnage de fiction ou le personnage historique que l'on étudie (« Je suis le général de Gaulle en 1945 »).

S'exprimer

– exprimer des opinions personnelles sur le sujet étudié ;

– poser des « questions ouvertes » sur le sujet (c'est-à-dire des questions dont la réponse n'est pas évidente ou unique), permettant l'expression d'opinions personnelles.

Activités générales utilisant d'autres intelligences pour renforcer l'intelligence intrapersonnelle

Avec l'intelligence verbale/linguistique

– écrire une lettre imaginaire à quelqu'un que l'on estime (réel ou non, vivant ou mort) pour demander un avis ou de l'aide ;

– noter régulièrement son état intérieur (sa « météo intérieure ») à partir d'une liste d'adjectifs[31] ;

– écrire son autobiographie, ou comment on se voit dans le futur.

Avec l'intelligence corporelle/kinesthésique

– tenir le rôle d'un personnage en utilisant la voix et le langage corporel ;

– prendre conscience de son langage corporel et de son intérêt pour communiquer.

Avec l'intelligence logique/mathématique

– créer des schémas et des graphiques sur ses intérêts personnels ;

– construire des diagrammes de Venn pour prendre conscience des similitudes et des différences entre soi et d'autres personnes ;

– faire une frise temporelle personnelle.

31 On trouvera une telle liste dans *Former sans ennuyer*, du même auteur (bibliographie).

Avec l'intelligence musicale/rythmique

– écouter un morceau de musique ou une chanson, et décrire ce que l'on ressent ;

– partager ses musiques préférées et ses chansons favorites avec d'autres ;

– prendre conscience des musiques qui influencent ou qui modifient son état intérieur.

Avec l'intelligence visuelle/spatiale

– faire un collage personnel d'images pour exprimer ses sentiments sur un sujet donné ;

– créer un topogramme pour se présenter, ou pour transmettre ce que l'on aime et ce que l'on n'aime pas, ou pour présenter ses intérêts, ses rêves, ses buts ;

– faire un autoportrait ;

– faire une exposition photos pour montrer ses valeurs, ses convictions, ses intérêts profonds ;

– concevoir et imaginer un « atelier intérieur », dans lequel on s'imagine pour réfléchir ou pour résoudre des problèmes.

Avec l'intelligence interpersonnelle

– analyser son rôle dans un groupe ;

– demander à d'autres personnes du feed-back sur ses actions, et en tenir compte.

Avec l'intelligence naturaliste

– réfléchir à sa place dans la nature, comment on la protège et on la défend, et comment on l'abîme et on la détruit ;

– rechercher dans sa vie personnelle les structures (matérielles ou temporelles) dans lesquelles on vit.

Autres activités pour développer l'intelligence intrapersonnelle

✓ Se connaître

– être régulièrement attentif à ses sentiments, humeurs et émotions, comme un observateur extérieur ;

– au milieu d'une activité, prendre conscience de tout ce que l'on fait (pensées, sentiments, mouvements physiques, états internes, etc.) ;

– noter les enchaînements qui conduisent à certains états (par exemple « enchaînement colère » ou « enchaînement joie » ou « enchaînement de l'anxiété ») ;

– prendre conscience de ses différentes stratégies de pensée ou d'action selon les circonstances (par exemple : stratégies de résolution de problèmes, modalités de réflexion en cas de crise, procédés de pensée analytique, organisation d'une tâche, etc.);

– réfléchir sur l'influence directe ou indirecte d'un événement (récent ou historique) sur sa propre vie.

✓ Rechercher un état optimal

– s'organiser des temps de réflexion silencieuse, de concentration, de recentrage, de relaxation ou d'imagerie mentale, et utiliser des techniques qui peuvent aider à cela;

– connaître et appliquer des techniques pour changer ses processus internes : pour se concentrer lorsque l'esprit s'égare, pour relâcher des tensions, pour modifier des sentiments ou des états non voulus, pour diminuer son stress, etc.

✓ Diriger sa vie, évoluer

– développer des plans de progression avec des buts clairs, raisonnables et mesurables;

– lire la biographie ou l'autobiographie de personnes qui avaient un fort sentiment de soi.

Activités et stratégies pour l'intelligence naturaliste

Les deux éléments-clés de l'intelligence naturaliste sont :

– l'observation de la nature sous toutes ses formes;

– la capacité à catégoriser et à classifier des éléments naturels (et, par extension, des objets manufacturés), ainsi que la recherche et la reconnaissance de structures.

Tout particulièrement dans les villes, les élèves sont souvent coupés de nombreux éléments naturels (forêts, animaux, minéraux, ciel étoilé, etc.), ce qui peut rendre difficile le développement du premier aspect de l'intelligence naturaliste. Le rapport à la nature est cependant essentiel à développer, pour ne pas nous couper de nos racines profondes. On peut sortir de ce dilemme de deux manières – pas toujours simples à appliquer :

– que les élèves aient des occasions d'apprendre dans des cadres naturels (sorties, visites, classes nature, etc.);

– que la nature entre dans la salle de classe et dans les bâtiments scolaires (plantes, arbres, animaux à élever, etc.).

La recherche de structures, par contre, peut s'appliquer partout et permet de relier l'intelligence naturaliste à toutes les autres intelligences.

Stratégies générales utilisant essentiellement l'intelligence naturaliste

Voici quelques stratégies générales pour intégrer l'intelligence naturaliste dans son enseignement :

- Rechercher le lien écologique.
- Proposer des projets nature.
- Développer sa responsabilité envers la nature.
- Aller dans la nature.
- Apprendre à observer attentivement.
- Rechercher des structures.

✓ Rechercher le lien écologique

La nature peut être un dénominateur commun à tout ce que l'on enseigne : en effet, pratiquement tout apprentissage peut être relié à la nature, que cela soit l'histoire ou les mathématiques, la littérature ou les sciences, la géographie ou la musique.

La nature est une source infinie de connaissances et de richesses, qui intéresse et fascine facilement les élèves. Rechercher des liens écologiques entre ce que l'on enseigne et la nature suscitera généralement beaucoup d'intérêt, facilitant et stimulant l'apprentissage lui-même.

✓ Proposer des projets nature

Dans tous les niveaux des programmes scolaires officiels, on retrouve l'étude d'éléments de la nature (photosynthèse, système solaire, cycle de l'eau, réactions chimiques, etc.). On peut aller plus loin en proposant régulièrement aux élèves de mener des projets à long terme sur des thèmes liés à la nature, en fonction de leur niveau et des objectifs pédagogiques souhaités. Ces projets pourront être des sources de découvertes fascinantes et d'émerveillement, et incitera les élèves à mieux respecter la nature.

✓ Développer sa responsabilité envers la nature

S'occuper d'éléments naturels (comme élever des animaux, faire des plantations et en prendre soin), participer à des actions écologiques (comme l'entretien et le nettoyage de plages ou de forêts) permet aux élèves :

– de développer leur sens de la responsabilité, en particulier envers la nature ;

– de développer leurs capacités d'observation scientifique ;
– de se poser des questions touchant à de nombreux domaines (mathématiques, physique, biologie, sociologie, philosophie, métaphysique, etc.) et ainsi de devenir *curieux*.

✓ Aller dans la nature

Des activités (comme une course d'orientation) ou des sorties dans la nature peuvent mettre en œuvre *toutes* les intelligences, lorsqu'elles sont bien préparées. Ces activités et ces sorties peuvent être mises à profit pour prolonger l'apprentissage en cours (en le reliant à des éléments naturels) ou pour favoriser la cohésion d'une classe.

✓ Apprendre à observer attentivement

Établir un lien fort avec la nature nécessite de développer son sens de l'observation : c'est ce qu'a fait l'être humain depuis l'apparition de la conscience. Ainsi, on recherchera et on favorisera toutes les occasions où il faut décrire un objet ou un phénomène avec une grande précision, en utilisant :
– un langage de qualité, adapté (structures logiques du langage, emploi des mots précis) ;
– des dessins et des croquis ;
– des photos et des enregistrements ;
– etc.

✓ Rechercher des structures

La recherche de structures touche à la fois les intelligences logique/mathématique et naturaliste.

Il y a des structures partout, qu'elles soient naturelles ou artificielles : dans l'art et dans le papier peint, dans la forme des arbres et dans les cristaux, dans les mélodies et les chansons, dans les dictionnaires et les annuaires, dans une « hola » dans un stade, dans le déroulement d'un roman, dans les cellules du corps et les comportements sociaux, etc.

Cette recherche de structures développe également l'observation et la capacité d'abstraction.

Autres stratégies utilisant essentiellement l'intelligence naturaliste

Les activités suivantes peuvent être proposées aux élèves lorsque l'on enseigne un sujet précis ; ces activités sont triées par verbes d'action.

Regrouper, classer

– rechercher des structures dans le sujet étudié ;

– rechercher des informations sur le sujet selon des catégories fixées auparavant ;

– regrouper des éléments selon certaines caractéristiques communes.

Comparer

– faire des analogies entre le sujet étudié et des processus naturels (fonctionnement du corps humain, comportement des animaux, etc.).

Activités générales utilisant d'autres intelligences pour renforcer l'intelligence naturaliste

Avec l'intelligence verbale/linguistique

– lire des livres, des revues sur la nature ;

– étudier l'étymologie des mots liés à la nature, les noms latins des animaux et des plantes.

Avec l'intelligence corporelle/kinesthésique

– faire des expérimentations dans la nature : planter, tailler, élever, soigner, etc. ;

– fabriquer des objets permettant d'observer la nature (comme un pluviomètre), d'aider la nature (comme des nichoirs) ou de la protéger.

Avec l'intelligence logique/mathématique

– observer, prédire, faire des hypothèses (météo, comportement animal, réussite d'une plantation) et rechercher les raisons pour lesquelles le résultat confirme ou infirme ces hypothèses ;

– utiliser des outils mathématiques pour décrire et observer la nature (comptage, statistiques, courbes mathématiques, graphiques, diagrammes, etc.).

Avec l'intelligence musicale/rythmique

– découvrir et apprendre à reconnaître les bruits de la nature (chants d'oiseaux, bruit du vent dans les arbres selon son orientation, différents types d'aboiement, etc.) ;

– étudier différents morceaux de musique inspirés de thèmes de la nature.

Avec l'intelligence visuelle/spatiale

– dessiner, peindre, photographier, faire des croquis d'éléments de la nature ;

– représenter des éléments en rapport avec la nature sous forme graphique (topogrammes, histogrammes, etc.) ;
– pratiquer l'imagerie mentale en y incluant de nombreux éléments naturels (bruits naturels, odeurs, animaux, plantes, etc.).

Avec l'intelligence interpersonnelle
– partager avec d'autres son goût pour des activités liées à la nature (promenades, randonnées, élevage, apiculture, protection de la nature, jardinage, etc.) ;
– participer à des clubs nature, à des organisations de protection de la nature.

Avec l'intelligence intrapersonnelle
– utiliser la nature en tant que lieu de recentrage et de ressourcement ;
– prendre conscience de l'influence de la nature sur ses états et sur ses émotions ;
– réfléchir sur la place que l'on tient dans la nature, sur son rapport personnel avec la nature ;
– réfléchir sur le respect ou le non-respect que l'on a vis-à-vis de la nature dans ses actions personnelles.

Autres activités pour développer l'intelligence naturaliste

✓ Trier, classer, collectionner
– ramasser des éléments de la nature, les trier et les classer ;
– faire des collections.

✓ Observer, expérimenter
– tenir un journal d'observations ;
– noter les changements dans l'environnement naturel ;
– utiliser une loupe, une loupe binoculaire, un microscope ou un télescope pour étudier la nature ;
– dessiner ou photographier des objets de la nature ;
– faire du jardinage, de l'élevage, s'occuper d'animaux ;
– faire des expérimentations dans la nature.

✓ Découvrir
– visiter des zoos, des jardins botaniques ;
– visiter les musées d'histoire naturelle, les planétariums ;
– étudier des livres sur la nature ;

– faire des excursions ou des expéditions dans la nature ;
– apprendre à déterminer le nom et l'espèce d'un animal ou d'une plante ;
– apprendre le nom de phénomènes naturels ;

✓ Rechercher les structures

– rechercher la structure interne d'un objet, d'un phénomène, d'un processus, d'une machine, d'une construction.

Activités et stratégies par matières

Français

Intelligence verbale/linguistique

• Lire à haute voix et enregistrer une histoire, un extrait d'un roman ou un poème ; faire écouter l'enregistrement par d'autres personnes, qui donnent un feed-back sur les qualités et les défauts de la lecture.

• Parler à un groupe ou au reste de la classe de l'œuvre étudiée, avec une présentation riche et structurée ; répondre à des questions sur cette œuvre.

• Faire un topogramme sur l'œuvre étudiée.

• Préparer l'interview d'un spécialiste de l'œuvre étudiée.

• Créer des mots croisés à partir des mots importants ou nouveaux de l'œuvre étudiée.

• Créer de nouveaux mots en utilisant de nouveaux suffixes, préfixes et racines qui ont été étudiés.

• Écrire un poème collectif ou une histoire collective en utilisant les nouveaux mots ou les mots importants de l'œuvre étudiée.

• Choisir des phrases de l'œuvre étudiée qui décrivent quelque chose de précis, et inventer des mots qui pourraient remplacer ces phrases (par exemple, « il laissa des traces de doigts sur la photo » pourrait se dire : « il empreindigita la photo »).

• Écrire des calembours sur des passages ou des personnages de l'œuvre étudiée.

• Inventer une phrase pour chaque tête de chapitre, s'il n'en existe pas (« Où le lecteur découvre avec stupéfaction que l'on peut être le héros d'une histoire et pas forcément très futé »).

Intelligence logique/mathématique

• Relever les similarités entre la logique verbale et la logique des équations mathématiques (par exemple la phrase : « Si ceci et ceci sont vrais, alors cela est vrai » peut s'écrire mathématiquement : $x + y = z$).

• Faire des comptages sur une œuvre étudiée ; selon le niveau, cela pourra être le nombre de personnages, l'emploi de certains mots et de certaines formes verbales, le nombre de passages descriptifs ou narratifs, etc. On pourra traduire ces comptages sous des formes visuelles (histogrammes, camemberts, courbes d'utilisation, etc.).

• Rechercher dans l'œuvre la suite logique des événements, ou comment les « événements déclencheurs » influencent le cours de l'œuvre, ou les relations de cause à effet que l'on peut trouver dans l'œuvre.

• Noter sur une échelle de 1 à 10 l'influence qu'ont des éléments d'une histoire sur le déroulement général de l'histoire ; représenter les résultats sous forme de graphique.

• Prédire ce qui va suivre dans une histoire ou une œuvre littéraire, ou comment un personnage évoluera.

• Regarder la couverture d'un livre et faire des prévisions sur son contenu.

• Regarder d'abord les illustrations d'un livre et faire des prévisions sur l'histoire.

• Utiliser des diagrammes de Venn pour comparer des situations ou des personnages de l'œuvre étudiée.

• Utiliser des schémas logiques pour montrer le déroulement d'une prise de décision d'un personnage de l'œuvre étudiée.

• Créer une frise temporelle pour positionner les événements d'une histoire ou d'un roman.

• Utiliser une « grille » pour écrire une histoire.

• Analyser les similarités et les différences entre différents textes littéraires.

• Défendre avec des arguments efficaces le comportement de l'un des personnages de l'œuvre étudiée.

• Organiser une enquête pour déterminer les livres favoris des élèves ; faire un histogramme avec les résultats.

• Organiser un vote et faire un histogramme sur le personnage préféré dans l'œuvre étudiée, ou les fins possibles de la lecture en cours.

Intelligence musicale/rythmique

• Rechercher des chansons dont les thèmes rejoignent ceux de l'œuvre étudiée.

• Déterminer une phrase très expressive caractérisant bien chaque personnage dans l'œuvre étudiée ; confier cette phrase à un élève et chaque fois que le personnage intervient, l'élève dit ou chante cette phrase.

• Dans un passage d'une œuvre étudiée, inventer un rythme ou choisir une musique qui convienne à la situation ou au personnage.

• Créer une chanson ou une ritournelle, en utilisant une chanson connue, sur un personnage ou une situation de l'œuvre étudiée.

• Choisir un passage de l'œuvre étudiée où un personnage a une expérience émotionnelle forte, et mettre cette émotion en chanson.

• Si l'œuvre littéraire étudiée a été mise en film, étudier les musiques du film qui illustrent différents passages de l'œuvre.

• Associer différentes sortes de musiques et de rythmes avec les phases d'un processus d'écriture ou les parties d'un discours.

• Créer une chanson pour enseigner des règles de grammaire ou de syntaxe.

• Étudier la métrique de différentes sortes de poésies.

• Illustrer une histoire ou un poème par des sons, des rythmes et/ou de la musique.

• Utiliser des notations musicales (comme > et <, adagio et allegro, legato et staccato) pour faire un exposé, ou lire un poème ou une histoire, de manière à rendre la lecture plus expressive.

• Réécrire ses propres histoires ou poèmes en chanson.

• Écrire une chanson en classe entière sur une activité faite ensemble, l'apprendre et la chanter.

Intelligence visuelle/spatiale

• Concevoir et dessiner des images ou des illustrations sur l'œuvre étudiée (sur une phrase, ou sur une description, ou sur l'atmosphère d'un passage, etc.).

• Créer une illustration de couverture pour l'œuvre étudiée.

• Créer une œuvre abstraite représentant ses sentiments personnels sur l'œuvre étudiée.

• Imaginer des symboles pour les personnages d'une œuvre, chaque symbole révélant un trait marquant de leur caractère.

• Faire un topogramme sur l'œuvre étudiée, et l'enrichir avec des couleurs, des illustrations et des symboles.

• Concevoir et réaliser un marque-page en rapport avec l'œuvre étudiée.

• Choisir différentes scènes importantes de l'œuvre, les traduire sous forme d'illustrations, et créer avec ces illustrations un « livre accordéon ».

• Visualiser en détail des scènes de l'œuvre étudiée.

• Faire un voyage imaginaire dans l'endroit où se déroule une histoire ou un roman.

- Lorsqu'une histoire ou une œuvre le permet, dessiner une carte en couleurs des principaux endroits où se déroule l'histoire, en suivant au mieux les descriptions de l'auteur.
- Utiliser des marqueurs de différentes couleurs pour souligner ou surligner les parties d'une histoire ou d'un poème.
- Expliquer un thème à partir d'une image.
- Rechercher différents symboles, recopiés ou découpés dans des journaux, puis créer des phrases, des poèmes ou des histoires en y intégrant ces symboles.
- Avant un travail d'écriture ou de rédaction, se créer un déroulé mental détaillé de ce que l'on va écrire, avec de nombreux détails.
- Après un travail d'écriture ou de rédaction, transformer en images mentales le texte pendant qu'il est lu à haute voix par quelqu'un d'autre, puis se poser des questions comme : « Est-ce que l'histoire coule bien ? Est-ce que l'histoire se crée facilement dans la tête ? Est-ce qu'il y a suffisamment de détails pour cela ? ».
- Utiliser la visualisation pour apprendre et pratiquer l'orthographe : fermer les yeux et imaginer le mot apparaissant lettre par lettre sur un grand tableau imaginaire, pendant que l'enseignant épelle le mot ; ou visualiser le mot comme une image et surimposer l'orthographe du mot sur l'image.
- Créer des posters pour expliquer des processus d'écriture ou des règles de grammaire.
- Utiliser le topogramme en tant qu'outil de prise de notes.
- Écrire des légendes sur des caricatures politiques ou des dessins.

Intelligence corporelle/kinesthésique

- Traduire en dialogue des passages de l'œuvre étudiée, et mettre en scène ce passage (avec éventuellement la mémorisation des dialogues, des décors simples, des accessoires, des costumes, des pancartes qui expliquent aux spectateurs des éléments comme le lieu ou le temps, etc.).
- Faire des « tableaux vivants », c'est-à-dire représenter à plusieurs d'une manière statique (comme un tableau de maître) un passage choisi de l'œuvre étudiée.
- Organiser un match d'improvisation à partir de thèmes de l'œuvre étudiée.
- Positionner en 3D les relations de plusieurs personnages d'une œuvre à un moment donné (tels personnages sont proches l'un de l'autre, d'autres plus lointains) ; étudier l'évolution de ce positionnement au fil de l'œuvre.

• Traduire un passage descriptif d'une œuvre sous forme de maquette en modèle réduit.

• Dans un exercice d'écriture créative, représenter les idées par le mouvement avant de les écrire.

• Étudier dans différents textes littéraires le langage du corps en tant que moyen de communiquer des sentiments, des pensées et des idées.

• Apprendre l'alphabet et l'orthographe par le mouvement et des gestes physiques (par exemple en « écrivant en l'air », ou en utilisant le dos d'un autre élève comme un tableau).

• Mettre en scène et jouer des règles de grammaire.

• Mettre en scène et jouer la signification de mots.

• Créer des analogies reliant sports et œuvre étudiée (comment les personnages se passent la balle, ou « se la jouent perso », ou marquent un but, etc.).

• Développer des gestes physiques en tant que symboles de certains thèmes ou concepts qui reviennent régulièrement dans le texte étudié.

• Dans un texte étudié, quand un personnage a une attitude particulière (ennui, excitation, attitude distante, etc.), jouer cette attitude (expressions du visage, postures, langage corporel).

• Mimer un personnage, le dilemme qu'il doit affronter, sa réaction à une situation particulière, etc.

• En classe entière, imaginer une histoire dans ses grandes lignes : début, milieu et fin, éléments déclencheurs ; puis diviser la classe en groupes, et détailler l'histoire en mimes.

Intelligence interpersonnelle

• En petits groupes, choisir un passage de l'œuvre étudiée, écrire des dialogues et mettre en scène ce passage.

• Analyser en petits groupes une histoire ou le passage d'une œuvre, rechercher l'idée ou le message que cherche à transmettre l'histoire ou le passage, et obtenir un consensus sur cette idée ou ce message.

• Diviser la lecture en cours en plusieurs parties ; chaque partie est confiée à un groupe d'élèves, qui en devient « spécialiste » et est capable de répondre à des questions précises sur cette partie.

• Par des questions, susciter des débats sur un passage de l'œuvre étudiée (« Est-ce que ce qu'a dit ou fait tel héros est vraiment la meilleure idée ? Qu'est-ce qu'il aurait pu faire d'autre ? Qu'est-ce que cela aurait changé ? Etc. »).

• Mettre les personnages d'une œuvre étudiée devant divers dilemmes et dans diverses situations, et imaginer (en petits groupes) comment ils pourraient réagir.

• En classe entière, faire un brainstorming pour déterminer quelles parties de l'histoire pourraient changer, puis faire imaginer (en petits groupes) comment un changement affecterait le reste de l'histoire.

• Lorsqu'il y a un conflit en classe ou un problème de classe à résoudre, travailler en petits groupes puis en classe entière pour imaginer comment des personnages d'œuvres étudiées pourraient résoudre le conflit ou le problème, ou quel serait leur opinion sur ce conflit ou ce problème.

• En petits groupes, transformer des idées de l'œuvre étudiée en publicité télévisée, et jouer cette publicité.

• Pratiquer l'histoire à suivre : l'un commence, l'autre poursuit.

• Écouter un exposé, puis résumer ou paraphraser ce qui a été dit.

• Évaluer et améliorer ses travaux écrits en petits groupes.

Intelligence intrapersonnelle

• Dans l'œuvre étudiée, dire ce que l'on ferait à la place de tel ou tel personnage, et de quelle manière l'histoire pourrait être différente si l'on était dedans.

• Dans l'œuvre étudiée, dire ce que l'on aime ou ce que l'on n'aime pas sur chaque personnage.

• Se poser des questions sur des sujets directement ou indirectement en rapport avec l'œuvre étudiée.

• Imaginer et écrire des dialogues entre soi-même et des personnages principaux ou secondaires de l'œuvre étudiée.

• Écrire une lettre (comme on le ferait à un ami) à un personnage d'une lecture en cours, avec des conseils, des suggestions, ou en exprimant ses sentiments (comme l'admiration, l'étonnement, la colère) sur quelque chose qui est arrivé dans tel ou tel chapitre.

• En étudiant un texte, se poser périodiquement des questions « Et si… ? », puis étudier comment l'histoire aurait alors pu changer.

• Créer des questions personnelles sur l'œuvre étudiée, et les poser à différentes personnes (parents, amis, autres enseignants, etc.).

• Faire une liste de questions sur sa propre vie à partir d'une œuvre littéraire étudiée.

• Dire (ou écrire) comment la lecture de telle histoire ou de tel livre a changé ou amélioré la connaissance de soi-même.

• Tenir un journal sur ses lectures en cours (premières impressions, sentiments déclenchés par la lecture, ce que l'on aime et ce que l'on n'aime pas dans le livre, découvertes, citations, remarques sur le style de l'auteur, idées suggérées par le livre, comparaisons avec d'autres livres, illustrations personnelles de certains passages, questions importantes soulevées par le livre, etc.).

• Avant de choisir un livre, faire discuter les élèves sur leur livre préféré, et leur faire expliquer pourquoi.

• Écrire une autobiographie : « ma vie jusqu'à maintenant ».

• Écrire une autobiographie : « ma vie dans le futur ».

• Écrire sur un sujet qui est important pour soi.

• Écrire une nouvelle dont on est le héros.

• Écrire un poème sur soi, dont on pourra donner la structure (« Je suis... et je ne suis pas... ; j'aime... et je n'aime pas... ; je suis heureux quand... et je suis malheureux quand... ; j'aimerais... et je n'aimerais pas... ; etc.).

Intelligence naturaliste

• Étudier le rapport à la nature dans une œuvre étudiée.

• Étudier comment des éléments naturels influencent le cours d'une histoire.

• Faire des analogies entre les variations de l'état des personnages (leur « météo intérieure » : colère, fatigue, ennui, plaisir, etc.) et les variations de la météo (orage, soleil écrasant, pluie, nuages, grand vent, ciel bleu, etc.).

• Étudier pourquoi certains personnages d'histoires sont des animaux.

• Rechercher par quels animaux on pourrait remplacer chaque personnage de l'œuvre étudiée.

• Imaginer que l'œuvre étudiée se passe dans un autre environnement naturel (désert, forêt tropicale, glace, etc.), et imaginer comment l'œuvre en serait changée.

• Rechercher des structures dans le comportement des personnages d'une histoire.

• Trouver des structures dans la manière de raconter des histoires (« Est-ce qu'il fait toujours sombre lorsque quelque chose qui fait peur va arriver ? »).

• Rechercher des structures dans différentes sortes de poésie (nombre de syllabes, placement des mots rythmés, longueur des vers, etc.) ; discuter sur la manière dont la structure du poème est parfois cassée, et pourquoi.

Mathématiques

Intelligence verbale/linguistique

• Créer des poèmes, proverbes, aphorismes, etc. disant quand utiliser certaines opérations mathématiques ou certains théorèmes.

• Lire des biographies de mathématiciens célèbres, des livres sur l'histoire des mathématiques.

• Faire des analogies entre la logique verbale et la logique mathématique, et l'importance de bien utiliser certains mots ou expression (si, donc, *a fortiori*, etc.).

• Créer, avec ses propres mots, des définitions de concepts mathématiques ou des énoncés de thèorèmes.

Intelligence logique/mathématique

• Transformer en nombres et en représentations mathématiques tout ce qui peut l'être dans le déroulement des activités de classe : surfaces et volumes disponibles dans la classe, statistiques, pourcentages, rapports, etc. (par exemple rapport entre chaque partie du programme de mathématiques et le nombre de pages du manuel).

• Rechercher les relations de cause à effet dans le déroulement des activités de classe.

• Faire des prévisions – en les justifiant – dans le déroulement des activités de classe (prochain chapitre étudié, date du prochain contrôle, etc.).

• Utiliser des outils mathématiques pour déterminer les différentes et les meilleures manières d'organiser les élèves en petits groupes, en fonction de la taille de la salle, de la disposition des meubles, etc.

• Présenter une démonstration géométrique sous forme de diagramme logique.

Intelligence musicale/rythmique

• Créer des chansons, des ritournelles ou des rythmes pour mémoriser des théorèmes ou des règles mathématiques, ou les tables de multiplication.

• Mettre sous forme de poèmes des théorèmes ou des résultats importants.

• Créer des sons ou des bruits particuliers pour représenter des opérations mathématiques simples (comme l'addition ou la multiplication) et les utiliser.

• Utiliser des outils mathématiques pour découvrir un morceau de musique et sa partition : structure du morceau, statistiques sur l'emploi de chaque instrument, etc.

Intelligence visuelle/spatiale

• Faire (ou refaire) mentalement, sous forme de visualisation, des démonstrations géométriques ou des calculs.

• Deviner la forme de volumes à partir de patrons.

• Présenter une démonstration sous forme de topogramme.

• Créer et utiliser des symboles supplémentaires pour exprimer des concepts ou des opérations mathématiques (par exemple : tracer la médiatrice, faire une rotation d'un angle donné, etc.).

• Construire des maquettes ou des représentations en 3D de courbes ou de volumes mathématiques.

• Créer des dessins utilisant des formes et des structures géométriques répétitives.

Intelligence corporelle/kinesthésique

• Traduire en représentation corporelle et spatiale la notion de mathématique étudiée ou le problème à résoudre.

• Développer des symboles gestuels pour exprimer des termes de géométrie, comme intersection, segment, symétrie, médiatrice, plan, centre d'un cercle, théorème, etc., et les utiliser pour « traduire » une démonstration de géométrie.

• Mettre au point en petits groupes un mime ou un tableau vivant pour représenter des concepts géométriques comme la symétrie, l'asymétrie, le parallélisme, l'angle droit, etc.

• Faire des histogrammes vivants (élèves rangés en lignes selon le thème de l'histogramme) pour représenter des choix ou des prévisions des élèves, des résultats, des statistiques, etc.

• Faire des mesures en utilisant des parties du corps (paume, main, avant-bras, pied, etc.).

• Faire des constructions géométriques très précises, en utilisant au mieux les outils de construction (règle, compas, crayon bien taillé, etc.).

Intelligence interpersonnelle

• Lorsque cela est possible, diviser en plusieurs parties un processus mathématique (comme la résolution d'une équation) et apprendre chaque partie à différents groupes d'élèves ; puis former des groupes réunissant l'ensemble des parties du processus, chaque élève devant alors apprendre des autres les parties qu'il ne connaît pas et apprendre aux autres ce qu'il connaît.

• Résoudre des problèmes mathématiques en petits groupes (si possible riches en différentes intelligences).

• Concevoir en petits groupes des problèmes sur la notion étudiée, et les faire résoudre par les autres groupes.

Intelligence intrapersonnelle

• Imaginer et écrire un dialogue avec un mathématicien célèbre, qui donne des conseils sur la manière de résoudre un problème.

• Rechercher dans sa vie personnelle des utilisations possibles de concepts ou d'outils mathématiques étudiés.

• Représenter sous forme de diagramme la manière dont on a résolu un problème.

• Créer des problèmes mathématiques en rapport avec ce qui est étudié, et les faire résoudre par d'autres élèves.

• Poser des questions « Et si... ? » à différentes étapes d'un calcul, pour explorer d'autres possibilités et augmenter sa compréhension.

Intelligence naturaliste

• Rechercher comment les concepts et outils mathématiques étudiés sont utilisés dans l'étude et la maîtrise de la nature sous toutes ses formes, de l'infiniment petit à l'infiniment grand : instruments de mesure, représentations graphiques et géométriques, formalisation mathématique de phénomènes naturels, outils de calcul, etc. ;

• Rechercher dans la nature des structures mathématiques, comme par exemple : suite de Fibbonacci dans une pomme de pin, structure fractale du chou-fleur, etc.

Sciences

Intelligence verbale/linguistique

• Personnifier le sujet étudié, et écrire son journal intime (journal d'un globule blanc, d'un électron, d'une goutte d'eau, etc.).

• Imaginer des dialogues entre différents éléments du sujet étudié (entre différentes parties du corps, entre différents corps chimiques qui interagissent entre eux, etc.).

• Écrire une histoire humoristique utilisant les formules ou les expressions scientifiques sur le sujet étudié.

• Décrire, sous forme de correspondance entre deux scientifiques, un voyage imaginaire (au centre de la Terre, sur la Lune ou une planète, à l'intérieur d'un organe du corps humain, au cœur d'un atome, etc.).

• Utiliser des calembours ou des associations de mots pour mémoriser des formules ou des concepts scientifiques.

• Écrire les étapes d'une expérimentation scientifique, en utilisant à bon escient les structures logiques du langage.

• Utiliser des symboles mathématiques pour exprimer des faits ou des opinions, comme par exemple :

jus de fruit frais + céréales + lait = petit déjeuner équilibré

ensemble des cours - (récréation + repas) = temps d'apprentissage

• Rechercher l'origine étymologique des noms d'inventions scientifiques, de composants chimiques, d'étoiles et de constellations, etc.

• Organiser un débat en classe sur l'influence de telle invention ou de telle découverte scientifique (par exemple, le vaccin, le laser, le radar, l'énergie atomique, la théorie de la relativité, etc.).

• Tenir un journal (personnel ou d'équipe) en notant ses observations, ses questions et ses pensées concernant ce qui est fait en cours.

• Étudier des œuvres littéraires (littérature enfantine, littérature pour la jeunesse, romans, science-fiction, etc.) dont les thèmes sont en rapport avec le sujet scientifique étudié.

• Faire par écrit des descriptions précises en rapport avec le thème scientifique étudié.

Intelligence logique/mathématique

• Faire des hypothèses sur le résultat d'une expérimentation avant de la réaliser ; après avoir fait l'expérience, discuter ce qui a confirmé ou infirmé les hypothèses et pourquoi.

• Utiliser un schéma logique pour décrire les étapes d'une expérimentation.

• Rechercher les relations de cause à effet dans ce qui est étudié.

• Utiliser des diagrammes de Venn pour comparer deux espèces animales, deux expérimentations, etc.

• Prédire quelle sera la prochaine innovation technologique majeure qui sera commercialisée.

• Étudier des budgets de recherches scientifiques.

Intelligence musicale/rythmique

• Pratiquer « l'écriture chorale » sur des textes ou des descriptions scientifiques, en trouvant des rythmes, des points à répéter (par le chœur), un phrasé expressif pour faire ressortir les points importants (par les solistes).

• Mettre sous forme de poèmes des théorèmes, des lois ou des résultats importants.

• Composer une chanson sur un inventeur ou une personnalité scientifique célèbre.

• Noter et étudier les sons ou les bruits produits lors de phénomènes scientifiques (réaction de deux corps chimiques, tonnerre).

• Imaginer des sons lors de phénomènes scientifiques (rayon lumineux frappant un prisme, pendule oscillant, planètes tournant autour du soleil, dilatation de matériaux, etc.).

Intelligence visuelle/spatiale

• Utiliser la visualisation pour augmenter la compréhension des concepts scientifiques (par exemple, pour la description d'une cellule ou d'un organe, on pourra s'inspirer du film « Le voyage intérieur » ; en optique, on pourra chevaucher un rayon lumineux qui se réfléchit, se réfracte ou qui est absorbé, etc.).

• Avant de réaliser une expérimentation, se « tourner le film » de l'ensemble de l'expérimentation pour que tout se passe au mieux : matériel nécessaire, précautions à prendre, déroulement des différentes étapes, observation des résultats, etc.

• Créer des histoires mentales pour retenir des formules.

• Traduire un mode d'emploi d'une machine ou d'un appareil sous forme de topogramme ou de schéma visuel.

• Étudier le fonctionnement d'une machine ou d'un instrument à partir de son plan de montage.

• Créer des symboles visuels pour exprimer des procédures souvent utilisées dans des démarches scientifiques comme mesurer, brancher, mélanger, faire une hypothèse, estimer, etc., et utiliser ces symboles à la place des mots pour décrire le déroulement d'expérimentations.

• Créer une frise temporelle pour représenter les découvertes scientifiques majeures et les inventions à travers l'histoire.

• Faire des « dessins de contours » d'objets en rapport avec ce qui est étudié.

Intelligence corporelle/kinesthésique

• Mettre en scène le phénomène scientifique étudié (la formation des atomes, la reproduction des batraciens, le trajet d'un rayon lumineux, le moteur à explosion, etc.).

• Fabriquer des maquettes pour représenter ou étudier des concepts scientifiques.

• Créer des symboles gestuels pour exprimer des procédures souvent utilisées dans des démarches scientifiques comme mesurer, brancher, mélanger, faire une hypothèse, estimer, etc., et utiliser ces symboles gestuels à la place des mots pour décrire le déroulement d'expérimentations.

• Créer avec l'ensemble des élèves un « histogramme vivant » sur leurs hypothèses concernant le résultat d'une expérimentation.

• Mettre en scène la découverte d'un phénomène scientifique.

Intelligence interpersonnelle

• Organiser des débats sur l'importance et l'influence des sujets scientifiques étudiés (le vaccin, l'énergie nucléaire, le moteur à explosion, l'ADN, etc.).

• Réfléchir en petits groupes sur les inventions qu'il faudrait faire pour améliorer la vie de l'humanité.

• Préparer en petits groupes une interview imaginaire d'un scientifique célèbre (en rapport avec ce qui est étudié).

• Diviser un processus expérimental en parties séparées, et répartir l'information entre plusieurs petits groupes. Puis créer de nouveaux groupes possédant l'ensemble des informations, et faire faire l'expérimentation par les élèves.

Intelligence intrapersonnelle

• Imaginer une conversation avec un élément scientifique étudié (une cellule, une comète, un atome, etc.) ; déterminer que lui demander (par exemple : préciser son apparence, ses propriétés, ses composants principaux, ses réactions dans certaines circonstances, etc.), et ce qu'on aimerait savoir de lui.

• Écrire des lettres imaginaires à un scientifique (comme Hubert Reeves) ou à un inventeur célèbre (comme Pasteur), en exprimant ses sentiments sur ce qu'il a fait ou sur ce qu'il a inventé.

• Réfléchir sur les interactions entre des découvertes scientifiques et leurs applications dans sa propre vie.

• Réfléchir sur des inventions qu'il faudrait faire pour améliorer la vie de l'humanité.

• Réfléchir sur ce qui se serait passé si telle ou telle invention importante (comme le vaccin) n'avait pas eu lieu.

• Se poser des questions « Et si... ? » sur des sujets scientifiques (par exemple : « Et si les cellules ne pouvaient pas se transmettre l'information ? » ; « Et si les feuilles n'avaient pas de chlorophylle ? » ; « Et si tous les fossiles disparaissaient au bout de 100 ans ? » ; « Et si l'hypothalamus n'existait pas dans le cerveau ? »).

Intelligence naturaliste

• Faire des liens entre le sujet scientifique étudié et des problèmes environnementaux.

• Déterminer les structures (formes, répétitions, etc.) dans le sujet scientifique étudié.

• Prendre conscience des structures dans les processus de recherche scientifique (hypothèses, essais et expérimentations, interprétation des résultats, etc.) ; déterminer les structures d'expérimentations scientifiques qui sont fiables, et celles qui ne le sont pas.

• Trouver différents classements possibles pour les mêmes objets étudiés (plantes, animaux, insectes, bactéries, cristaux, corps chimiques, atomes, minéraux, étoiles, maladies, etc.).

• Imaginer un système de classification pour les formules scientifiques.

• Étudier la répartition de la science en différentes disciplines (biologie, physique, chimie, géologie, météorologie, etc.) en décrivant les caractéristiques de chacune de ces disciplines, et rechercher des sujets d'études transdisciplinaires.

Histoire/Géographie

Intelligence verbale/linguistique

• Étudier la littérature de la période historique étudiée.

• Créer de petits poèmes sur des événements-clés de la période historique étudiée.

• Écrire et jouer des dialogues imaginaires entre des personnages historiques (pas forcément contemporains, par exemple entre de Gaulle et Napoléon).

• Écrire et interpréter un discours qu'un personnage historique célèbre aurait pu prononcer, dans une occasion précise.

• Lire des livres historiques sur la période étudiée, des biographies.

• Tenir un journal sur la période étudiée, à la manière des chroniqueurs célèbres (comme Saint-Simon).

• Étudier l'étymologie des mots utilisés en géographie.

• Personnifier des éléments de géographie et écrire des dialogues imaginaires entre eux.

• Étudier des passages d'œuvres littéraires qui décrivent des événements historiques, des paysages, des phénomènes géographiques, etc.

• Créer des mots croisés pour retenir des faits historiques ou des termes de géographie.

• Utiliser des jeux de mots ou des calembours pour se souvenir de mots spécifiques à la géographie, de dates historiques importantes ou de lieux géographiques.

Intelligence logique/mathématique

• Rechercher des relations de cause à effet dans des événements historiques.

• Trouver des exemples où l'histoire se répète, et pourquoi elle s'est répétée.

• Comparer et mettre en contraste différentes périodes historiques.

• Utiliser des diagrammes de Venn pour comparer des cultures, des gens à travers l'histoire, des idées, des croyances, etc.

• Faire des prévisions sur la prochaine décennie en se basant sur des éléments de la décennie passée.

• Rechercher des relations de cause à effet d'événements géographiques et géologiques.

• Faire des prévisions sur des développements possibles en géographie physique et en géographie humaine dans la prochaine décennie.

• Utiliser des outils mathématiques (courbes, statistiques, etc.) pour représenter des éléments de géographie physique ou humaine (débits de différents fleuves, évolution économique ou modifications de la population d'une ville ou d'un pays, etc.).

Intelligence musicale/rythmique

• « Raconter » un personnage célèbre en chanson, à la manière des troubadours du Moyen Âge.

• Écouter et apprendre des chansons historiques ; se demander en quoi elles correspondent à cette époque.

• Illustrer une frise temporelle en utilisant des notations musicales, et discuter des périodes « crescendo », « allegro », etc.

• Créer des mnémoniques musicaux (ritournelles, slogans rythmés, etc.) sur des faits historiques (comme « Christophe Colomb a découvert l'Amérique en 1492 ») ou géographiques (« Côte d'Or, préfecture Dijon »).

Intelligence visuelle/spatiale

• Utiliser des frises temporelles pour montrer la succession d'événements historiques, ou pour clarifier une succession d'événements.

• Utiliser des formes visuelles (courbes, histogrammes, camemberts) pour représenter les choix ou les opinions des personnes à un moment donné de l'histoire.

• Créer ou utiliser des cartes pour représenter des périodes historiques majeures et des dates importantes.

• Dessiner des outils, des habits, des moyens de transport, etc. d'une époque donnée ; en faire un poster ou une brochure en rassemblant tous les dessins de la classe.

• Recréer une scène historique en utilisant la « visualisation créatrice » : comprendre la motivation de tel personnage, ressentir le sentiment de telle catégorie de population, comprendre le désir de tel explorateur, etc.

• Utiliser la visualisation pour dérouler le processus qui a conduit à un événement historique.

• Choisir un événement historique, et définir les idées et les opinions d'un certain nombre de personnages impliqués dans cet événement ; puis créer des dessins pour représenter ces idées et ces opinions, et les utiliser pour créer des caricatures politiques.

• Imaginer des symboles pour représenter des périodes de l'histoire (comme la Révolution française), des personnages célèbres (comme de Gaulle), ou des opinions et des idées qui ont été très controversées (comme la peine de mort).

• Étudier des caricatures politiques et leur symbolique, et rechercher comment ces caricatures peuvent communiquer des idées mieux et plus fortement que des mots.

• Étudier les symboles à travers les âges et les civilisations (on pourra utiliser des dictionnaires de symboles).
• S'imaginer volant au-dessus d'un paysage et le décrire avec précision.
• Se créer un journal de cartes géographiques personnelles : sa maison, son quartier, les lieux où l'on a été, sa ville, son département, son pays, etc.
• Étudier et utiliser les nombreux symboles utilisés en cartographie.

Intelligence corporelle/kinesthésique

• Jouer un événement historique en représentant des personnages (célèbres ou anonymes) qui y ont participé.
• Trouver des mouvements ou des postures qui représentent des personnages célèbres.
• Former des « histogrammes vivants » par lesquels les élèves votent sur les causes d'un événement historique.
• Raconter un événement historique sans mots, en le mimant (on pourra ajouter de la musique d'époque, des accessoires, etc.).
• Fabriquer des maquettes de paysages géographiques types.
• Mimer un phénomène géographique (comme le cycle de l'eau) ou géologique (la tectonique des plaques).

Intelligence interpersonnelle

• Organiser un brainstorming pour rechercher toutes les opinions possibles sur un sujet historique, politique ou culturel.
• Organiser un débat sur ce qui aurait pu modifier un événement historique, et les conséquences qu'auraient pu avoir ces modifications.
• Préparer en petits groupes un discours, à la manière de personnages célèbres, pour faire face à une situation actuelle problématique.
• Organiser un débat sous forme de tribunal, pour réfléchir sur des événements historiques importants ou sur des problèmes actuels.
• Jouer des scènes dans lesquelles des personnages historiques plaident pour accomplir telle ou telle action (comme par exemple Christophe Colomb tentant de convaincre la reine Isabelle de financer son voyage).
• Préparer en petits groupes la mise en scène de phénomènes ou de notions géographiques.
• Créer des petits groupes, chacun approfondissant particulièrement une notion de géographie, puis organiser une « conférence de presse » où chaque petit groupe répond aux questions des autres élèves.
• Jouer à des jeux à thèmes géographiques (découverte de son pays, des pays du monde, échanges économiques entre pays, etc.).

Intelligence intrapersonnelle

(Remarque : plusieurs activités ci-dessous peuvent être également proposées à des petits groupes, utilisant ainsi à la fois les intelligences interpersonnelle et intrapersonnelle).

• Écrire un dialogue dans lequel un personnage historique donne des conseils à un autre (pas forcément contemporain) pour résoudre un problème.

• Écrire un compte-rendu selon la perspective d'un personnage historique, expliquant pourquoi il a participé à tel événement historique.

• Écrire et jouer un dialogue entre un personnage historique et soi-même, concernant un problème général ou personnel (« Qu'est-ce que Louis XVI m'aurait dit sur ce problème personnel ? »).

• Écrire des lettres à un personnage historique, pour lui donner son avis sur son action, lui donner des conseils ou lui en demander.

• Étudier comment un événement particulier aurait évolué en l'absence d'un personnage-clé.

• Poser des questions « Et si... ? » pour renforcer sa compréhension d'événements historiques.

• Décrire un épisode de l'histoire comme si on y était, et imaginer comment notre présence aurait pu changer l'événement et le cours de l'histoire.

• Donner son opinion sur des événements contemporains qui ont une portée historique (comme la guerre en Irak).

• Décrire les endroits ou indiquer les époques où l'on aimerait vivre, en expliquant pourquoi.

• Réfléchir sur l'influence de son milieu de vie (ville, campagne, bord de mer, etc.) sur soi-même, sur le développement de sa personnalité.

• Rechercher les implications personnelles de phénomènes ou d'éléments géographiques (effet de serre, émergence économique de certains pays, démographie, etc.).

Intelligence naturaliste

• Étudier l'influence de la nature dans des époques historiques particulières.

• Étudier les modifications de la nature en fonction d'un processus historique.

• Imaginer des dialogues entre des animaux ou des plantes, et soi-même.

• Observer la nature avec « l'œil du géographe », que cela soit dans ses aspects minéral (comme la présence de strates géologiques particulières), végétal (comme la présence de forêts primaires) ou humain (influence de l'habitat ou des cultures sur le paysage).

- Réfléchir à l'influence de l'être humain sur certains aspects de la nature, et les moyens pour respecter la nature et vivre en bonne harmonie avec elle.
- Rechercher des structures dans une période historique.
- Réfléchir sur la phrase : « l'histoire est un éternel recommencement », rechercher des exemples qui confirment ou contredisent cette affirmation.
- Ordonner les facteurs socio-économiques liés à une culture ou à un pays, selon des paramètres donnés.
- Rechercher des structures dans tous les phénomènes ou éléments de géographie physique ou humaine.

Exemples d'activités « intelligences multiples » par thèmes

Progressivement, lorsque l'on devient plus familier avec cette approche, on trouve facilement par soi-même des activités « intelligences multiples » adaptées au sujet à enseigner, au niveau auquel on enseigne et aux diverses contraintes.

Ces activités peuvent être proposées aux élèves dans le déroulement (ou à la fin) du cours, ou bien lors de la mise en œuvre de « centres d'activité ».

Dans l'approche des intelligences multiples, on peut préparer l'enseignement d'un thème de deux façons :

– soit on recherche, d'une manière systématique, des activités par intelligence, afin de bien couvrir l'ensemble des intelligences. On pourra pour cela s'inspirer des nombreuses activités proposées aux chapitres « Activités et stratégies par intelligences » (page 199) et « Activités et stratégies par matières » (page 251) ;

– soit on connaît déjà (ou on trouve) des activités diverses sur ce thème. Dans ce cas, on notera toutes les intelligences (ainsi que les degrés de la taxonomie de Bloom) qui sont touchées par ces activités. On trouvera ci-dessous 3 exemples de sujets traités de cette manière (les intelligences mises en œuvre et les degrés de la taxonomie de Bloom sont indiqués entre parenthèses).

Thème : ma ville

• *Connaissances personnelles* : faire une liste des connaissances personnelles que l'on a sur sa ville, puis mise en commun en petits groupes pour les réunir en une liste unique (intrapersonnelle, interpersonnelle, verbale/linguistique – *connaissance, compréhension*).

• *Les éléments constitutifs* : en groupe entier, regrouper ces différentes informations par thèmes : État, santé, école, culture, sports, etc. (interpersonnelle, naturaliste – *analyse*).

• *Réalisation personnelle d'un topogramme* : à partir des éléments constitutifs, créer son topogramme personnel sur sa ville, et rechercher des illustrations (visuelle/spatiale, verbale/linguistique, logique/mathématique – *synthèse, évaluation*).

• *Comparaison de topogrammes* : cela donne l'occasion de découvrir d'autres topogrammes sur le même sujet, et d'améliorer son propre topogramme (interpersonnelle, intrapersonnelle, visuelle/spatiale – *analyse*).

• *Poèmes et chansons* : rechercher et présenter des poèmes, des chansons sur sa propre ville ou sur la ville en général (musicale/rythmique, verbale/linguistique – *connaissance, compréhension*).

• *Œuvres d'art* : rechercher et présenter des œuvres d'art sur sa ville (visuelle/spatiale – *connaissance, application*).

• *La ville en livres* : rechercher et lire des livres sur sa ville (verbale/linguistique – *compréhension*).

• *Cartes et plans* : faire un plan de sa ville, ou d'un quartier particulier de sa ville, à l'échelle (visuelle/spatiale, corporelle/kinesthésique, logique/mathématique – *application, analyse, synthèse*).

• *Carte vivante* : créer une carte vivante de sa ville, en positionnant les uns par rapport aux autres les éléments constitutifs essentiels de sa ville (corporelle/kinesthésique, visuelle/spatiale – *synthèse*).

• *Histogramme* : créer un histogramme vivant sur le plaisir (ou non) que l'on a à vivre dans sa ville (corporelle/kinesthésique, logique/mathématique, visuelle/spatiale – *compréhension, application*).

• *Ma relation à ma ville* : écrire un bref essai sur sa relation personnelle à sa ville, puis partager cet essai avec d'autres personnes (verbale/linguistique, intrapersonnelle, interpersonnelle – *synthèse*).

Thème : le système solaire[32]

• *Un modèle de système solaire* : construire un modèle de système solaire en 3D, à l'échelle (visuelle/spatiale, logique/mathématique, corporelle/kinesthésique – *application/synthèse*).

• *Activité jeux de rôle* : choisir un groupe d'élèves volontaires pour participer à une activité « jeu de rôle » : un élève représentera le Soleil, et chacun des autres une planète ; faire écrire un script où chaque « planète » parle d'elle-même ; puis faire une représentation de la scénette, chaque élève, rangé dans le bon ordre, tenant une pancarte pour être identifié (verbale/linguistique, interpersonnelle, visuelle/spatiale – *connaissance/compréhension*).

• *La chanson du système solaire* : créer une chanson pour apprendre l'ordre des planètes ; la chanson devra avoir un refrain et un rythme récurrent (musicale/rythmique, verbale/linguistique – *compréhension*).

• *Journal de bord imaginaire* : écrire un journal de bord imaginaire pour une mission dans l'espace ; décider de l'endroit du système solaire où aller, et expliquer ce que l'on voit et ce que l'on apprend ; à la fin, faire une évaluation de la mission tout entière : ce qu'elle a réussi ; qu'est-ce qui aurait pu être fait autrement (verbale/linguistique, intrapersonnelle – *synthèse/évaluation*).

• *Mathématique du système solaire* : faire une carte ou un graphique à l'échelle pour montrer la distance de chaque planète au Soleil ; expliquer les lois physiques liées au système solaire, comme la gravitation, la force centrifuge, etc. (logique/mathématique, visuelle/spatiale – *analyse*).

• *Le premier pas sur…* : en analogie avec le « premier pas » de Neil Armstrong sur la Lune en 1969, imaginer être le premier à marcher sur les différentes planètes et leurs satellites principaux ; classer les planètes où cela est possible, difficile ou impossible de marcher, en expliquant pourquoi (naturaliste, verbale/linguistique, logique/mathématique – *connaissance/ analyse*).

---

32 D'après Kristen Nicholson-Nelson

Thème : le temps[33]

• *Cadran solaire* : construire un cadran solaire ; expliquer à la classe comment on utilisait les cadrans solaires, et donner un bref historique des cadrans solaires (visuelle/spatiale, logique/mathématique, corporelle/ kinesthésique – *application/synthèse*).

• *Danse* : apprendre une danse, telle que la valse ou le swing, qui était populaire à une époque précise de l'histoire et qui existe toujours aujourd'hui ; faire une démonstration de cette danse devant la classe, et raconter l'histoire de cette danse (corporelle/kinesthésique, interpersonnelle, verbale/linguistique – *connaissance/synthèse*).

• *Frise temporelle* : faire une frise temporelle d'une période de l'histoire récemment étudiée, en marquant les événements importants et intéressants ; ajouter des images, des couleurs et des symboles pour la rendre plus claire (visuelle/spatiale, logique/mathématique – *analyse*).

• *Généalogie familiale* : faire des recherches sur l'histoire de sa famille, puis créer un arbre généalogique ; déterminer jusqu'à quand l'on peut remonter pour retrouver trace de membres de sa famille, et d'où ils venaient ; ajouter des histoires ou des faits intéressants sur ces personnes, et rappeler des événements historiques qui se sont passés à leur époque (intrapersonnelle, interpersonnelle, visuelle/spatiale, verbale/ linguistique – *application/synthèse*).

• *Musique et tempo* : découvrir les différents tempos utilisés en musique, ainsi que les mots qui les désignent et les battements du métronome qui leur correspondent ; rechercher plusieurs morceaux de musique ayant des tempos différents ; écrire un bref essai sur l'influence du tempo, sur ses propres sensations et ses sentiments lorsque l'on écoute ces musiques (musicale/rythmique, logique/mathématique, intrapersonnelle – *connaissances/analyse/évaluation*).

• *Mesure du temps* : faire des recherches sur les différentes manières qu'ont inventé les hommes pour mesurer le temps ; mettre en évidence les nécessités actuelles d'avoir une mesure du temps extrêmement précise, et comment les scientifiques ont résolu ce problème (logique/ mathématique – *connaissance/analyse/synthèse*).

---

33 D'après Kristen Nicholson-Nelson

• *Temps psychologique* : montrer par des exemples comment la notion psychologique du temps peut varier ; rechercher des tentatives d'explication de ce phénomène chez les psychologues, les philosophes et les scientifiques (intrapersonnelle – *analyse*).

• *Soyez à l'heure !* : préparer un bref exposé oral sur l'importance d'être à l'heure ; organiser une discussion sur les moyens d'améliorer son exactitude (verbale/linguistique, interpersonnelle, intrapersonnelle – *analyse/évaluation*).

• *Modes saisonnières* : montrer comment les saisons ont une influence sur les vêtements que nous portons, sur la nourriture que nous mangeons et sur les activités que nous pratiquons ; utiliser des dessins et des images pour rendre l'exposé ou le compte-rendu plus vivant (visuelle/spatiale, verbale/linguistique, interpersonnelle – *connaissance/analyse*).

• *Détective du calendrier* : rechercher comment notre calendrier s'est développé, ainsi que les différentes sortes de calendrier qui existent ou qui ont existé (verbale/linguistique, logique/mathématique, interpersonnelle – *compréhension/analyse*).

• *Machine à remonter le temps* : montrer à travers la littérature l'importance de ce thème ; expliquer pourquoi il semble impossible de remonter le temps ; présenter quelques paradoxes temporels (verbale/linguistique, logique/mathématique – *synthèse*).

Activités d'évaluation pour intelligences multiples

On trouvera ci-dessous différentes idées d'évaluation utilisant d'une manière particulière chaque intelligence.

Toutes ces activités ne sont pas forcément pertinentes pour tout sujet d'apprentissage. Elles sont proposées sous forme générale, et doivent bien entendu être adaptées au sujet étudié.

Activités d'évaluation impliquant l'intelligence verbale/linguistique

De nombreuses activités d'enseignement qui utilisent l'intelligence verbale/linguistique peuvent également être utilisées pour évaluer des connaissances. En voici quelques exemples, à adapter selon le niveau des élèves et des besoins :

– écrire un article, une rédaction ou un essai sur le sujet ;
– écrire un rapport sur le sujet ;
écrire un résumé du sujet ;
– définir les mots-clés du sujet ;
– créer un contrôle des connaissances sur le sujet ;
– inventer une histoire sur le sujet ;
– faire une présentation orale à la classe de ses connaissances sur le sujet ;
– faire un exposé sur un aspect du sujet ;
– organiser un débat sur le sujet, en mettant en évidence les différents points de vue ;
– personnifier des éléments du sujet et imaginer une discussion entre eux ;
écrire une « scénette » pour mettre en scène des éléments du sujet ;
– participer à un débat sur le sujet d'une manière pertinente et riche ;

– créer une cassette audio ou vidéo sur le sujet;
– écrire un article de journal sur le sujet;
– faire un discours en rapport avec le sujet;
– défendre une opinion en rapport avec le sujet;
– interpréter un texte sur le sujet;
– écrire une lettre en rapport avec le sujet;
– concevoir et diriger une interview d'un expert sur le sujet;
– créer une grille de mots croisés en utilisant des mots clés du sujet.

Activités d'évaluation impliquant l'intelligence logique/mathématique

– collecter et analyser des statistiques sur le sujet;
– développer une formule pour résumer les éléments-clés du sujet;
– concevoir et réaliser une expérimentation sur le sujet;
– déterminer et exposer les aspects financiers du sujet étudié;
– utiliser des outils de calcul ou des concepts de géométrie pour montrer sa compréhension du sujet;
– créer un jeu sur le sujet;
– faire la planification d'un projet en rapport avec le sujet;
– expliquer les étapes impliquées dans un processus qui est à l'œuvre dans le sujet;
– mettre en évidence des causes et des conséquences concernant certains aspects du sujet;
– montrer sa connaissance du sujet en faisant des prévisions sur l'évolution de certaines de ses caractéristiques;
– organiser des débats, les enregistrer, et analyser les arguments présentés selon leur précision, leur cohérence et la prise en compte des faits;
– comparer, faire une analogie entre le sujet et un processus scientifique;
– mettre le sujet sous forme de structure logique, de diagramme, de topogramme;
– utiliser ses connaissances sur le sujet pour résoudre un problème pratique;
– juger de la validité de différentes données trouvées sur le sujet;
– montrer les conséquences prévisibles si certains éléments du sujet étaient différents;
– comparer et mettre en contraste certains éléments du sujet.

Activités d'évaluation impliquant l'intelligence visuelle/spatiale

– créer une carte, faire des plans sur le sujet ;
– interpréter des cartes, des graphiques en rapport avec le sujet ;
– faire des graphiques et des diagrammes pour présenter des éléments-clés du sujet ;
– créer et illustrer un topogramme pour résumer le sujet ;
– faire un résumé du sujet sous forme de poster ;
– concevoir une brochure pour présenter le sujet ;
– créer des *périphériques* sur le sujet ;
– faire un montage ou un collage sur le sujet ;
– interpréter la signification d'images en rapport avec le sujet ;
– créer une histoire utilisant l'imagerie mentale pour aider à retenir les points-clés du sujet ;
– créer les décors d'une « scénette » écrite pour présenter le sujet ;
– construire un modèle ou une maquette en rapport avec le sujet ;
– concevoir l'organisation d'un tableau d'affichage pour présenter les éléments-clés du sujet ;
– créer un montage vidéo sur le sujet ;
– inventer un jeu de plateau utilisant des concepts ou des faits reliés au sujet ;
– créer un album photos sur le sujet.

Activités d'évaluation impliquant l'intelligence corporelle/kinesthésique

– construire une maquette en rapport avec le sujet ;
– représenter sous forme de mime, de théâtre ou de chorégraphie des éléments-clés du sujet ;
– concevoir un jeu à dominante physique permettant de retenir les points clés du sujet ;
– créer des tableaux vivants pour représenter des éléments du sujet ;
– analyser le langage corporel de personnes liées au sujet ;
– concevoir la mise en scène d'une « scénette » écrite sur le sujet.

Activités d'évaluation impliquant l'intelligence musicale/rythmique

– créer une chanson, un rap sur le sujet;

– rechercher des chansons en rapport avec le sujet, ou permettant de mieux le comprendre;

– créer une sélection de musiques pour illustrer des thèmes majeurs du sujet;

– faire des analogies musicales avec des éléments du sujet;

– inventer des rythmes pour aider à la mémorisation d'éléments-clés du sujet;

– créer l'accompagnement musical d'une « scénette » écrite sur le sujet.

Activités d'évaluation impliquant l'intelligence interpersonnelle

– participer à des devoirs ou à des contrôles à faire en équipes;

– discuter du sujet avec quelqu'un, en utilisant et en montrant ses connaissances sur le sujet;

– expliquer le sujet à quelqu'un;

– enseigner le sujet à un groupe;

– imaginer une rencontre ou une correspondance avec des personnages réels, historiques ou fictifs, en rapport avec le sujet;

– imaginer et mettre en scène un tribunal jugeant certains aspects du sujet;

– préparer et réaliser une interview d'un spécialiste du sujet;

– concevoir un jeu coopératif qui utilise les idées-clés du sujet.

Activités d'évaluation impliquant l'intelligence intrapersonnelle

– faire une analyse psychologique d'un personnage ou d'une personne en rapport avec le sujet;

– étudier les réactions de personnes à des situations liées au sujet;

– donner son opinion, en la justifiant, sur des éléments-clés du sujet;

– s'imaginer dans une période de l'histoire, dans le déroulement d'un phénomène physique, etc., et raconter en détail comment cela se passe ;

– trouver des liens entre sa propre vie et le sujet étudié ;

– réfléchir aux implications du sujet dans sa propre vie ;

– créer une œuvre d'art, un collage, illustrant sa perception du sujet.

Activités d'évaluation impliquant l'intelligence naturaliste

– déterminer des rapports entre le sujet et la nature ;

– faire des analogies entre le sujet et des plantes ou des animaux ;

– utiliser des éléments du sujet pour développer une solution à un problème d'environnement ;

– classer de manière pertinente et intéressante différents éléments du sujet ;

– créer une classification en rapport avec le sujet ;

– mettre en évidence des structures internes sur le sujet.

Bibliographie

De nombreux ouvrages sur les intelligences multiples, essentiellement en langue anglaise, ont été utilisés pour la rédaction de cet ouvrage, et en particulier :

ARMSTRONG, Thomas, *Les intelligences multiples dans la classe*, 1999, Chenelière/McGraw-Hill, Canada.

BRUETSCH, Anne, *Multiple Intelligences Lesson Plan Book*, 1998, Zephir Press, USA.

CAMPBELL, Bruce, *Les intelligences multiples – Guide pratique*, 1999, Chenelière/MacGraw-Hill, Canada.

CHEN, Jie-Qi, *Project Spectrum: Early Learning Activities*, 1998, Teachers Colleges Press, USA.

CHEN, Jie-Qi, *Building on Children's Strengths: The Experience of Project Spectrum*, 1998, Teachers Colleges Press, USA.

DEAMICIS, Bonita, *A Daily Dose, Intregrating MI into Your Curriculum*, Zephir Press, USA.

Faculty of The New City School, *Celebrating Multiple Intelligences – Teaching for Success*, 1994, The New City School Inc., USA.

FOURNIER Sonia, *Les intelligences multiples... Une idée brillante !*, CEC INC., Canada.

GARDNER, Howard, *Les intelligences multiples*, 1996, 2004, Retz.

HOURST Bruno, *Au bon plaisir d'apprendre*, 2005, InterÉditions, Paris.

HOURST Bruno, *Former sans s'ennuyer*, 2004, Éditions d'Organisation.

HOURST Bruno, THIAGARAJAN Sivasailam, *Modèles de jeux de formation* (les jeux-cadres de Thiagi), 2004, Éditions d'Organisation.

HOERR, Thomas, *Intégrer les intelligences multiples* dans votre classe, 2002, Chenelière/McGraw-Hill, Canada.

KRECHEVSKY, Mara, *Project Spectrum : Preschool Assessment Handbook*, 1998, Teachers Colleges Press, USA.

NICHOLSON NELSON, Kristen, *Developing Students' Multiple Intelligences*, 1998, Scolastic Professional Books, USA.

PATTERSON, Marilyn Nikimaa, *Every Body Can Learn*, 1997, Zephyr Press, USA.

Teacher Created Materials, *The Best of Multiple Intelligences Activities*, 1999, Teacher Created Material Inc., USA.

TEELE, Sue, *Rainbows of Ingtelligence*, 2000, Corwin Press, USA.

SILVER, Harvey, *So Each May Learn*, 2000, ASCD, USA.

Ressources Internet

Site de l'auteur : **www.mieux-apprendre.com**
Site de Thomas Armstrong : **www.thomasarmstrong.com**

Quelques écoles développant les intelligences multiples

New City School : **www.newcityschool.org**
Key Learning Community : **www.616.ips.k12.in.us**
San Jose Elementary School : **http://world.std.com/~mkjg**
Mountlake Terrace High School : **www.edmonds.webnet.edu/mths**
Projet SUMIT : **http://www.pz.harvard.edu/Research/SUMIT.htm**

Nombreuses références sur les intelligences multiples et ressources pratiques

www.emtech.net/mi.htm
www.cslaurentides.qc.ca
http://www.newhorizons.org/strategies/mi/front_mi.htm

Achevé d'imprimer en France
par Dupli-Print à Domont (95)

Dépôt légal : novembre 2012
N° d'impression : 215964
Edition : 02 – 17/0898/1